RESEARCH ON THE TRAINING MODEL OF
PROFESSIONAL DEGREE GRADUATE STUDENTS
IN AMERICAN
RESEARCH UNIVERSITIES

美国研究型大学专业学位研究生培养模式研究

于珈懿——著

河北大学出版社
·保定·

出 版 人：朱文富
选题策划：何　东
责任编辑：赵彩霞
助理编辑：李天雪
装帧设计：赵　谦
责任校对：刘文娜
责任印制：常　凯

图书在版编目（CIP）数据

美国研究型大学专业学位研究生培养模式研究 / 于珈懿著 . -- 保定 ：河北大学出版社，2023.2
ISBN 978-7-5666-2169-6

Ⅰ . ①美… Ⅱ . ①于… Ⅲ . ①研究生教育－研究－美国 Ⅳ . ① G649.712

中国版本图书馆 CIP 数据核字（2023）第 013458 号

MEIGUO YANJIUXING DAXUE
ZHUANYE XUEWEI YANJIUSHENG PEIYANG MOSHI YANJIU

出版发行：河北大学出版社
地址：河北省保定市七一东路2666号　邮编：071000
电话：0312-5073003　0312-5073029
网址：www.hbdxcbs.com
邮箱：hbdxcbs818@163.com
印　　刷：保定市北方胶印有限公司
幅面尺寸：170 mm × 240 mm
字　　数：220千字
印　　张：17.25
版　　次：2023年2月第1版
印　　次：2023年2月第1次印刷
书　　号：ISBN 978-7-5666-2169-6
定　　价：66.00 元

目　　录

绪　论

一、美国研究型大学专业学位研究生培养模式研究的背景与意义

20 世纪中后期以来，世界各国逐渐重视专业学位研究生教育，专业学位的种类不断增加，规模和教育质量逐渐提高，专业学位研究生教育成为高等教育的重要组成部分。培养国家和社会所需的专业技术人才，是世界范围专业学位研究生教育的目的所在。专业人才更加符合市场对高水平劳动力的需求，适应社会经济高质量发展的需要，创造更多的经济价值，提高人才竞争力。

美国是专业学位的起源地，专业学位发展有着长足的历史。美国专业学位研究生教育自殖民地时期开始萌芽，20 世纪形成专业学士学位、专业硕士学位和专业博士学位 3 个层次的专业学位教育体系，二战后专业学位教育逐渐走向成熟，快速发展。如今，美国专业学位研究生教育体系趋于完善，专业学位种类繁多，专业学位研究生教育在美国高等教育中已占有较大的比重，专业学位授予量已经达到研究生学位授予总量的 60%以上，涉及 500 多个学科领域，规模庞大。美国专业学位研究生培养模式逐渐成熟，专业学位研究生的培养目标定位清晰，培养方式灵活多样，重视实践能力的锻炼，建立了专业学位与职业资格的衔接，满足了市场对高层次劳动力的需求。专业学位研究生

教育为美国经济社会发展提供了大批高水平、专业型、实用型人才，促进了美国经济发展，专业学位教育已经得到社会的认可与支持。

我国专业学位研究生教育起步较晚，始于20世纪80年代，目前专业学位教育体系已初步形成，但尚处于调整变化时期。我国的专业学位研究生教育发展理念发生重大转变，专业硕士招生规模自2009年进行了重大调整，专业学位的培养模式不断创新和改革，管理模式、学位设置、审核办法等也在不断调整。总体来看，我国专业学位研究生教育的规模不断扩大，质量不断提升，社会影响不断增强，专业学位发展已经进入新的时期，更加受到国家的重视。然而，我国专业学位研究生教育仍处在探索发展阶段，近年来随着我国专业学位研究生教育规模的快速扩张，也出现一些问题，例如，专业学位层次规模差距较大，学科种类不够丰富，需要保障并继续提高专业人才培养质量等。专业人才培养模式乃是专业学位研究生教育中的重要问题，我国专业学位研究生培养模式需进一步调整创新，比如，进一步突出专业学位培养方案与学术型学位培养方案之间的区别，充分体现专业学位的本质属性和特点，完善专业学位人才评价体系、双导师制，加强产学研结合等。总之，我国专业学位研究生教育的发展可借鉴国外经验，继续完善具有我国特色的、适合我国国情的专业学位教育体系。

虽然中美两国在专业学位教育的发展阶段和具体国情等方面存在差异，但美国专业学位研究生培养模式中明确的培养目标、灵活的项目管理、高标准的人才质量把控等对我国专业学位的发展具有重要的借鉴意义。通过系统梳理和分析美国研究型大学专业学位研究生教育的成功经验，对应我国专业学位研究生教育发展的情况，解决发展过程中出现的问题，为我国专业学位研究生培养提供切实可行的意见，提高专业学位教育质量，培养更多适合我国经济社会需求的专业人才，促进我国经济发展。

当前，我国正处于专业学位研究生教育快速发展的时期，专业学位研究生教育已经成为我国研究生教育的重要组成部分，进一步发展专业学位研究生教育符合我国研究生教育整体的发展需求和改革方向。我国高等教育领域理应加深对专业学位教育的认识和理论探索，对专业学位研究生教育的目标、内容、形式、与社会发展的关系等基本问题进行探讨，认识、提炼专业学位研究生教育的特点和规律等，从传统的学术型学位研究生教育为主逐渐转向专业学位研究生教育，使专业学位研究生教育有别于传统的学术型学位研究生教育，突出专业学位的专业性、实践性等特征。我国专业学位研究生教育既要扩大规模，又要保障教育质量，为我国培养更多的具有竞争力的、高水平的专业人才，促进我国的经济社会发展。

二、美国研究型大学专业学位研究生培养模式研究的现状

（一）国内相关研究

我国专业学位研究生教育自 20 世纪 80 年代开始试点以来，经历了专业学位的理论初探、分类型发展、全日制专业学位研究生教育研究的兴起、关注培养质量及其保障机制等几个时期。[①] 对专业学位研究生教育的研究是近年来我国高等教育研究领域中的热点之一，其中专业学位研究生的内涵、特点、培养模式、培养质量等是当下研究的重要问题，同时不乏对美国专业学位研究生教育的相关研究。通过对中国知网相关文献的整理和分析，本书将我国对美国专业学位研究生教育的研究分为以下几个方面。

1. 美国专业学位教育的历史发展与现状的研究

在有关美国专业学位发展史的研究中，多数学者从整体上将美国

---

① 钟振国. 我国专业学位教育的研究热点和演进趋势：基于 CSSCI（1998—2014）数据库专业学位教育知识图谱的可视化分析［J］. 高教探索，2016（5）：56-63.

专业学位的发展划分为3—4个时期。如张秀峰将美国专业学位研究生教育发展历程分为孕育和萌芽期（殖民地时期）、产生和发展期（美国建国至19世纪末）、成熟和完善期（20世纪初至20世纪40年代）、繁荣和改革期（二战至今），不同时期的发展特点主要表现在专业学位授予人数、类型、专业学院及认证方面，研究认为文化因素对美国专业学位研究生教育发展起到了推动作用。① 田莉将美国专业学位发展分为萌芽时期（18世纪中期至19世纪末）、形成时期（20世纪初至二战结束）、发展时期（二战结束至20世纪70年代）和成熟时期（20世纪70年代至今），分析了专业学位结构、管理、培养模式3个方面的特点，认为经济、文化、市场等因素都影响了专业学位发展，建议我国依据国情完善学位体系，重视市场作用。② 董丽敏将美国专业学位发展分为萌芽时期（1765—1900年）、形成时期（1901—1945年）、不断发展时期（1946—1970年）、完善成熟时期（1971至今）。③ 虽然不同研究者在阶段划分标准和时间上略有差异，但整体上区别并不大。以上研究主要是从美国专业学位这一整体出发，研究中多是同时包含专业博士、专业硕士等层次的分析。也有文献专注于研究美国第一专业学位，如王宗元在其论文中梳理了美国第一专业学位的发展历史和现状，认为我国可借鉴的经验包括明确职业导向、重视质量认证、管理多元化等。④

对美国专业学位研究生教育现状的研究主要包括规模、结构的梳理，多是从总体上得到对美国专业学位发展现状的了解。胡莉芳主要

---

① 张秀峰. 美国专业学位教育研究：基于“专业性”的视角［M］. 上海：上海交通大学出版社，2016.

② 田莉. 美国专业学位研究［D］. 保定：河北大学，2008.

③ 董丽敏. 中美专业学位研究生培养模式的比较研究：以法律硕士教育为例［D］. 南昌：江西师范大学，2013.

④ 王宗元. 美国第一级专业学位研究［D］. 长春：吉林大学，2012.

分析了1971年至2012年美国专业博士和专业硕士研究生教育的层次结构、学科结构及特点，认为美国专业学位发展的趋势是规模仍将扩大，跨学科专业学位正在兴起等。① 张建功研究了美国专业学位研究生的规模，认为影响专业学位规模的因素主要有经济水平、人力基础和师资力量，得出经济发展水平是规模发展的基础，师资力量是规模发展关键，政策文化是规模发展的导向3点结论。② 张秀峰、高益民的研究认为专业学位研究生教育的体系结构在很大程度上影响其发展方向，研究从专业化角度分析了专业学位的层次结构、类型结构、学科群结构、布局结构，比较全面地展现了美国专业学位的结构体系和专业性特征。③ 吴敏、姚云研究了美国专业博士的学科结构和授予规模，指出我国应增设专业博士门类，注重专业博士质量。④ 可见，美国专业学位研究生教育已经在研究生教育中占据重要地位和较大规模，专业学位研究生教育的层次、结构和规模等受到经济、文化、政策、高校等多方面的影响。

2. 美国专业学位研究生培养的研究

（1）美国专业学位教育的相关研究

对于美国专业学位研究生培养的研究，学者们从不同的角度出发形成了不同的认识。基于对国内外专业学位发展历程的梳理和分析，部分学者提出了对专业学位教育内涵的理解和进一步思考。邓光平和郑芳探讨了专业学位的形成和发展，认为专业学位设置与职业的专业

---

① 胡莉芳. 美国专业学位研究生教育结构及其发展趋势研究（1971—2012年）[J]. 清华大学教育研究，2016，37（3）：48-58.

② 张建功，黄美静，孙飞燕. 中美专业学位研究生规模影响因素的比较研究［J］. 中国高教研究，2012（10）：34-38.

③ 张秀峰，高益民. 美国专业学位教育体系结构及其专业性特征［J］. 现代教育管理，2014（5）：114-118.

④ 吴敏，姚云. 美国专业博士学位的学科与规模特点研究［J］. 学位与研究生教育，2018（8）：73-77.

化相对应，专业化程度高的职业对经济发展具有重要作用，这是专业学位设置的意义所在。[①] 郭长义等人对美国专业学位研究生教育的含义和特点从横向和纵向角度做了解释，梳理了美国专业博士学位和专业硕士学位的发展，指出美国研究生教育开拓创新，后来居上，认为我国应当增加专业学位研究生教育比重，提高教育质量，扩大高校的自主权。[②] 李盛兵在梳理了西方主要国家研究生教育发展历程及我国研究生培养模式的嬗变过程之后，指出应从培养目标、培养方式及管理3个方面重构研究生培养模式。[③] 美国专业学位研究生教育有其独特性，袁东、梁宁研究认为美国专业学位研究生教育的特点包括专业学位设置目标明确、专业领域集中等，认为美国专业学位研究生教育与美国行业入门之间存在直接和间接的关系，并且对比了通识教育和专业教育两种教育理念。[④] 王莹、朱方长的研究认为美国专业学位研究生教育的特征包括准入制度严格，培养目标明确，课程设置系统化、具有适应性，教学组织形式合理，以及评估机制严格。[⑤] 总之，对美国专业学位教育的认识不能脱离其特定的历史背景，需要深刻理解其内涵、特点。

部分学者对美国专业学位教育进行了更具针对性的研究。张炜、刘延松对美国第一专业学位教育的界定、结构、规模进行了分析，指出美国私立大学第一专业学位的授予量高于公立大学，并且存在区域

---

① 邓光平，郑芳．“专业”与专业学位设置［J］．江苏高教，2005（5）：44-46.

② 郭长义，王凤玉，欧桃英．美国专业学位研究生教育及其启示［J］．现代教育管理，2012（6）：112-116.

③ 李盛兵．研究生教育模式嬗变［M］．北京：教育科学出版社，1997.

④ 袁东，梁宁．美国专业学位教育若干特点探讨［J］．中国高校科技，2014（10）：7-8.

⑤ 王莹，朱方长．美国专业学位研究生教育的特征及其启示［J］．湖南农业大学学报（社会科学版），2009，10（2）：76-79.

间发展不平衡的问题。[①] 栾锦红、梁红蕾研究认为，美国专业学位的发展目标和定位主要体现了满足社会对人才的需要、促进专业学位的多样化、促进学生职业能力发展、发挥职业对知识生产的作用，为了促进专业学位教育，应突出专业学位的实践性，加强管理和监督，探索更为合适的专业学位培养模式，使专业人才为经济发展服务。[②] 潜睿睿、王晓蓬研究了美国专业学位与各行业的执业资格考试之间的衔接问题，专业学位是部分执业资格的硬性要求，二者之间的衔接能够在促进美国专业学位教育发展的同时带动就业和经济发展。[③]

（2）美国专业学位研究生培养模式的研究

培养模式是现有的关于专业学位研究生教育研究的热点问题，主要包括培养模式的内涵、理解、分类等。在对专业学位研究生培养模式的认识方面，刘亚敏、胡甲刚认为对专业学位培养模式的理解包括以下几个方面：专业学位研究生培养是一种培养高层次人才的特殊活动，应顺应经济社会对高水平专业人才的要求，培养模式需要教育理论和思想的指导，人才培养是一个复杂的系统，专业学位研究生培养源于教育实践。[④] 范冬清研究了美国专业硕士培养中的特点及争议，美国专业硕士项目的设置往往具有基于市场需求、基于大学立场和基于生源国际化的特点，使专业硕士的培养具有职业性、逐利性和复合性，

---

① 张炜，刘延松. 对美国第一级专业学位的再认识［J］. 中国高教研究，2008（5）：13-16.

② 栾锦红，梁红蕾. 国外专业学位研究生教育发展目标的定位与实践［J］. 学位与研究生教育，2013（6）：74-77.

③ 潜睿睿，王晓蓬. 美国专业学位等级与行业执业资格考试的衔接［J］. 教育评论，2013（2）：153-155.

④ 刘亚敏，胡甲刚. 专业学位研究生培养模式改革［M］. 北京：科学出版社，2017.

但与此同时，专业硕士学位也被指责和质疑是学历的“通货膨胀”。[①] 刘乐乐从社会需求的角度出发，分析了美国专业学位的历史发展、结构、规模和培养模式等方面对社会需求的回应。[②] 史利平将美国专业学位培养模式分为学徒培养模式、专业化模式和协同培养模式 3 种。[③] 胡剑波在研究中将美国专业学位研究生教育的培养模式分为两种：一是专业式，主要培养科研人员或专业学位研究型人才；二是协作式，主要是指产学研相结合，培养具有研究能力的应用型人才。[④]

具体而言，国内诸多学者对美国某一大学或某一学科的专业学位研究生培养模式进行了分析。美国专业学位种类繁多，从研究的专业领域看，我国研究主要集中的教育、法律、医学、护理等几个领域，也是美国专业学位研究生教育中发展历史较长、规模较大的学科领域。李云鹏在其博士论文中研究并梳理了美国教育博士专业学位的产生与发展，研究了美国教育博士发展的动力，探究了美国教育博士培养模式的特点与最新变革，指出实践性是教育博士发展的重要特征。[⑤] 王飞、车丽娜分析了美国教育硕士的特点：教育硕士类型多样、课程设置灵活、理论与实践结合，教师教育和教师专业发展相联系，并且建议我国教育硕士培养应体现教师的专业性，学位设置应尊重市场需要，

---

① 范冬清. 美国专业硕士培养现状、特征及争议 [J]. 比较教育研究，2016，38 (10)：65-70，85.

② 刘乐乐. 基于社会需求的美国专业学位研究生教育研究 [D]. 长春：吉林大学，2017.

③ 史利平. 中美专业学位研究生培养模式比较研究 [J]. 国家教育行政学院学报，2015 (9)：89-94.

④ 胡剑波. 美国专业学位研究生培养模式及其启示 [J]. 长春教育学院学报，2015，31 (18)：1-3，12.

⑤ 李云鹏. 美国教育博士专业学位的发展动力与变革模式研究 [D]. 南京：南京师范大学，2012.

促进学生将理论与实践结合，加强教师队伍的建设。[①] 李瑞娟分析了美国科学硕士培养体系的发展、定位、培养过程、组织架构，研究认为专业科学硕士学位是内外因素共同作用下产生的学位，培养环节中有多方主体合作，注重教学、实践、研究相结合，而且不同项目各具特色。[②] 张秀峰、高益民以耶鲁大学为例，从培养目标、招生、课程、教学、师资等方面分析了法律博士和法学博士培养模式的异同。[③] 相对于以上几个专业领域的研究，其他专业领域的研究相对分散，涉及工程硕士、农科专业硕士及体育硕士等。

（3）中美专业学位研究生培养模式的比较研究

比较是研究国外教育常采用的方法，中外教育情况的对比应立足于我国教育的深刻了解和认识，通过比较发现中外教育的异同之处，总结国外的合理经验，转换为适合我国国情的策略或建议，从而促进我国教育的发展。王根顺、曹瑞红对比了中美专业学位研究生培养模式中的招生考试、课程设置、教学方法和实践教学 4 个方面，认为我国专业学位研究生教育需要完善培养机制，扩大招生范围，课程设置和教学方式应更加灵活。[④] 胡冰玉的论文对比了中美专业硕士的发展历程、结构、规模和培养模式，认为美国专业硕士学位培养规模庞大、科类结构广泛、培养模式更多考虑到个人的发展，我国应当调整专业

---

① 王飞，车丽娜. 美国教育硕士专业学位的特色及其启示 [J]. 高等教育研究，2014，35 (12)：68-73.

② 李瑞娟. 美国专业科学硕士培养体系研究 [D]. 广州：华南理工大学，2015.

③ 张秀峰，高益民. 美国法学教育中专业学位与学术学位人才培养模式比较研究：以耶鲁大学法学院法律博士和法学博士培养为例 [J]. 学位与研究生教育，2015 (9)：64-69.

④ 王根顺，曹瑞红. 中美专业学位研究生教育的比较研究 [J]. 内蒙古师范大学学报（教育科学版），2010，23 (5)：26-29.

硕士规模，重视市场的作用，发挥高校的自主权。① 张璐对比了中、英、美三国的专业硕士学位研究生教育，分析了入学考核、培养过程、师资和质量保障机制多个方面，建议我国完善入学制度，建立质量保障机制，通过创新体现我国专业学位特色等。② 李森、王振华从培养目标、培养过程和培养评价 3 个方面对比了中美教育领域专业学位研究生培养模式的异同，借鉴美国经验，建议我国落实培养目标，改革培养过程中的招生、课程教学和实践环节，革新培养评价。③

通过对现有文献的收集、整理和分析，本书认为国内关于美国专业学位研究生教育的研究存在以下两点不足：第一，现有文献多是对美国专业学位研究生教育实施情况的描述性研究，理论研究不够深入，对专业学位人才培养的理论基础剖析不够。多数研究介绍了目前美国专业学位在各高校的实施和操作情况，对美国现行专业学位体系、学科设置、组织运行机制等进行了整体梳理和分析，但对于专业人才培养的哲学基础、本体论认识有待加深。同时大部分文献对我国专业学位研究生教育在实践中的经验、理论总结提炼不够，本土理论体系不完善。对美国经验的借鉴并不是简单的复制和移植，既要有理论的支撑，又要对解决我国专业学位发展过程中的问题起到指导作用。第二，国内对美国专业学位的研究需要进一步基于美国特定的历史、文化、经济社会背景进行分析，对其特点和优势做系统分析。美国专业学位研究生教育有其相对于学术型学位的独特优势，对美国专业学位研究生人才培养的研究应突出其专业性特征。需要深刻理解美国专业学位

---

① 胡冰玉. 中美专业学位硕士研究生教育比较研究［D］. 广州：华南理工大学，2011.

② 张璐. 中英美三国专业硕士学位发展状况比较研究［J］. 科技信息，2013（16）：473-474.

③ 李森，王振华. 中美教育专业学位研究生培养模式比较研究［J］. 中国高教研究，2011（2）：37-40.

研究生教育的体系和培养模式的根本特点，避免研究生扩张过程中出现培养质量下降或过度功利化等问题，借鉴其合理有效的经验，对我国专业学位研究生培养的实践提出合理化建议。

（二）国外研究相关研究

1. 专业学位教育的研究

美国专业学位研究生培养自 20 世纪中后期快速发展，在早期发展过程中，学者对专业学位探讨多集中于专业学位的定位、价值和学位设置等问题。如斯特凡·H. 斯普尔（Stephen H. Spurr）整理了美国的学位体系的基本结构，[①] 约翰·J. 阿赫恩（John J. Ahern）在其论文中追溯了美国的职业发展状况，分析了美国的专业教育理想理念，以及美国专业教育的现状和问题。[②] 另外，克利夫顿·F. 康拉德（Clifton F. Conrad）等人曾梳理了 20 世纪 90 年代美国硕士教育的发展状况，还研究了专业硕士学位研究生教育的具体情况，调查研究表明，受访者普遍认为专业学位研究生教育提高了学生的分析能力、沟通能力和专业技能，促进了理论和实践的结合。[③]

进入 21 世纪，专业学位研究生培养更加受到重视，2005 年美国竞争委员会发布了《美国创新》（“Innovate America”）研究报告，报告阐述了专业硕士项目是促进美国经济和政治持续、较好发展的必需品的观点。[④] 2006 年，美国研究生院协会（Council of Graduate Schools）梳理了美国专业硕士学位研究生教育的整体情况，随后发布的专业硕

---

① SPURR S H. Academic degree structures：innovative approaches[M]. New York：McGraw-Hill，1970.

② AHERN J J. An historical study of the professions and professional education in the United States[D]. Chicago：Loyola University，1970.

③ CONRAD C F，HAWORTH J G，MILLAR S B. A silent success：master's education in the United States[M]. Baltimore：The Johns Hopkins University Press，1993.

④ Council on Competitiveness. Innovate America：national innovation initiative summit and report[R]. Washington，DC：Council on Competitiveness，2005.

士学位的报告对美国的研究生教育学位类型做了详细介绍，论述了美国研究生教育管理、资助、研究生学生群体的情况，指出研究生教育将进一步扩大，增强国际影响。也有学者研究了专业学位的发展及未来趋势，认为传统的学术型博士正在衰落，而专业博士学位更受欢迎，专业学位发展受到经济、市场、雇主、政府等因素的影响，专业学位具有更大的经济价值。① 另外，随着全球化的发展，越来越多的学者将专业学位研究生教育置于全球化背景下，关注国际留学生的流动问题，尤其关心专业学位跨学科、跨国、跨文化的教育问题。

2. 专业学位研究生培养的研究

国外学者对专业学位研究生培养模式的研究集中在课程、教学、毕业论文等方面，研究更多关注教学方式的变化及各个培养环节。在课程和教学方式方面，斯特西·斯韦林根·怀特（Stacey Swearingen White）等人研究了美国专业学位研究生教育的课程内容和课程的特点，论证了应用性、专业性知识的重要性，认为将专业知识作为基本课程内容具有重要意义。② 罗伯特·F. 斯科特（Robert F. Scott）和柯蒂斯·L. 布伦加德（Curtis L. Brungardt）等人的研究认为，专业学位研究生教育应该在培养目标的制定及具体专业课程设置等方面拥有较强的灵活性，应当满足学生的个性化需求和适应外界的不断变化，使学生能“随时随地”地学习。③ 丹尼斯·霍克斯（Denise Hawkes）则主要关注专业博士的发展，分析了英国、美国和澳大利亚的专业博士

---

① JONES M L. Contemporary trends in professional doctorates[J]. Studies in higher education, 2018, 43(5): 814-825.

② WHITE S S, MAYO J M. Environmental education in graduate professional degrees: the case of urban planning[J]. The journal of environmental education, 2005, 36(3): 31-38.

③ CRAWFORD C B, BRUNGARDT C L, SCOTT R F, et al. Graduate programs in organizational leadership: a review of programs, faculty, costs, and delivery methods[J]. The journal of leadership studies, 2002, 8(4): 64-74.

毕业论文成果，关注专业博士的学术知识和课程设置。①

另有学者对专业学位研究生培养过程中的某一要素进行了研究。例如，凯里·菲尔波特（Carey Philpott）探讨了专业博士生与学术博士生在导师指导需求方面的不同，研究认为所有博士生的需求都是多种多样的，并且在不断变化，导师需要对学生的动机、身份等问题保持敏感，以便相应的调整指导方法。② 大卫·保德（David Boud）等人研究了攻读专业博士学位对毕业生的实践及他们的工作场所或组织的影响，研究表明，这种影响体现在创造产品、搭建网络关系及提出新的想法等方面。③ 随着科技发展，新的教学方式的出现为学生提供了更多便利，例如格雷戈里·W. 希斯洛普（Gregory W. Hislop）认为网络可以为学生提供更为便捷和多样化的学习方式。④ 此外，杰瑞·惠灵顿（Jerry Wellington）等人研究了学生攻读专业博士学位的动机，研究结果表明，对专业理论知识的需要、对实践的更深入了解及各种外在因素促使学生选择专业博士学位项目，专业博士生的多样性和差异性对未来专业博士的课程设置、教学方法和评估都有一定影响。⑤

美国专业学位类型繁多，对于具体领域专业学位的研究涉及的范围较广。朱迪斯·S. 格拉泽（Judith S. Glazer）梳理了美国硕士学位的

---

① HAWKES D, YERRABATI S. A systematic review of research on professional doctorates[J]. London review of education, 2018, 16(1): 10-27.

② PHILPOTT C. The importance of students' motivation and identity when supervising professional doctorate students: a reflection on traditional and professional routes[J]. Practitioner research in higher education, 2015, 9(1): 59-66.

③ BOUD D, FILLERY-TRAVIS A, PIZZOLATO N, et al. The influence of professional doctorates on practice and the workplace[J]. Studies in higher education, 2018, 43(5): 914-926.

④ HISLOP G W. Anytime, Anyplace learning in an online graduate professional degree program[J]. Group decision and negotiation, 1999, 8(5): 385-390.

⑤ WELLINGTON J, SIKES P. "A doctorate in a tight compartment": why do students choose a professional doctorate and what impact does it have on their personal and professional lives? [J]. Studies in higher education, 2006, 31(6): 723-734.

发展过程，分析了硕士学位人才培养的使命和职能，并且对教师教育、工程、法律等11个专业的专业硕士学位的学分要求、毕业要求、课程设置等方面进行了介绍。[①] 所罗门·霍伯曼（Solomon Hoberman）和西德尼·麦力克（Sidney Mailick）分析了医学、法律、社会工作和管理4个专业领域的专业学位研究生教育的案例，认为高等教育院校、政府和专业组织在职业教育的组织和开展方面相互影响，对专业学位发展应当起到促进作用。[②] 斯特凡·D. 诺顿（Stephen D. Norton）和菲利普·W. 汉默（Philip W. Hammer）等人在物理学的专业学位研究生教育方面做了一定研究，他们为美国的物理学专业学位项目制定了一个评价标准，并根据这个标准将所有项目分为最强、较强和新项目3类，有利于项目的区分和管理。[③]

一些新的专业领域和教学方法也受到关注。科琳·奥康纳·格罗乔斯克（Colleen O'Connor Grochowski）等人介绍并分析了杜克大学医学博士课程改革的过程及其独特的医学教育方法。该校医学博士项目将基础科学课程缩减为一年，使学生能够将节省的一年时间用于学术研究，该研究认为这将为学校提供灵活的教学时间，也为其他机构提供借鉴。[④] 如雷蒙德·C. 贝克（Raymond C. Baker）和卡德里耶·O. 路易斯（Kadriye O. Lewis）调查研究了美国辛辛那提大学医学院与教育学院合作开设的在线医学专业学位研究生教育课程的实施效果及毕

---

① GLAZER J S. The master's degree: tradition, diversity, innovation[M]. Washington, DC: Association for the Study of Higher Education, 1986.

② HOBERMAN S, MAILICK S. Professional education in the United States, experiential learning, issues, and prospects[R]. Westport: Praeger, 1994.

③ NORTON S D, HAMMER P W, CZUJKO R. Mastering physics for non-academic careers[R]. College Park: American Institute of Physics, 2001.

④ GROCHOWSKI C O, HALPERIN E C, BUCKLEY E G. A curricular model for the training of physician scientists: the evolution of the Duke University School of Medicine curriculum[J]. Academic medicine, 2007, 82(4): 375-382.

业生的工作成果，预计该计划的毕业生将对医学教育产生重大影响，有利于毕业生在工作中实现晋升。① 道格拉斯·M. 克莱恩（Douglas M. Kline）等人则研究了北卡罗来纳大学威尔明顿分校计算机科学与信息系统理学硕士项目的创建，该专业学位项目设计因具有重要的行业投入和跨学科、跨部门、跨学校的新型专业硕士课程而受到关注。② 美国专业学位研究生的专业实践丰富，新的培养方式和方法不断得到尝试，专业学位研究生的培养经常与就业联系密切，并且受到学生欢迎。

通过对现有资料的分析和整理可以看出，美国专业学位研究生的宏观体系已经相对完善，专业学位的定位和目标清晰、专业学位研究生培养的模式相对成熟，人才培养的各个环节已经较为完善。美国专业学位研究生培养呈现出多样化的特点，专业学位的学科种类不断更新和增加，对专业学位的培养方式也随着科技的发展不断改进，美国目前对专业学位研究生的研究更多关注新的培养方式、教学方式和质量保障问题，并且与科技进步和全球化的联系更加密切。国外对专业学位研究生培养模式的研究相对更为具体和有针对性，较少从整体上对美国专业学位培养模式进行分析，学者们对培养模式的研究比较分散，多是从相对微观的角度出发，而且多采用实证研究的方式，对培养模式的某一方面或某个学校案例的具体情况进行研究。

三、核心概念

（一）专业学位

专业学位与学术性学位并列存在而又相互区别。我国“专业学位”

---

① BAKER R C, LEWIS K O. Online master's degree in education for healthcare professionals: early outcomes of a new program[J]. Medical teacher, 2007, 29(9): 987-989.

② KLINE D M, VETTER R, BARNHILL K. Building an effective interdisciplinary professional master's degree[J]. Information systems education journal, 2013, 11(6): 40-49.

一词的正式使用始于1990年，国务院学位委员会指出将“职业学位”改为“专业学位”。《学位与研究生教育大辞典》把学位类型区分为学术性学位和职业性学位（专业学位）。获得专业学位需要“通过高水平的专业训练从而达到一定的水平，具有从事某种专门职业业务工作的能力，并掌握扎实的专业理论知识”①。我国学位委员会发布的《硕士、博士专业学位研究生教育发展总体方案》中指出，专业学位是随着现代科技与社会的快速发展，针对社会特定职业领域的需要，培养具有较强的专业能力和职业素养、能够创造性地从事实际工作的高层次应用型专门人才而设置的一种学位类型。《专业学位设置审批暂行办法》规定专业学位是与科学学位相对的一种不同的学位类型，两种学位只有培养规格的侧重，没有高低之分，属于同一层次。

学界对专业学位有着不同的表述，例如翟亚军和王战军认为，专业学位教育是培养应用型高层次专门人才的重要途径。② 黄宝印指出，专业学位研究生教育是培养掌握某一专业（职业）领域坚实的基础理论和宽广的专业知识，具有较强的解决实际问题的能力，能够承担专业技术或管理工作，具有良好的职业素养的高层次应用型专门人才。③ 别敦荣教授认为专业学位是面向特定社会职业的人才需求，培养社会高水平专业人才的学位，学位本身并不表明获得者拥有的专业理论修养高低，或者在相关专业领域做出研究成果。④ 尽管表达不同，但这些对专业学位概念的界定基本上都突出了专业学位应注重专业知识和专

① 秦惠民. 学位与研究生教育大辞典［M］. 北京：北京理工大学出版社，1994：13-14.

② 翟亚军，王战军. 我国专业学位教育主要问题辨识［J］. 学位与研究生教育，2006（5）：23-27.

③ 黄宝印. 我国专业学位研究生教育发展的新时代［J］. 学位与研究生教育，2010（10）：1-7.

④ 别敦荣，赵映川，闫建璋. 专业学位概念释义及其定位［J］. 高等教育研究，2009，30（6）：52-59.

业能力，专业学位培养的人才是高层次的应用型人才。

本书认为，专业学位是与学术学位相对的学位，具有专业性和实践性的特征。专业学位人才培养兼顾学科基本理论和实践技能。获得专业学位意味着学习者掌握了一定的专业理论知识和相应的专业技能，在该专业领域有了较高的水平，满足相关职业领域对某一专业人才的能力需求。

（二）培养模式

所谓“模式”，《现代汉语词典》解释为：“某种事物的标准形式或使人可以照着做的标准样式。”① 《新语词大词典》中将模式界定为理论的一种简化形式，即对事物的内在机制和事物之间的关系的描述和概括，表明事物结构、过程的主要组成部分及其相互关系。② 可以看出，模式是对事物的构成及构成要素或环节之间关系的一种概括，模式可以作为认识和思维的方式，连接现实与理论，通过这种概括或简化能够帮助人们对事物形成更为清晰的认识。

培养模式的定义学界尚不完全统一，不同学者有着不同的理解和界定。有学者将培养模式作为一种规范、范式或操作样式。例如，魏所康认为人才培养模式是教育机构或教育者群体认同并遵从的人才培养活动的实践规范和操作样式，是作用于学习者身心的全部教育活动和要素的总和。③ 董泽芳认为，培养模式是为了实现人才培养目标，在教育理念的指导下、培养制度保障下设计的理论模型与操作样式，培养模式具有系统性、目的性、中介性、开放性等特征。④ 袭怡祖则指出

---

① 中国社会科学院语言研究所．现代汉语词典［M］．北京：商务印书馆，1981：791.

② 韩明安．新语词大词典［M］．哈尔滨：黑龙江人民出版社，1991：329.

③ 魏所康．培养模式论：学生创新精神培养与人才培养模式改革［M］．南京：东南大学出版社，2004.

④ 董泽芳．高校人才培养模式的概念界定与要素解析［J］．大学教育科学，2012（3）：30-36.

培养模式是一种范式，它建立在一定的教育思想和教育理论的基础之上且可以实际操作运用，教育工作人员以此为依据使人才培养的一系列活动有秩序进行。①

另有学者将培养模式作为一种进行人才培养的系统，例如，朱宏认为创新人才培养模式是一个系统，该系统的培养目标是培养德智体美等方面全面发展、基础扎实、知识面宽、能力强、素质高、具有较强创新精神和实践能力的高级创新人才。② 还有部分学者将培养模式的落脚点放在组织和运行方式上，例如，胡玲琳在博士论文中指出关于培养模式概念的分歧在于培养模式的外延与属性，外延过于宽泛或过于狭窄，属性是“过程范畴”还是“结构范畴”，培养模式是指在一定的教育思想、教育理论和特定需求指导下，为实现培养目标而形成的培养过程的诸要素构成的标准样式与运行方式。③ 张建功认为人才培养模式是以教育理论为指导，围绕特定的目标，遵循一定的程序，采用合理的方法，为培养学生达到增长知识、增强能力及提升素质而形成的组织形式和运行方式。④

培养模式的构成要素是学者探讨的主要问题之一。例如胡玲琳、叶绍梁认为研究生培养模式主要包括培养目标、入学形式、培养方式和质量评价方面。⑤ 方勇纯提出“招生一培养一毕业一就业”链条化的

---

① 袭怡祖. 论大学人才培养模式［M］. 南京：江苏教育出版社，1999：25.

② 朱宏. 高校创新人才培养模式的探索与实践［J］. 高校教育管理，2008（3）：6-11.

③ 胡玲琳. 我国高校研究生培养模式研究：从单一走向双元模式［D］. 上海：华东师范大学，2004：16-18.

④ 张建功. 中美专业学位研究生培养模式比较研究［M］. 广州：华南理工大学出版社，2014.

⑤ 胡玲琳，叶绍梁. 研究生培养模式及要素探析［J］. 大学（研究与评价），2008（11）：13-16.

博士培养模式，以确保博士培养的质量。① 李爱彬、邵楠等人在研究跨学科研究生培养模式时从培养目标、培养过程、培养体制、资源配置、保障机制 5 个要素进行分析。② 陈忠新、董泽芳对研究生培养模式构成要素的相关研究进行了总结，认为培养模式构成要素主要分为三要素说、四要素说、五要素说和六要素说，其中，持四要素说的学者较多，两人在此基础上指出，学界对培养模式的研究存在忽视立论依据、逻辑关系等问题，并且提出了包括培养理念、培养目标、培养组织等 8 个要素的观点。③

本书认为，培养模式是在一定的教育理论、思想的引导下，基于具体的培养目标，进行人才培养的一种组织运行模式，这种模式包括一定的构成要素，且各要素之间需要进行系统的组织和运行。

（三）专业学位研究生培养模式

专业学位研究生培养模式具有人才培养模式的一般特征，同时又具有针对研究生层次的专业人才培养的独特之处。刘亚敏、胡甲刚认为专业学位研究生培养模式遵循高层次创新人才成长的规律，以经济社会发展对专业人才的需求为基本要求，在教育思想和理论的指导下，由各培养机构对专业学位研究生进行的一系列培养活动。④ 廖文婕在其博士论文中指出：“专业学位研究生培养模式是指在专业学位研究生培养情境之中，培养目标、课程、师资等要素按照一定的方式组合，并

① 方勇纯．招生—培养—毕业—就业一体化的全链条博士生培养模式［J］．学位与研究生教育，2022（5）：24-29.

② 李爱彬，邵楠，杨晨美子，等．一流学科群视域下研究生跨学科培养模式研究［J］．研究生教育研究，2022（3）：44-50.

③ 陈新忠，董泽芳．研究生培养模式的构成要素探析［J］．学位与研究生教育，2009（11）：4-7.

④ 刘亚敏，胡甲刚．专业学位研究生培养模式改革［M］．北京：科学出版社，2017：53.

遵循一定的运行规律，培养高层次、应用型专业人才的模型与范式。”①

在专业学位研究生培养模式的构成要素方面，田学真、张俊从入学形式、培养目标、培养方式和质量评估4个方面分析了美国专业学位研究生教育培养模式，指出其特征包括入学要求严格，国际化趋势明显；培养目标层次化且个性鲜明；培养方式多元化；以社会性评估为主，内外部评估均衡发展等。② 另有部分学者认为培养模式包含多要素，主要包括培养目标、入学形式、培养内容、培养过程、质量评估等。张建功通过建立分析模型，对中美专业学位培养模式的培养目标、过程、支撑条件、外部协作和质量保障5个方面进行了对比，认为我国应当完善相关法律，改革培养过程，建立组织体系等。③ 晏云对美国专业硕士培养模式中的培养目标、招生入学等5个方面进行了分析，认为其培养模式的理念包括明确的培养目标、严格准入制度、多元培养方式及科学课程设置等。④ 李伟、闫广芬在研究专业学位研究生培养模式时，从培养的定位、内容、过程、评价、条件5个维度进行探讨，从分类观的角度指出要关注专业学位和学术学位研究生的分类培养。⑤

本书认为专业学位研究生培养模式是以培养高水平、专业型、实践型人才为目标，遵循研究生培养的一般规律，同时突出专业人才特点，对教学、实习等环节进行组织的一种人才培养的方式。在本书中，美国专业学位研究生培养模式的构成要素包括培养目标、培养过程、组织形式、质量保障和支撑条件，其中培养过程又具体包括招生考核、

---

① 廖文婕．我国专业学位研究生培养模式的系统结构研究［D］．广州：华南理工大学，2010：33.

② 田学真，张俊．美国专业学位研究生培养模式及其启示［J］．研究生教育研究，2012（3）：91-95.

③ 张建功．中美专业学位研究生培养模式比较研究［D］．广州：华南理工大学，2011.

④ 晏云．美国专业学位硕士研究生培养模式研究［D］．武汉：华中师范大学，2013.

⑤ 李伟，闫广芬．专业学位研究生培养模式的理论探析与实践转向：基于分类观的视角［J］．研究生教育研究，2021（5）：51-57.

课程教学、专业实践和毕业考核。

四、研究方法与框架

（一）研究方法

1. 文献研究法

对某一事物的研究需要建立在前人研究的基础上，需要了解前人主要的研究问题、研究成果以及未来可能的研究方向，这离不开对文献的搜集、梳理和分析。文献分析法是通过对文献进行查阅、分析和整理从而找出事物本质属性的一种研究方法。文献的使用有助于确证和支持从其他来源收集的证据，以及做出推论。本书中对美国专业学位研究生培养的了解和研究需要借助大量文献资料，并且从广泛的文献中筛选出核心、关键的内容，甄别其可靠性和真实性，从而分析美国专业学位研究生培养的真实情况和特征。本书主要借助 Web of Science、EBSCO、ERIC、中国知网等数据库检索和追踪文献，收集、阅读和详细地分析了关于美国跨学科研究生教育的相关研究和论述。本书对美国研究型大学专业学位研究生教育的发展的史料、文献较为充足，美国研究型大学专业学位研究生教育开展的具体情况可通过各大学官方网站、美国教育部网站、基金会网站、数据库及相关研究的文献获取，数据、资料较为公开和真实。目前已有的对美国研究型大学专业学位研究生教育的研究和其他相关资料为本书提供了参考。

2. 案例研究法

案例研究法能够使研究的问题更加深入和清晰。案例研究是在一个有边界的系统中通过一个或多个案例对一个问题进行探索。案例研究需要满足以下几个条件：研究的现象需要有明显的界线，案例发生在自然情境下，研究者需关注现象、案例发生的过程，在调研过程中逐步形成精准的研究问题，以及收集多种数据来源。当几个因素与情景相互作用而难以分割时，这种方法尤其合适，并且很适合回答为什么的问题。案例研究涉及真实的生活环境，其结果对所研究的过程、问题、项目或现象提供了详细的整体描述。在美国这样一个具有多元文化特征的社会，通过典型案例能揭示不同的研究型大学专业学位研究生培养的异同。本书根据研究需要，选取不同类型的研究型大学、不同学位层次、不同学科领域的专业学位项目，分析其培养模式中的各要素，丰富本书的培养模式研究。通过案例研究和分析，得出其共性特征，把握其规律，从而深化对美国专业学位研究生培养模式的认识。

3. 比较研究法

美国专业学位研究生发展的历史较长，经验成熟，值得我们借鉴。但是由于美国的历史环境、文化、政治经济体制都与我国不同，在对中美专业学位进行比较时，应遵循以事实为依据；异中论同，同中论异；纵向与横向相结合，历史与现实相结合的原则。本书将对中美两国研究生层次的专业学位的发展、现状、问题、特点等进行对比分析研究，寻求美国专业学位发展的经验，以对我国起到更好的借鉴作用。

（二）研究框架

本书以美国专业学位研究生培养模式为主要研究对象，将较为系统地认识美国专业学位研究生教育。在理论方面，本书将深化对美国专业学位研究生教育的本质认识和理论探讨；在实践方面，本书立足美国专业学位研究生教育的实际，同时把握其发展前沿，分析其专业学位研究生培养的基本情况和新的动向。多样化的案例分析涵盖了不同层次、不同类型的专业学位项目，力求从美国的实践中提炼出专业学位人才培养的特点和规律，从而为我国提供经验借鉴。

本书共分为 6 个章节，具体框架如下：第一章是历史梳理。对美国专业学位研究生培养的历史发展过程进行梳理分析，将整个历史过程划分为 4 个阶段，梳理在美国经济社会发展的阶段性背景下，研究生教育和专业学位研究生教育的基本情况、代表性事件及各阶段的特点。

对美国当前专业学位研究生培养的层次、学科结构、规模等情况进行梳理分析，力求对美国专业学位研究生教育的整体情况形成客观、系统的认识。

第二章是理论基础部分。对美国专业学位研究生培养的内涵、特点、争议等关键问题进行深度剖析，从实用主义教育理论、人力资本理论及知识生产模式转型理论3种理论视角探讨专业学位研究生培养的合理性、可行性、意义与价值等。在此基础上，指出美国专业学位研究生培养的本质属性和特征。

第三章是对美国专业学位研究生培养模式的系统分析。基于美国高等教育的背景，对培养模式中的培养目标、培养过程、组织方式、质量评价、支撑条件的设计和运行等进行分析。

第四章是对美国专业学位研究生培养模式的案例分析。基于美国高等教育的特点与研究型大学专业学位研究生培养的情况，从以下3个角度选择研究案例：在学校属性上，选择公立和私立两种类型的研究型大学；在专业学位层次上，选择专业硕士和专业博士两种层次的项目；在学科类型上，一方面选择教育、法律、工程等相对成熟和规模较大的学科，同时也包括如专业科学硕士、数据科学项目等较为新兴的学科领域。最终确定代表性的研究型大学及其专业学位研究生培养项目案例，对各案例进行系统的整理和分析。

第五章是对美国研究型大学专业学位研究生培养模式的主要特点的总结。依据美国研究型大学专业学位研究生培养的理论基础、实践经验、案例分析提炼相应的经验和特征。

第六章是对中美专业学位研究生培养模式的比较。梳理我国专业学位研究生教育的历史和现状，分析我国专业学位研究生教育的实际及存在的问题，借鉴美国的经验，进而提出对我国专业学位研究生培养的合理化建议。

第一章 美国专业学位研究生教育的历史发展与现状

美国专业学位研究生教育是在美国的社会历史背景下的产物，专业学位研究生教育与美国的经济社会发展对专业人才的需求有着密切联系，也与美国高等教育的学位制度、教育体系、学科发展等息息相关。专业学位研究生教育是研究生教育的重要组成部分，梳理美国专业学位研究生培养的历史发展过程，有利于对其形成系统的认识，深刻理解其本质。纵观美国专业学位研究生教育的发展历程，其主要经历了萌芽期、形成期、成熟期和完善期 4 个发展阶段，在不同的历史背景下，专业学位研究生教育的发展呈现出不同的特点。如今美国专业学位研究生培养体系已经相对完善，并且形成了较大的规模。

第一节 专业学位研究生教育的历史发展

美国真正现代意义上的专业学位诞生于 19 世纪末 20 世纪初，在此之前专业学位处于萌芽和探索阶段，专业学位与学术学位的区分并不明显。进入 20 世纪，随着实用主义的影响加深，专业化运动兴起，公立大学广泛设立，一系列法案的发布推动了专业学位研究生教育的发展进程，尤其是二战之后专业学位研究生教育得到快速发展，专业学位研究生的数量和规模迅速扩大，为美国社会提供了大批专业人才。

一、萌芽时期（18 世纪中叶至 19 世纪末）

在美国的殖民地时期，人们对专业人员的需求不高，专业人员的类型较少，主要包括牧师、医生、律师等。民众学习技能的方式主要是传统的学徒制，学徒能够从经验丰富的师傅身上学到基本技能，同时也要做一些零散的其他工作，进而从事相关职业。尽管在一些职业中，通过学徒制能够获得较高的技术水平，但这种方式仍然不属于系统的专业学习，学徒制的整体训练水平有限。

1636 年哈佛学院建立，之后美国陆续建立了威廉与玛丽学院、耶鲁学院、费城学院等一批早期的学院。此时的学院主要照搬英国牛津、剑桥大学的学位制度范本，以古典学科教育为主，主要是培养牧师和神职人员，也培养一些医生、教师和公职人员，体现了一定的世俗倾向。直到 18 世纪中期，美国的专业学位教育才开始起步。美国第一个专业学位是 1768 年由费城学院授予的医学学士学位，同年威廉与玛丽学院授予了第一个法律学士学位。早期的专业学位只是在学位之前加上专业名称，相比其他学位并没有独特之处，因此还不具有真正意义上的专业性，攻读专业学位的人数也不多。此时人们对职业的认识和理解尚不充分，除农业种植之外，主要职业为手工业，即使是获得学位的人，一般而言只是获得了职业资格，同时仍有不少人通过学徒制的方式学习技能、从事某一职业。另外，早期的学院在发展过程中演变成为美国著名的大学（见表 1-1-1）。

1776 年美国建国后，社会发展走向正轨，各个领域逐渐发展起来，对专业人员的需求随之增加，专业学位教育也开始发展。此时的专业学位在医学和法律等传统的学科中较为集中，由于美国独立战争之后对医生和律师的需求不断增加，对医师的专业水平也有了进一步要求。建国后各种法律条例的颁布以及繁杂的法律事务的增加，美国社会急需专业的法律人才。这一时期多种类型的专业学院的建立为专业学位的发展创造了机会，一批工程学院、医学院等首先被建立起来。1782年至1802年就有19所学院建立，其中包括1802年建立的著名的西点军校。①

表 1-1-1 美国殖民地时期建立的学院②

建立时间	殖民地时期的学院	目前的院校
1636年	哈佛学院	哈佛大学
1693年	威廉与玛丽学院	威廉与玛丽学院
1701年	耶鲁学院	耶鲁大学
1740年	费城学院	宾夕法尼亚州立大学
1746年	新泽西学院	普林斯顿大学
1754年	国王学院	哥伦比亚大学
1765年	罗得岛学院	布朗大学
1766年	皇后学院	新泽西州立罗格斯大学
1769年	达特茅斯学院	达特茅斯学院

19世纪初开始，美国州立大学开始建立起来，最早的典范是1819年托马斯·杰弗逊（Thomas Jefferson）建立的弗吉尼亚大学，带动了美国西部州立大学兴起，例如具有代表性的密歇根大学。1824年专为培养工程技术人员而设立的伦塞勒理工学院建立，吸引了大批学生。早期州立大学的建立扩大了美国高等教育的规模，随后产生的州立大学运动，使州立大学成为美国高等教育中的一种大学模式而走向成熟。这一时期建立的著名州立大学还包括建于1848年的威斯康星大学。

---

① 陈利民. 哈佛大学办学理念研究［D］. 武汉：华中科技大学，2005：23.

② 科恩. 美国高等教育通史［M］. 李子江，译. 北京：北京大学出版社，2010：21.

1861 年美国爆发南北战争，实际上，构成今天美国高等教育体系的大部分内容都是在南北战争爆发后到 20 世纪最后十年之间形成的。

1862 年《莫雷尔法案》(*Morrill Act*) 颁布，对美国的高等教育产生了重要的推动作用。《莫雷尔法案》规定联邦政府可以为州政府提供必要的资金和手段去建立和拓展公立大学，鼓励这些大学教授农业和实用技术方面的知识来支持生产实践的发展。① 随后，美国出现了其高等教育的第一个大发展期，同时也促进了专业学位教育的发展。在政府和法案的支撑下，美国成立了众多“赠地学院”，即联邦政府为各州提供财政支持，划分土地建立的这些公立大学，在一些美国中西部的州建立了大批赠地学院。赠地学院培养了一批农业、机械领域的专业人才，由于与当地民众的生产生活联系密切，这些学院和大学既传播了实用性知识，也为人们带来积极的经济效益。1890 年，美国发布了第二部《莫雷尔法案》，继续为赠地学院提供资金支持。随着大批赠地学院的建立，入学的学生人数急剧上涨，培养了大量的专业人才。专业人才的增加也促进了当时处于农业社会的美国向工业社会转型。

数百年来，博士学位一直是高等教育最高层次学位，博士学位的水平和权威毋庸置疑，获得博士学位意味着学位持有人成为该学科领域的专家。西方现代博士起源于 19 世纪德国的大学，德国学术研究和德国大学的具体实践，不仅为美国的改革者而且为世界各地的科学家和学者提供了令人信服的先例。1857 年至 1860 年，英国伦敦大学首次出现科学博士 (Doctor of Science)，1868 年又设置了文科博士 (Doctor of Literature)，剑桥大学在 1882 年授予了第一个哲学博士学位，牛津大学则直到 1917 年授予了第一个哲学博士学位。② 19 世纪博士学位也

---

① 于珈懿，李云鹏. 美国高等教育法治化进程及其对我国的启示 [J]. 当代教育科学，2019 (6)：82-86.

② CLARK M. Academic charisma and the origins of the research university[M]. Chicago: The University of Chicago Press, 2006: 183.

传到了美国，美国第一个哲学博士出现在1861年的耶鲁大学。在此之前，美国人在欧洲大学攻读博士学位。根据美国国家科学基金会的统计数据，约有1万名美国人前往欧洲深造。当耶鲁大学授予第一批美国的博士学位时，有意识地仿效了德国，部分原因是使有志于此的学者不必出国。19世纪80年代，德国对美国大学的影响达到一个高峰。进入19世纪90年代，在德国学习的美国人数量继续激增，当这些雄心勃勃、积极进取的学者回到美国时，他们渴望将国外新的学术形式移植到美国的大学中，以阻止美国优秀的研究生流向国外，吸引他们到美国大学进行学术研究，培养美国下一代的青年。

1876年，约翰斯·霍普金斯大学成立，这是美国第一所研究型大学，注重研究生教育和研究，首任校长是丹尼尔·科伊特·吉尔曼（Daniel Coit Gilman）。同一时期，斯坦利·霍尔（Stanley Hall）校长也试图将克拉克大学建立成一个纯粹的研究生教育机构，不招收本科生。但这种尝试未能成功，纯粹的研究生院在美国行不通，最终大学还是保留了本科生院，同时设置了研究生院，于是美国出现了立式大学。随着更多研究型大学的建立，研究型大学成为一种大学模式，得到人们的认可。研究型大学的建立使美国的研究生教育得以发展。

此时，美国高等教育领域已经意识到研究生教育对美国的重要性，理查德·J. 斯托尔（Richard J. Storr）曾在书中写道："对研究生教育的需要而不是需求，已经被大声地、反复地宣布过了。"① 美国研究型大学在美国的经济、科技、文化、人才培养等方面具有重要作用。首先，研究型大学是美国科学研究的中心，承载着促进科技进步的重要任务，研究型大学中的实验室和研究中心依托学科优势、丰富的资源和人才力量产出了丰厚的科研成果；其次，研究型大学是美国高水平

---

① STORR R J. The beginnings of graduate education in America[M]. Chicago: The University of Chicago Press, 1953: 35.

人才培养的中心，丰富多样的学科专业、开放共享的图书和设备及顶级专家学者任教，为美国各领域培养了大批精英人才；最后，研究型大学在推动地区经济发展方面起着重要作用，依托自身的资源优势和专业性优势，通过多样化的形式为周边社区服务，促进地方经济发展。研究型大学和研究生院的日渐发展，促进了研究生教育的发展，扩大了研究生培养的规模。

萌芽时期是美国专业学位教育萌芽和起步阶段。专业学位的产生在很大程度上受到经济社会发展的影响，社会对专业人才的需求驱动专业学位教育的产生和发展。尽管早期学士层次的专业学位的专业性并不突出，但为此后研究生层次的专业学位的产生奠定了基础。赠地学院、州立大学和研究型大学的广泛建立，培养了一大批专业技术人才，为专业学位教育的扩张和高层次专业学位的开设奠定了基础。

二、形成时期（20 世纪初至二战）

19 世纪末开始，实用主义哲学对美国社会各方面产生了巨大影响。实用主义哲学在教育领域体现为对教育的工具性、实用性的追求，强调实用科学和自然科学的价值等，实用主义成为美国一些大学确立教育目标的依据，也为美国专业学位研究生教育提供了理论基础。[①] 这种实用性的倾向在教育领域的影响还体现为要求教育要与社会现实相联系，解决社会问题，为社会经济发展服务，培养实用人才。1904 年，威斯康星大学校长查尔斯·范海斯（Charles Van Hise）提出“威斯康星思想”，即威斯康星大学在全州各个领域开展技术推广和函授教育，使大学与州的经济社会发展联系更加密切。此举赋予了大学新的职

① 蔡剑桥. 理性主义与实用主义：西方两种导向的研究生培养目标溯源［J］. 学位与研究生教育，2021（11）：87-93.

能——为社会服务。[①] 这一思想加强了专业学位与职业的联系，突出了专业人才的实用性。

进入 20 世纪，美国高等教育领域中的第一个重要事件是美国大学协会（Association of American Universities）的成立。1900 年 1 月，哈佛大学校长查尔斯·威廉·埃利奥特（Charles William Eliot）、芝加哥大学校长威廉·雷尼·哈珀（William Rainey Harper）、加州大学校长本杰明·伊德·惠勒（Benjamin Ide Wheeler）、哥伦比亚大学校长塞斯·洛（Seth Low）和约翰斯·霍普金斯大学校长吉尔曼共 5 位大学校长邀请其他 9 位美国大学校长于当年 2 月在芝加哥开会，目的是成立一个永久性组织，致力于与研究生教育有关的共同利益问题研究，推动研究生教育成为美国高等教育中的一项重要事业。在惠勒校长的带领下，这个由 14 人组成的团体创建了美国大学协会，并着手统一和提高美国大学授予高等学位的标准。美国大学协会的成员大学共同帮助制定高等教育、科学和创新的政策，促进本科和研究生教育实践，并且加强领先的研究型大学对美国社会的贡献。

20 世纪初的美国已经成为强大的工业化国家，资本主义经济快速发展并进入垄断阶段。随着科学技术和工业的发展，各行各业对专业人才的需求与日俱增，一方面需要工程领域的专业人员，另一方面在经济、教育、管理等领域对相关专业人才的需求也不断增加。社会经济发展的需要必然对美国高等教育的人才培养提出更高要求。19 世纪末 20 世纪初，美国的高等教育领域感受到了经济快速发展带来的变化，掀起了“专业化运动”，对专业学位的发展产生了积极的影响。美国社会反思了单一的办学模式，权衡借鉴了德国研究生培养模式的利弊，认为高校也需要培养学术型人才以外的应用型专业人才，因此要求开设多种专业学院，于是这一时期诞生了诸多专业学院，例如教育学院、

---

① 胡冰玉. 中美专业学位硕士研究生教育比较研究［D］. 广州：华南理工大学，2011.

农学院、社会工作学院等，扩大了专业人才培养的规模，进一步区分了专业型教育和学术型教育。与此同时，各学科成立专业联合会，制定相关行业的标准，提供职业资格认证，使专业学位教育与职业资格相衔接，提高了各专业的标准化水平。

伴随20世纪初垄断资本主义经济的发展，社会职业的专业化程度提高，各行各业需要更高水平的专业人才，原有的专业学士学位层次的教育已不能满足社会和民众的需求，专业学位研究生教育的层次开始提升，专业硕士学位和专业博士学位开始出现。1908年，哈佛大学设置了第一个专业硕士学位——工商管理硕士，1913年设置了工商学院，1936年哈佛大学又设置了教育硕士学位。20世纪初，在哈佛大学设置了第一个专业硕士学位之后，专业硕士学位的种类不断增加，在教育、工商、农业、城市规划等领域都出现了专业硕士学位，例如社会工作硕士、企业管理硕士、城市规划硕士等。其中教育硕士的规模最大，原因在于：一方面，这一时期的美国中小学校长希望推动教师这一职业的专业化，从而提升中小学教师受教育程度和专业水平；另一方面，博士教育的发展客观上带动了硕士教育的发展。

1920年，哈佛大学设置了美国第一个专业博士学位——教育博士学位。哈佛大学开设专业学位的举措源于多种因素的影响。一方面，社会发展对大学教育产生了新的需要，民众对教育领域的领导者和管理者的要求也逐渐提高；另一方面，教育学院自身面临困境。哈佛大学教育学院最初的目标是培养教师的教学专业技能，但出于对学术地位的追求，它不得不将学术性研究作为教育学院的首要任务，使得教育学院处于一种尴尬的地位。为了提升自身作为专业学院的实力和地位，提升比较优势，哈佛大学教育学院着手建设发展效率更高的专业学位。[①] 1921年哈佛大学教育学院开始设置教育博士学位课程，学位课程分为基础课程（Core Program）和研究课程与特殊课程（Research and Special Program），招收从事教育工作的人员，采用在职学习的方式，学位论文主题以实际中亟待解决的问题为主。[②] 随后，美国在商业、社会科学、药学等领域也开设了专业硕士和专业博士学位。从此，美国专业学位教育正式形成了学士学位、硕士学位和博士学位3个层次，专业硕士学位和专业博士学位教育逐渐走向成熟，满足社会对不同层次的专业人员的需求。

总的来说，这种变化是通过大学自身的努力和从外部机构获得的援助而得到加强的。公立大学通过扩大招生人数和招聘越来越多的教师，使自己能够拥有更大、更专业的院系；私立大学则通过部分地符合其校友的偏好，限制招生，并且将其不断增长的资源集中在选定的学生群体上。最富有的私立大学，特别是常春藤联盟，在吸引校友捐赠方面异常成功。

1935年，美国大学协会在美国专业学位研究生教育的发展过程中发挥了重要作用。协会调查了硕士研究生教育的现状并做了报告，拟将硕士学位分为研究型硕士学位、专业硕士学位、教师学位和文化学位。此后不久，美国大学协会提出应体现不同类型的硕士学位在目标、要求等方面的区别，将文硕士、理硕士设为研究型硕士学位，教学文硕士和教育硕士作为专业性硕士学位，并且规定了专业硕士学位的基本要求，包括至少住校一年，参加综合考试，进行论文答辩等。[③] 这些

---

① 李云鹏. 美国教育博士专业学位的发展动力与变革模式研究［D］. 南京：南京师范大学，2012：44-46.

② 邓光平. 国外专业博士学位的历史发展及启示［J］. 比较教育研究，2004（10）：27-31.

③ 洪成文. 美国硕士生教育发展的历史考察［J］. 学位与研究生教育，2002（2/3）：68-73.

规定进一步确立了专业学位的合法地位，体现了专业学位硕士的专业性。

1937 年，哥伦比亚大学、哈佛大学、普林斯顿大学和耶鲁大学合作开发了研究生入学考试（Graduate Record Examination，GRE），以提高研究生入学的标准，规范研究生选拔，在各大学的研究生招生考核中得到应用。据统计，1940 年美国可授予硕士学位的学校数量达到 300 所，共授予硕士学位 2 731 个，授予博士学位 3 290 个，授予专业硕士学位 15 000 人次，占全部硕士学位的 56.11%。[①] 这是美国专业学位研究生教育发展过程中的一个高潮阶段。

形成时期的美国专业学位教育顺应社会经济发展和专业分工的需求，出现了高水平的专业硕士和专业博士学位，形成了 3 个层次的专业学位体系，专业学位教育更加规范化、体系化。大学的社会服务功能凸显，专业人才与市场需求的联系更加密切。专业学位研究生规模快速扩张，促进了美国大学研究生教育整体的蓬勃发展。

三、成熟时期（二战后至 1970 年）

美国大学在二战期间真正进入了成熟期。第一次世界大战后，美国科学家和学者在大多数领域仍然受到欧洲的束缚，但在第二次世界大战前夕，他们几乎在所有领域都建立了自己的知识前沿。二战中科学技术和各学科之间的合作发挥了重要作用，一些研究型大学和实验室也参与其中，例如加州大学伯克利分校著名的劳伦斯实验室等。战后美国对科学技术和人才的重视度大大提升。二战中，美国积累了大量财富，战后美国的国防、科技、工业、教育等领域蓬勃发展，美国

① 中国学位与研究生教育信息分析课题组. 中国学位与研究生教育信息分析报告［M］. 北京：中国人民大学出版社，2009：10.

社会的产业结构发生了重大调整，社会各行各业对劳动力的需求随之增加，对高水平专业人才的需求量急剧增加，推动了专业学位研究生教育的发展。

战后美国首先要解决的重要问题之一就是退伍军人的安置和就业问题。美国国会于 1944 年颁布了《退伍军人权利法案》(*Servicemen's Readjustment Act*)，为了让退伍士兵尽快回归并适应平民生活，感谢他们在二战中的付出，政府提供补助，使这些年轻人适应工作需要，接受高等教育，从而掌握一定的知识和技能。[①] 该法案规定，符合要求的退伍军人都可以获得教育津贴，完成高等教育层次的学习，学习内容从基础水平到博士水平，并且提供了医疗、住房等方面的支持。大多数人寻求获得学士学位，但也有人坚持读完研究生阶段的课程，从 1940 年到 1950 年，博士生的产出水平为原来的两倍。到 1950 年，在 1 400 万退伍士兵中就有 200 多万人注册入学。[②] 该法案的实施取得了巨大成功，推动美国高等教育实现了大众化，同时也促进了专业学位教育规模的扩大。

1958 年，美国国会出台了《国防教育法》(*National Defense Education Act*)，为高校人才培养提供大量的资金支持。1957 年，苏联成功发射世界上第一颗人造卫星，给美国社会带来了巨大冲击。社会舆论将矛头指向教育，认为美国的教育出了严重问题，进而把教育的重要性和国家的生死存亡联系在一起，要求教育必须强大起来，国会由此出台了《国防教育法》。《国防教育法》为各个阶段的教育提供资金资助，旨在将学生培养成为高水平人才和专家，开设多种项目增拨教育经费，并且设置"国防学生贷款"，大规模地向学生贷款以支持学

---

① 于珈懿，李云鹏. 美国高等教育法治化进程及其对我国的启示 [J]. 当代教育科学，2019 (6)：82-86.

② 塞林. 美国高等教育史：第 2 版 [M]. 孙益，林伟，刘冬青，译. 北京：北京大学出版社，2014：247-250.

生顺利完成学业。这一系列措施都是为了培养高质量的人才。该法案的实施为专业学位研究生教育提供了经费支持，推动了专业学位研究生规模的进一步扩大。美国高等教育发展的黄金时期到来，迅速实现高等教育大众化。

专业学位研究生教育在成熟时期得到了快速发展。从总体上看，一方面，专业学位的整体授予量不断增加，高层次专业教育大幅发展。据统计，1957—1958年学术型学位的授予量约占总数的1/3，比例远低于20年前的44%，这意味着专业学位的发展速度和规模已经超越了传统的学术型学位。到1970年，美国专业学位的授予总量已达20多万；[①] 另一方面，专业学位的学科种类快速增加。1960年美国专业学位的学科种类达到2 400多种，虽然各校水平参差不同，但是总体上学位名称逐渐趋于统一，避免混乱，[②] 其中教育硕士、工商管理硕士所占比例较大。专业博士学位研究生教育迅速发展，成熟时期的专业博士学位已涉及教育、心理、法律、工程等多个领域。

这一阶段的美国处于二战后的快速发展时期，对人才的重视和需求空前增加。美国联邦政府通过设立法案和拨发款项的形式直接干预高等教育，为美国大学的研究生教育提供了充分的支持，专业硕士的种类和规模得到极大扩充，学术型博士和专业博士教育同样得到扩展。从整体上看，专业学位研究生教育体系已经相对成熟，教育规模仍处于上升期。

四、完善时期（1970至今）

由于经济危机和战争的影响，美国高等教育在20世纪70年代后进

① 洪成文．美国硕士生教育发展的历史考察［J］．学位与研究生教育．2002（2/3）：68-73．

② 北京师范大学外国教育研究所．国外学位制度［M］．北京：地震出版社，1981：68．

行了调整和改革，政府拨款减少，高等教育整体发展速度减缓。直到20世纪80年代，美国高等教育逐渐恢复发展。专业学位研究生的学位授予量、学科种类，以及授予研究生层次的专业学位的机构数量都不断增加。1970年，美国人口约占世界人口的6%，但全世界29%的大学生在美国。这在很大程度上是美国专业学位研究生教育发展扩张的结果。这一时期美国专业学位研究生教育大幅扩张主要受到两方面因素的影响：其一，20世纪70—80年代，美国经济总量翻倍增长，经济增长促使社会对高水平专业人才的需求持续增加；其二，20世纪70年代开始，美国人口持续增加使得高等教育的适龄人口增加，研究生规模随之扩大。专业学位研究生教育的发展与当时美国的经济社会发展相适应，1971—1981年，专业学位增长较快的几个专业为计算机信息科学、卫生科学、商业与经营。[①] 1973年，美国博士学位授予量达到历史的高峰，共授予33 755人。据统计，1987年美国硕士学位达到660种，其中85%是专业硕士学位，20世纪90年代末美国专业硕士学位获得者的比例占全部硕士学位获得者的55%以上。[②]

自1980年以来，美国越来越多的大学提供研究生专业学位教育，为广大学生及正在或最近在政府、工业、非营利部门担任中层职位的客户提供知识和职业发展的机会。这些专业学位研究生项目的学生通常以兼职学生的身份学习部分或全部学位课程。在这种情况下，他们通常不以科学研究和学术知识的学习为目的，相反，他们寻求高级教育，以便在一个知识密集型社会中找到更好的工作，成为专业的实践者、领导者，以实现更好的人生发展。

1993年，美国教育质量委员会发布了题为《国家在危险之中：教

---

① 汪辉，等. 专业学位研究生教育的适切性研究［M］. 杭州：浙江大学出版社，2021：47.

② 秦春生，戴继天，孙平. 中、美教育硕士教育比较研究［J］. 学位与研究生教育，2002（11）：35-38.

育改革势在必行》（“A Nation at Risk：The Imperative for Educational Reform”）的报告，要求进行教育改革，自此美国研究生教育改革更加重视教育质量，国家和社会对专业人才提出了更高的要求，专业学位研究生教育也更加重视教育质量。20 世纪 90 年代后，专业硕士学位研究生教育逐渐成为专业学位研究生教育的主体，同时博士教育规模进一步扩大，专业博士学位授予数量的增长明显快于研究型博士学位，专业学位研究生教育在美国高等教育中已占有重要地位。经过近一个世纪的发展，20 世纪末美国的研究生教育已经备受追捧，包括德国在内的世界各国学生涌入美国大学接受研究生教育。1994 年，美国大学有近 120 万名研究生在读，同年，有超过 4 万名研究生获得了博士学位，创下了历史新高，有近 30 万人获得了硕士学位。

尽管美国的研究生教育很成功，而且在美国和国外的学术界都有很高的声誉，但是 20 世纪末美国国会和专业协会都呼吁减少学术型博士的数量，声称美国的大学培养了过多的博士。他们批判哲学博士完成学业的时间太长，受教育的范围太窄，而且对进入学术界以外的世界准备不足。研究生教育不得不根据大学之外的各种要求，以及大学内部发展的需要做出反应和调整。在大学外部，劳动力市场、各州的高等教育管理委员会、联邦和各州的研究经费、学生资助政策及社会公众，都在大学政策和项目结构的生成和调整过程中发挥了重要作用。在大学内部，新知识的产生、各个院系的发展、不同观点的碰撞、高质量学术项目的维持和发展、学生群体越来越多样化，大学竞争压力越来越大，从内部影响了研究生教育。

20 世纪八九十年代，美国大学的研究生院院长、大学管理者和高等教育政策制定者们对各种问题进行了辩论，很多同样的争论在美国研究生教育的历史上反复出现。伯纳德·贝尔森（Bernard Berelson）在他的《美国的研究生教育》（*Graduate Education in the United States*）一书中评论说，变化越多，同样的事情就越多，并列出了以下被反复讨论过的问题：博士的真正含义是什么？硕士学位的地位是什么？在规模的压力下如何保持标准？怎样才能抵制学科的日益专业化？如何规范博士论文？应该有多少机构提供博士教育？[①] 实际上诸如此类的问题不胜枚举，在这一时期仍然面临类似的问题，例如博士生数量问题；获得博士学位的时间过长、完成率低，尤其是在人文和社会科学领域；联邦和州对研究、学生资助的支持；研究生项目的质量；对研究中的伦理问题的关注；师生关系；博士后的数量和完成时间；学术项目与社会需求的相关性；等等。大学需要不断对这些问题做出回应，故不得不开发新的项目、建立行政结构来应对面临的多重挑战。

在研究生教育中，特别是博士生教育，是高等教育的最高层次，学生们都希望能直接进入学术界或企业就业。由于博士生在完成研究生教育后要做就业的准备，劳动力市场成为对研究生教育施加压力的外部力量之一。20 世纪 80 年代末，对劳动力市场的研究结果显示，博士生将严重短缺，各大学都计划扩大研究生招生规模。全国的研究生院院长们开始制定全面的招生战略，并准备重新安排他们的研究生支持资金，以便提供 4 年或 5 年的支持计划，吸引更多的研究生。但是随着冷战结束后世界范围内的经济衰退，联邦政府改变了支出政策，联邦政府资助减少导致扩张计划都被叫停。工业界将重点转向核心业务，削减了研究，减少了对科学家和工程师的雇佣。在这种情况下，联邦政府对资助非应用研究不太感兴趣，工业界需要高度灵活、能迅速将其知识和研究技能应用于新领域，并且能在团队中有效工作的人。政府批评大学忽视了社会需求，工业界则批评大学对科学和工程博士的培养过于狭隘，因此培养出的研究人员在学术界以外的环境中无所作为，而人文和社会科学领域的毕业生更加难以在紧张的就业市场上找

① BERELSON B. Graduate education in the United States[M]. New York：McGraw-Hill，1960：41.

到工作。各个大学通过系统地收集毕业生的信息、修改课程，以及考虑如何开设新的学位项目来应对这些变化。这在客观上促进了专业学位研究生教育的发展，专业学位研究生教育越来越受到市场和民众的欢迎。

20世纪末，美国专业学位人才培养模式出现了新的动向，专业科学硕士（Professional Science Master's，PSM）学位出现，这一学位项目旨在将专业学位中的专业技能教育与科学的学术训练相结合。专业科学硕士学位项目是为了满足市场对科学、工程技术的需求，改变传统的工程、数学、科学学位偏重学术性和就业率下降的情况而设立的。在专业科学硕士项目发展比较成熟之后，美国于2002年开设了专业文科硕士学位项目（Professional Master's in Social Sciences and Humanities），使社会学科、人文学科的硕士学位建设发展更加专业化。① 2005年在美国《国家创新法案》（*National Innovation Act*）中，专业科学硕士被称为"培训的创新"②。

进入21世纪，美国专业学位研究生教育呈现出繁荣发展的局面。随着全球化和网络技术的发展，人工智能、生物科技等领域异军突起，对专业人才的需要更加精准严格，专业学位研究生教育也进行了新的探索和改革，越来越多的高校为满足社会所需的新型人才而开设了新的专业学位项目，并且通过在线教学等形式为不同类型的学生提供了便利，加强了国际的交流合作。

回顾美国专业学位研究生教育发展的历程，可以发现，专业学位早期在学院中萌芽，随着经济社会的进步和专业学院、研究型大学的建立发展，逐渐成为美国大学人才培养中的重要组成部分，形成了成

① 焦磊，袁琴. 专业硕士学位教育吸纳外部关键利益相关者参与的机制研究：美国的经验［J］. 高教探索，2019（11）：52-57.

② 孔寒冰，陈劲，等. 科技人力资源能力建设研究［M］. 北京：中国人民大学出版社，2010：280.

熟的专业学位教育体系。文化上，专业学位研究生教育在其发展过程中受到实用主义思想的影响，发展了大学的服务职能，促进了高等教育的专业化、职业化；经济上，随着美国经济发展的转型和市场对专业人才的需要而不断成熟壮大；在高等教育内部，自20世纪50年代开始高等教育大众化之后，专业学位和学术学位的研究生教育规模都进一步扩大，形式更加多元，同时得到国家相关法律、政策、资金的支持。美国专业学位研究生是顺应时代背景和经济市场需求的产物，具有自发性和渐进性，社会经济、文化等各方面都对其发展有重要影响。

第二节 专业学位研究生教育的发展动因

美国专业学位研究生教育是适应美国经济社会发展需求的产物，其产生和发展过程受到内外部多方面因素的影响。

一、社会经济发展的需求

在专业学位产生和发展的早期，工业化和机械大生产提高了生产率，传统的手工作业被机械替代，随之增加的是对熟练技术工人和具备一定专业知识和能力的劳动力的需求。于是，体系化的专业教育逐渐产生并发展起来，为社会提供了高水平的专业人才。专业学位成为专业知识和技能的证明，成为人们就业的敲门砖。进入知识经济时代，社会对知识有了更高的需求。所谓知识经济，即知识成为一种生产过程中极为关键的要素，经济表现越来越依赖于知识投入。同时，在知识经济中，知识不仅是一种关键的投入，也是一种日益重要的产出。虽然如何促进知识经济的增长这一复杂的问题并没有明确、单一的答案，但仍然在某些方面能够形成一定的共识，例如对灵活性的强调、对创新的重视等。所谓灵活性，一方面意味着对变化的认识和接受程度，同时也需要一定主动性、创造性、解决问题的能力和协作精神。创新则在很大程度上成为保持领先地位的重要手段，被视为驱动知识经济发展的引擎。知识经济中的知识也需要并且确实依赖于信息技术所提供的复杂的通信和信息管理手段。正如迈克尔·吉本斯（Michael Gibbons）等人所说："现在需要的是将多学科和跨学科的技能和观点用于解决问题，这一过程围绕着信息和通信技术的创新集群而建立。"①目前，有越来越多的地方可以进行知识生产，信息技术为此提供了重要的支持，处理信息、产生新知识则是推动生产力和经济增长的重要方式。

知识经济时代更加强调学习的重要性，然而这种学习不一定是传统的课堂中的学习，也未必是对书本知识或基于学科的学习，而是一种涉及实践和互动的学习，是一种高度背景化和问题导向的学习。除了对多样化的学习的重视，社会对人才的需求也急剧增加。知识经济的快速发展使得国内外竞争加剧，人才作为重要的竞争力量的作用日益凸显，正迫使企业在各个方面寻找优势。几乎每个行业都在通过关注信息、教育和研究来增加其竞争优势。知识经济社会对人才和劳动力提出了新的要求，即需要人们掌握更多的知识和技能，并且技能本身就有一定的知识要求。人们需要更加具有灵活性，对学习持积极开放态度，甚至要有终身学习的认识，从而在全球化和信息技术塑造的工作环境中游刃有余。

大学无疑是重要的知识生产者，在经济增长的方面起到推动作用。对大学来说，一方面大学不可避免地参与了知识的生产，大学进行的学术研究活动本身就是知识密集型的；另一方面，大学的人才培养为社会提供了更多的知识型劳动力。大学不仅需要确保毕业生的数量，

---

① GIBBONS M, LIMOGES C, NOWOTNY H, et al. The new production of knowledge: the dynamics of science and research in contemporary societies[M]. London: Sage, 1994: 125.

也要为社会提供不同类型、掌握不同技能的人才。社会所需要的不同类型的人才给大学带来了新的压力，学术界的传统价值与知识经济的新价值发生了冲突，大学无法置身事外，必须进行教育改革，而专业学位项目的开设，即是大学对社会需求的回应，大学需要在知识经济时代承担自己的责任，对经济社会的发展做出贡献。

二、市场与雇主的需求

经济发展使市场和雇主对劳动力的要求提高，掌握更多专业知识和技能的实用性人才更受欢迎，这类人才的需求量也随之增加。学术学位研究生教育是世界上许多大学关注的问题，毋庸置疑，学术型研究生学位项目为社会提供了极为宝贵的人才资源，培养的众多优秀研究人员在基础研究和科技发展等方面起到了重要的作用。与此同时，部分学术型研究生受到来自市场和雇主的指责。第一，近年来，许多学术型博士的课程作业量增加、毕业难度加大，导致学生的就读时间延长，带来更多的压力；第二，学术型学位受到来自公众和市场的批评，认为学术型人才缺乏实用性，脱离市场需求，尤其是学术型博士所获得的知识往往过于聚焦和专业，很少直接适用于工作；第三，学术型研究生往往习惯于个人研究而缺少实用的日常技能，例如团队合作、企业沟通、人际往来等，因此学术型博士因其与社会需求的相关性较低而受到了质疑；第四，博士学位是担任大学教师的基本要求和入职门槛，而大学教师不但要承担科研任务，还有大量的教学工作。传统的学术型博士教育是为了让研究生具备进行原创性研究的能力，这是大学教师获得职业成就的一个必要条件，但这并不全面，毕竟大多数教职员工在学校扮演着各种各样的角色，包括为本科生上课、提供咨询等。学术型博士学位项目的人才培养过程中缺少对学生担任教学角色的培养，而教学显然是大学教师工作的一部分。有博士生表示，他们并没有准备好从研究生到大学教师的角色转换。

欧洲大学协会（European University Association）在开展的一个项目中发现，在工作场所中能够发挥更大作用的技能往往是具有通用性的技能，例如适应性、处理复杂问题和参与多学科工作的能力，以及在国际环境中的工作经验。[①] 也就是说，实际的工作情境不仅需要专业能力，更需要具有普适性的能力，专业学位培养的人才在这一点上可能更具有优势。一方面，社会发展日益呈现出复杂性和不确定性的特点，单一的、线性的思维模式和处理问题的方法已经不适用，需要人们具有一种系统性的思维，在复杂的、不确定的和不可预测的事物关系中找到前进的道路，需要人们有超越现实的创造力、采取有效行动，以及评估与该行动相关的风险的能力，也需要有足够的智慧和勇气，做出不受先例或当前限制的判断；另一方面，对实践的重大变革的关注需要获得或使用新的知识、新的理解。实际上，实践者需要具备的能力和需要考虑的因素比人们想象中的还要多。高水平的、专业的实践者需要考虑目的适切性、现实问题的解决方案，以及关注更广泛和更长期的后果等。这些专业人员需要超越狭隘的学科的限制，将广泛的、多学科的知识纳入其中。

有学者认为，专业学位是一种混合课程，是大学、专业研究和特定工作场所之间的交集（见图 1-2-1），突出了三者之间的联系。实际上，美国专业学位项目开设的确受到来自市场和各行各业需求的影响。专业学位教育提供了大批能够满足市场和雇主的要求、更好地适应社会需求的高水平专业人才。专业学位不仅为人才的培养提供了现实世界中可用的知识，而且往往要求学生在复杂的环境中采取有效的行动，为不断变革的社会提出的挑战寻求合适的解决方案，同时还关注学生

① BORRELL-DAMIAN L, BROWN T, DEARING A, et al. Collaborative doctoral education: university-industry partnerships for enhancing knowledge exchange[J]. Higher education policy, 2010, 23(4): 493-514.

的综合能力和领导力的培养。因此，专业学位毕业生更受市场和雇主的欢迎，能够为企业创造价值，促进社会经济的发展。

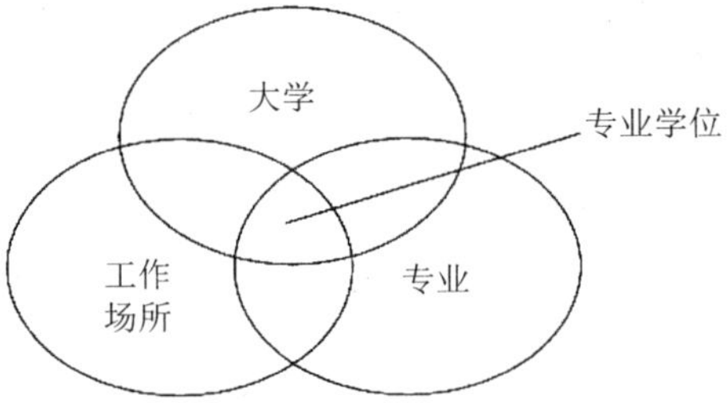

图 1-2-1 专业学位作为大学、专业和工作场所的交集①

三、学生和从业者的就业需求

对学生来说，追求高学历除了出于对知识的渴求、对研究的兴趣之外，更多的是为了寻求更好的职业发展。学术型研究生的数量不断增加，学生之间的竞争变得激烈，尤其是学术型博士生的数量越来越多，甚至已经超过了大学所能提供的教职的数量。然而进入大学是学术型博士的主要就业渠道，因此传统的学术博士的就业压力随之增加。专业学位为学生提供了更加多样化且便利的职业发展选择，它使学生能够掌握更多的专业知识和技能，扩宽就业口径，从而促进职业发展。专业博士学位则为学生提供了在两个理想的领域就业的机会，如果毕业生不能在学术界找到合适的工作，则可以进入商业或工业界，反之亦然。因此，越来越多的学生涌向专业博士学位。进入工业界的专业博士毕业生也有机会获得在大学的兼职，从而有机会从事两个平行的职业。虽然上述情况对考虑攻读专业博士学位的学生有吸引力，但必

① MALFROY J，YATES L. Knowledge in action：doctoral programmes forging new identities[J]. Journal of higher education policy and management，2003，25(2)：119-129.

须指出，完成专业博士学位可能面临复杂情况。专业博士学位对学生的资源和能力的要求可能远多于学术型博士学位，专业博士学位的学生需要不断调整学习、生活和工作，同时又面临许多不确定的干扰因素，例如专业发展、时间管理、工作与生活平衡方面的挑战等。

追求专业学位的群体内部的差异明显，学习者的学习背景、工作经验、职业追求等都有可能不同。在核心学科和新的利基（niche）领域，抓住新兴市场增长的关键不仅是针对刚毕业的学生，而且是针对不同类型的群体定制合适的专业学位项目。专业学位受众呈现多样性，大致可分为以下 4 类（见表 1-2-1）。因此，面对庞大而又多样化的专业学位目标人群，专业学位还有很大的发展空间。不仅仅需要不同学科、不同专业、不同层次的专业学位项目，还需要在学习时间上更具灵活性，在开办方式上更加多样化，定位更加符合学生职业发展需要的专业学位项目。随着经济社会的快速发展，市场、从业人员对专业知识和技能的需求都在不断变化更新，因此，专业学位教育也需要紧跟社会和时代发展的步伐，及时做出调整和更新。

表 1-2-1　不同类型的专业学位学习者与职业需求①

人员类别	就业状态与目标	攻读专业学位的需求
职业起步者	应届毕业生寻求在进入劳动力市场前获得专业学位，顺利进入就业市场	获得专业知识和技能，或者职业资格、证书等
职业进阶者	已经具备一定工作经验或处于行业中层的专业人员，寻求研究生学位以获得晋升或加薪	灵活便捷的学习方式，获得专业学位或职业证书
职业转换者	想要转换行业的从业人员通过获得专业学位进入新的职业领域	灵活便捷的学习方式、跨学科的学习、新的专业知识和技能

① Education Advisory Board. Understanding the changing market for professional master's programs[R]. Washington, DC: Education Advisory Board, 2015: 15.

续表

人员类别	就业状态与目标	攻读专业学位的需求
职业交叉者	在自己原有行业的基础上拓展新的领域以获得新的发展，通过交叉学科学习获取新的知识和经验	灵活便捷的学习方式、跨学科的学习、专业技能进阶

四、大学谋求自身发展的需求

随着经济社会的发展，大学进入社会中心，与经济社会产生了更多的联系，大学必须从其封闭的学术环境中走出来。促使大学与社会的联系加强的因素可大致归纳为以下4点：第一个是知识经济。在知识经济中，知识和智力资源成为经济发展和资源分配的第一要素，知识经济的发展促使大学在巩固其知识生产中心地位的同时，增加了与社会的知识交流和以知识为基础的合作。第二个是终身学习。终身学习是指将人生视为一个连续的、永无止境的学习过程，个人可以不断获得知识和经验以提升自我，这将在一定程度上消解正规和非正规学校教育之间的界限。因此，大学需要基于人们长期的学习需求提供多样化的专业教育、继续教育等。第三个是学习型组织。终身学习的观念逐渐被人们接受，由此也带动了学习型组织的兴起。人们通过获得、共享和管理知识等方式构成学习型组织，且这个组织并非独立于工作情境外，而是存在于日常的工作或学习之中。学习型组织具有个人掌握、共同愿景、团队学习和系统思考等特点。与此同时，大学需要满足各行各业员工的职业发展需求，提供专业培训和证书项目等。第四个是全球化。全球化伴随着同质化和民主化，网络的广泛使用使人们能够自由、自主、平等地获取知识。在信息时代，大学需要进一步运用科技手段促进线上教学的发展，搭建网络学习平台，吸引更多来自全球各地的学生。知识经济、终身学习、学习型组织、全球化已经开始改变大学的历史使命，并且影响高等教育的发展。

在大多数国家经济中，知识是增长的核心刺激因素。竞争的力量敦促人们加强创新，以建立可持续的竞争优势。在这种环境下，大学作为社会中知识生产的中心，有责任承担起服务社会的职能，同时大学也意识到，知识生产已经不再是大学的“专利”，越来越多的机构、企业等也在以自己的方式进行知识生产。为了保持大学知识生产的中心地位和权威，大学的教育和研究加强了与产业界的互动，参与到专业实践当中。知识生产模式的转型固然促进了知识生产的异质性，但是大学在这一方面的发展也有其自身的需要。产业界和大学都相互承认，知识和创新的增长需要两者之间建立更好的联系，专业学位则是创新和联系的工具之一。专业人才有产业化的视角，有能力在产业界和大学之间架起桥梁，创造语言、文化和理解方面的共同点。研究表明，对专业博士的投资产生了更多的产学研合作，专业博士发展可以作为改变美国和其他地方商业研究的主要动力。①

开设专业学位、招收更多的学生为大学创造了更多的利润，因此也有观点认为，专业学位人数的增加是由于大学对经济的关注度提高而引起的，他们看到了收取学费所诱发的利润动机，但是在研究经费日趋紧张的情况下，大学的这一举动无可厚非。另一些学者则推测，专业学位研究生人数的增加只是高等教育大众化的产物。无论是哪种情况，专业学位都为大学提供了一个很好的机会，能够获得更好的发展和经济回报。同时大学也面临一定的问题，即如何在提供大量专业学位项目的同时，保持自身的学术传统，保证学生的学习质量，使专业学位的发展与大学的使命和整体规划相适应。换言之，专业学位需要在赢得合法地位方面下功夫，提高自己的学术地位，获得更高的认

① GILL T G, HOPPE U. The business professional doctorate as an informing channel: a survey and analysis[J]. International journal of doctoral studies, 2009, 4: 27-57.

可度。

总而言之，与传统的学术学位相比，今天的专业学位似乎与当代社会更加相关，多种力量推动专业学位比学术学位更受青睐。专业学位得到来自各方面的支持：①来自学生的支持。学生需要考虑攻读这两种类型的学位的成本和机会，他们正在寻找更多的就业选择，毫无疑问，专业学位更适合于工业界。出于职业发展的需要，专业学位更多地受到学生的欢迎。②来自雇主的支持。雇主需要寻找有综合能力的员工来提高公司的竞争地位。雇主倾向于雇佣专业学位研究生，尤其是博士生，因为他们掌握了一系列实用的专业技能，且能够很好地适应行业环境，为雇主带来更大的价值。③来自大学的支持。大学与商业和工业界的联系更紧密，可以在研究和资助机会方面发挥杠杆作用，同时，大学通过扩大专业学位的招生规模获得更多的经济回报。④来自市场和社会的支持。社会民众认为通过政府的影响，专业学位及其所带来的社会投资回报更大，民众需要大学提供更多的专业学位教育。总之，随着经济社会的发展，专业学位教育未来仍有很大的拓展空间。

第三节 专业学位研究生教育的现状

一、美国专业学位体系

美国高等教育学位制度包括副学士、学士、硕士、博士 4 个层次（见图 1-3-1）。一般而言，本科和研究生层次的学习主要是学士、硕士和博士阶段，副学士阶段的教育基本上属于高层次的职业教育，可授予副学士学位。学士学位的学制一般为 4 年，授予学术学士学位和专业学士学位；硕士学位的学制为 1—3 年，具体时间取决于学位课程的结构、学生是否是全日制、学位要求和学生之前的准备等，硕士学位的种类和名称众多，可授予学术硕士学位和专业硕士；博士学位是最高层次的学位，学制为 3—5 年，可授予学术博士学位、专业博士学位。博士后是在获得博士学位之后进行的阶段性的研究，是一种职务或工作，不授予学位。

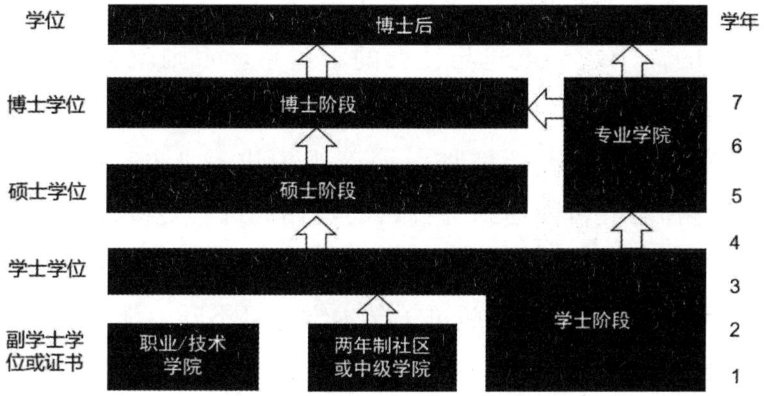

图 1-3-1　美国高等教育结构图①

学位类型可分为两种：学术学位和专业学位。美国传统的学术型学位以学术研究为主，研究范围相对狭窄，对实践的贡献有限，注重培养学生具有扎实的学科基础知识，同时能够致力于相关的学术型研究，主要在一个非常聚焦的专业领域内获得大量知识。② 学术型研究生，尤其是博士生进行学术研究的难度较大，学术型博士取得学位所需要的年限更长。近年来美国社会对学术型博士的批评增多，认为学

① SNYDER T D, DE BREY C, DILLOW S A. Digest of education statistics 2017[R]. Washington, DC: National Center for Education Statistics, Institute of Education Sciences, U. S. Department of Education, 2019: 14.

② JONES M L. Contemporary trends in professional doctorates[J]. Studies in higher education, 2018, 43(5): 814-825.

术型博士研究范围过于狭窄，缺乏服务性和实用性。美国专业学位研究生教育是顺应时代背景和经济市场需求的产物。研究生层次的专业学位是专业化程度极高的、具有职业导向性学位，培养的人才兼具学术基础和实践技能。高水平的专业学位人才与经济社会发展密切相关，满足市场对不同类型人才的需要。在市场机制主导的背景下，美国大学必须具备适应能力，前密歇根大学校长詹姆斯·杜德斯达（James Duderstadt）曾说："如果大学想赢得公众的支持，必须要满足社会各个方面不同的需求，要重建与社会的新关系，否则就会被其他的社会机构赶到边缘并被取代。"① 与此同时，专业学位得到了更多支持，美国专业学位项目数量不断增加，培养规模进一步扩大，部分原因是"人们相信这种培养可以达到各种目的，如促进产业界和学术界之间的知识交流、专业实践的改进和高级从业人员的个性化发展"②。实际上，美国专业学位的授予人数已超过了学术学位且不断上涨。

为了进一步满足社会对高水平劳动力的需求，以及学生自身的多种需求，在美国的学位体系中，一些学术型学位可以与专业型学位相互转换、跨越，进而逐渐形成了相互贯通的学位体系，呈现出"学位立交桥"的形式（见图 1-3-2）。学生可以申请在两种学位之间进行转换，因而有了更多选择和变通的机会。

学位立交桥更多地在博士学位层次得以实现，例如，有些博士学位课程项目同时提供学术型学位和专业型学位，学生可以获得两种学位，也有一些学生在获得学术性博士学位之前已经获得了专业博士学位，但是在获得学术性博士学位的同时（或者之前）获得专业博士学

---

① 杜德斯达. 21 世纪的大学［M］. 刘彤，屈书杰，刘向荣，译. 北京：北京大学出版社，2005：87.

② BOUD D, FILLERY-TTAVIS A, PIZZOLATO N, et al. The influence of professional doctorates on practice and the workplace[J]. Studies in higher education, 2018, 43(5): 914-926.

位的学生占比很少。① 这种可以同时（或先后）攻读学术型博士学位与专业型博士学位的情况在医学、法律等学科领域比较领先。学术型博士学位与专业型博士学位并举的实践，不仅完善了学位体系，加强了学位之间的交流，也使得博士学位能够更好地适应经济社会对高水平人才的需求，将学术研究与实际需要进一步结合起来，达到充分发挥学生的潜能的目的，更加有利于学生的职业规划和就业需求，是美国高等教育领域的创造性发展之一。

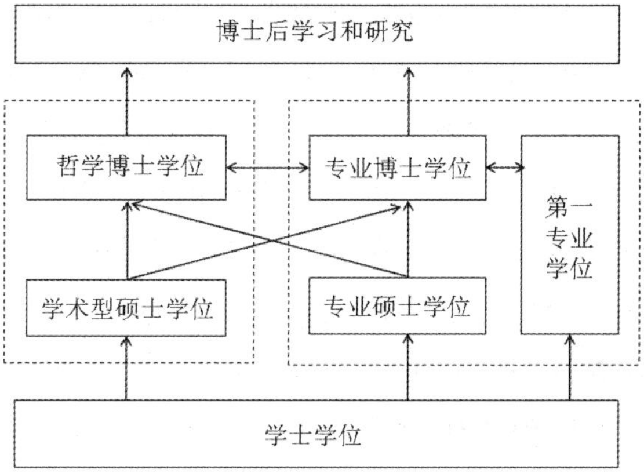

图 1-3-2 美国高等教育学位体系②

二、美国专业学位研究生的层次

美国现代专业学位教育经过探索和改革，学位结构已逐渐完善。美国的专业学位结构与学术学位结构相似，从层次上可分为 3 个等级，

① THURGOOD L, GOLLADAY M J, HILL S T. U. S. doctorates in 20th century [R]. Arlington: National Science Foundation, 2006: 29.

② 研究生专业学位总体设计研究课题组. 开创我国专业学位研究生教育发展的新时代 [M]. 北京：中国人民大学出版社，2010：106.

由低到高分别是专业学术学位、专业硕士学位和专业博士学位。其中专业学士学位教育主要向学生传授从事相关领域工作必需的基本知识、技能和方法，使学生具有实际工作和研究的初步能力，造就初级专业人员。在美国专业学位教育中，以专业学位研究生教育为主。

（一）专业硕士学位

硕士学位是美国高等教育体系中第一个研究生水平的学位。在某些领域，例如美术，硕士学位是最终的专业学位。硕士学位也可能被认为是第二学位，学生可以选择是否继续攻读博士学位。在一些学科中，例如行为科学和自然科学，通常是获得学士学位后直接进入博士阶段的学习，而不要求获得硕士学位，在这些学科中，一般认为硕士学位相对专业而言并不重要，只是作为一种中间资格，若出于就业需要，学生可以申请硕士学位。因此，美国的研究型博士项目并不总是要求有硕士学位才能入学。专业硕士学位的种类比学术硕士更为丰富，在某些领域，硕士学位是必需的或预期的资格，可作为在就业市场上的敲门砖。专业硕士学位专门培养学生在应用专业领域的高级工作，通常有一套特定的课程或研讨会要求，一个实践项目或其他要求来代替论文，也可能要求学生进行专业实习。近年来网络安全、数据分析和健康信息学等新兴和快速变化的利基领域的硕士项目，通常设在主要的专业学院之外，并且具有跨学科的倾向。由于专业学位项目与职业机会紧密相连，并且其中许多项目是区域性的，故其市场需求可能集中在特定的地区市场。传统的硕士项目依靠品牌知名度和排名来吸引学生，而利基项目则不同，它可以通过满足学生和特定行业的需求来吸引学生。

（二）专业博士学位

专业博士学位是专业学位的最高层次，需要完成规定的课程、项目和实习。专业博士学位是专业化程度极高的职业导向性学位，专业与职业的联系更加紧密，经济效益更加明显和突出，也更加适应市场需求。专业博士项目一般要求申请人有几年的工作经验，实际上，这些项目的作用是为有经验的从业者提供机会，培养他们的实践技能，掌握实际工作中所需的理论政策等知识。因此获得专业博士学位意味着学习者既具备相关的职业技能，又具备一定的专业知识储备。从申请人的角度来说，攻读专业博士学位不仅是为了获得博士学位，提升学历层次，更是为了未来的职业规划和发展。

（三）第一专业学位

美国专业学位中有一个特殊的学位，即第一专业学位（First Professional Degree），见表 1-3-1。第一专业学位代表了专业学科领域的一类资格，它要求学生在入学前就已经完成了指定的本科课程或学位。在美国的高等教育体系中，第一专业学位是学士后学位，是研究生水平的项目。获得第一专业学位的学生拥有相应职业领域的入门资格，在获得第一专业学位后可以选择继续在这些专业领域进行研究生学习，也可以选择就业。尽管这些学位在名称中使用了“博士”一词，但这些学位不包含独立的研究内容，也不需要论文，不应该与专业博士学位或其他研究型博士学位相混淆。第一专业学位授予的领域与职业联系极为密切，对从业人员的要求更高，更具专业性。

获得第一专业学位一般需要达到以下要求：第一，完成学术要求和专业实践；第二，在进入第一专业学位项目之前，至少有两年的大学学习经历；第三，总共至少有 6 个学年完成学位课程，包括之前的大学学习时间和第一专业学位项目的时间。申请第一专业学位通常需要参加入学考试，如医学院入学考试、药学院入学考试、牙医学院入学考试等。[①] 第一专业学位项目一般包括课程学习和实习两大部分。第一专业学位项目一般由专门的项目认证机构进行认证，每个州一级的执

---

① 张秀峰，高益民．再论美国第一级专业学位（FPD）的属性和特征［J］．学位与研究生教育，2014（3）：72-77.

照委员会决定自己的政策，例如学位要求、授予机构的认证和获得执照的其他途径，同时执照政策可能因所在州和专业而异。

表 1-3-1　美国第一专业学位类型①

序号	专业学位名称	
1	Doctor of Audiology(Au. D.)	听力学博士
2	Doctor of Chiropractic(D. C. or D. C. M.)	脊椎治疗博士
3	Doctor of Dental Science (D. D. S.)/Doctor of Dental Medicine(D. M. D.)	牙医博士
4	Doctor of Jurisprudence or Juris Doctor(J. D.)	法学博士
5	Doctor of Medicine(M. D.)	医学博士
6	Doctor of Optometry(O. D.)	验光学博士
7	Doctor of Osteopathic Medicine/Osteopathy(D. O.)	骨科医学博士
8	Doctor of Pharmacy(Pharm. D.)	药学博士
9	Doctor of Physical Therapy(D. P. T.)	理疗学博士
10	Doctor of Podiatric Medicine/Podiatry(D. P. M. ,D. P. ,or Pod. D.)	足医学博士
11	Doctor of Veterinary Medicine(D. V. M.)	兽医学博士
12	Master of Divinity(M. Div.),Master of Hebrew Letters (M. H. L.),Rabbinical Ordination(Rav)	神学硕士、希伯来文硕士、犹太法典研究硕士

学生的知识水平和工作经验是第一专业学位和专业博士之间的区别因素，有时这些区别被描述为陈述性（知道）知识、程序性（知道如何）知识和战略性（知道何时）知识之间的差异。结合技能发展阶

① U. S. Department of Education. Structure of the U. S. education system：First-Professional Degrees[EB/OL]. [2022-9-12]. https://www2. ed. gov/about/offices/list/ous/international/usnei/us/edlite-structure-us. html.

段的特点，可以将从业人员分为新手、高级初学者、合格者、熟练者、专家，第一专业学位项目的主要任务和挑战就在于帮助合格、熟练的学习者提高专业和技能水平，获得从业资格，成为行业内的专家。

三、美国专业学位研究生的规模

（一）专业学位的学科规模

美国学科专业分类（Classification of Instructional Programs，CIP）提供了一种专业分类方案，能够准确追踪、报告各个研究领域的项目和计划活动。CIP 2000 版本中包括 38 个学科群，362 个学科，研究生层次的专业学位涉及其中 32 个学科群，占到 84%。[①] 在最新版的 CIP 分类中，已新增至 61 个学科大类（见表附-1-1），仅专业硕士已经超过上百种。

从整体上看，美国专业学位研究生学位种类繁多，基本上各个学科群的专业都开设了不同层次的专业学位，并且学位分化很细，专业性较强。但各个学科群的专业学位的授予量存在较大差异，学术型学位主要集中在传统学科领域，而专业学位授予量比较多的集中在教育、法律、工商管理、工学等学科，这些学科领域更加强调实践和应用，适应社会发展的需要，同时这些学科领域下设的二级学科的数量也更多，学科规模较大。2012 年，商业、法律、教育和医疗保健领域授予的学位量占所有研究生学位的 62%，但是除了医疗保健外，这些领域的增长速度并不是特别快，近年来增长较快的专业领域集中在网络安全、数据分析、信息情报学等新兴领域。[②]

---

① 吴敏，姚云. 美国专业博士学位的学科与规模特点研究 [J]. 学位与研究生教育，2018（8）：73-77.

② Education Advisory Board. Understanding the changing market for professional master's programs[R]. Washington, DC: Education Advisory Board, 2015: 8.

近年来一些新兴的学科领域逐渐开设了新的专业学位，一个重要的趋势是专业的设置紧跟社会发展的潮流和需要。例如传播技术专业的设立，是对时下多媒体的发展、对人才的需求的及时回应，人际交往和休闲领域专业的开设同样迎合了当前社会人际交往复杂、第三产业快速膨胀发展的现状。同时专业设置进一步细化，如机械和修复技术专业，就是对机械和制造业领域的细化，同时又分别下设二级学科，进一步对专业领域进行细致划分。

（二）专业硕士和专业博士学位授予量

美国教育部（U. S. Department of Education）数据显示，越来越多的人获得高等教育学位，自 2005 年至 2015 年，美国所授予的学士、硕士和博士学位的数量不断上升，授予学士学位的数量从 148.5 万人增加到 192.1 万人，增加了 29%，硕士学位的数量从 60 万人增加到 78.6 万人，增加了 31%，博士学位的数量从 13.8 万人增加到 17.7 万人，增加了 28%。[①] 专业学位方面，不同层次之间专业学位的规模差异明显，专业学位规模最大的是专业硕士学位，专业博士学位次之。专业硕士学位是美国专业学位中比重和规模最大的一部分。早在 20 世纪 70 年代后，美国为适应社会发展需要而不断发展专业学位，1971 年，获得专业学位的研究生占全部研究生总数的 74%，1976 年这一比例达到 80%。[②] 2000 年以来，专业硕士学位授予量稳步增长，2007—2008 年专业硕士学位占硕士学位总数的 68%。[③] 2012 年专业硕士学位授予量

---

① SNYDER T D，DE BREY C，DILLOW S A. Digest of education statistics 2017[R]. Washington，DC：National Center for Education Statistics，Institute of Education Sciences，U. S. Department of Education，2019：382.

② 蔡剑桥. 理性主义与实用主义：西方两种导向的研究生培养目标溯源 [J]. 学位与研究生教育，2021 (11)：87-93.

③ CHOY S P，CATALDI E. Graduate and first-professional students 2007-08[R]. Washington，DC：National Center for Education Statistics，2011：5.

约 62.93 万人，占硕士学位总数的 83.5%。[①] 目前专业硕士学位总体上仍呈现增长趋势。

近年来专业博士学位的增长通常归因于外部需求，主要表现为用人单位的需求、技术工人提高专业水平的愿望，以及大学为了更好地满足学生和社会的需求、创造收入的愿望。美国和全球经济对高技能工人的需求不断增加，民众寻求高等学位来应对就业。根据美国人口普查局报告，从 1995 年到 2005 年，研究生入学人数增加了 20%，从 274.9 万人增加到 304 万人。在这些研究生学位中，增长最快的是专业学位，包括专业硕士学位和专业博士学位。

美国每年颁发的专业博士学位的数量缺乏确切统计，收集这类数据的两个主要机构——美国国家教育统计中心和国家科学基金会（National Science Foundation，NSF）采用了不同的数据收集和报告方法，因此提供了不同的统计数据。不过，它们都将第一专业学位与研究型博士学位区分开来。在《教育统计摘要》（“Digest of Educational Statistics”）中，美国国家教育统计中心没有区分学术博士和专业博士，但提供的数据包括授予的学术型博士的数量及第一专业学位的数量，根据美国国家教育统计中心的统计数据，第一专业学位的总人数从 1976—1977 年度的 63 953 人增加到 2007—2008 年度的 91 309 人。

美国国家科学基金会通过“获得博士学位情况调查”（Survey of Earned Doctorates，SED）项目提供了获得学位博士的个人数据。SED 是自 1957 年以来对在某一学年获得博士学位的个人进行的年度普查，调查结果被用来评估博士生群体的特点及博士生教育和学位发展的趋势。SED 由国家科学与工程统计中心（National Center for Science and Engineering Statistics）、国家卫生研究院（the National Institutes of

---

① 胡莉芳. 美国专业学位研究生教育规模变迁研究（1971—2012 年）[J]. 中国高教研究，2016（2）：80-86.

Health)、美国教育部和国家人文基金会（National Endowment for the Humanities）赞助。①

国家科学基金会把调查表发给研究生院的机构协调员，由他们把调查表分发给那些获得研究型博士学位的人。协调人收集调查表并寄给调查承包商，由承包商将描述性变量数据汇编成册，收集关于博士生受教育史、人口统计学特征和毕业后计划的信息。具体包括学位获得者的性别、年龄、国籍、种族、研究领域，甚至还包括与他们的债务水平、获得博士学位的时间等有关数据，并且显示了在特定领域授予研究型博士学位的数量和增长比例。纳入“获博士学位情况调查”的具体博士学位包括教育博士、工商管理博士、音乐艺术博士、公共卫生博士和护理科学博士等。专业博士学位授予量从总体上来看呈上升趋势（见图 1-3-3）。

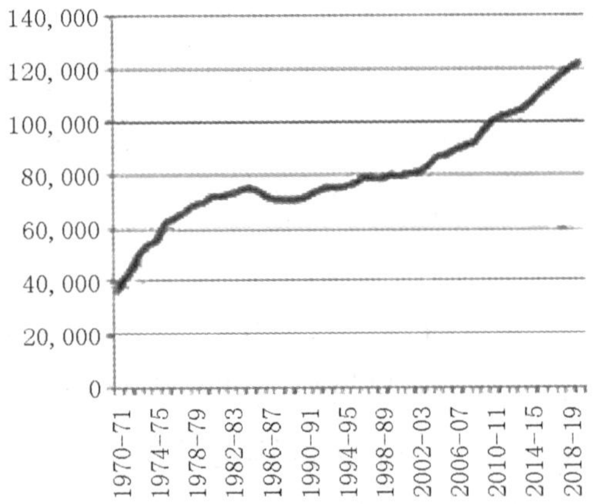

图 1-3-3 第一专业学位历年授予人数统计图②

---

① National Science Foundation. Survey of Earned Doctorates[EB/OL]. [2022-10-3] https://www.nsf.gov/statistics/srvydoctorates/.

② 王宗元. 美国第一级专业学位研究 [D]. 长春：吉林大学，2012：10.

20 世纪 60 年代美国第一专业学位开始快速发展，70 年代至 80 年代第一专业学位授予量激增，80 年代至 90 年代第一专业学位授予量趋于平稳，90 年代后期至今一直呈现快速增长的状态。1970—1971 年度，在美国授予博士学位的 64 998 人中，第一专业博士学位有 35 035 人，占比超过总数的 50%；1990—1991 年度，在授予博士学位的 105 547 人中，第一专业博士学位有 70 987 人，占总人数的 67.2%；2010—2011 年度，在授予博士学位的 163 765 人中，授予健康相关专业博士 60 153 人。① 第一专业学位中以医学博士授予量较大，1980 年，医学博士授予量占第一专业学位授予总数的 21.2%，到 2008 年，医学博士授予量占总数的 17.1%。② 总体而言，第一专业学位在美国专业博士学位中占据较大比重，具有相当大的规模。

（三）专业学院开设规模

在美国，专业学位研究生教育主要是由各个大学或者学院的专业学院承担。美国专业学院数量众多，专业学院可根据学院情况开设不同层次的专业学位，大学的研究生院也可开设专业硕士学位和专业博士学位。除大学内部的专业学院之外，与美国西点军事学院类似的独立的专业学院也开设专业学位。有学者统计，美国目前的专业学院有近 50 种（见表 1-3-2）。

---

① 刘亚敏，胡甲刚. 专业学位研究生培养模式改革［M］. 北京：科学出版社，2017：13.

② 沈文钦，赵世奎. 美国第一级职业学位（FPD）制度分析［J］. 教育学术月刊，2011（7）：23-27.

表 1-3-2 美国大学设立的专业学院（包括专业研究生院）①

序号	学院名称	序号	学院名称	序号	学院名称
1	法学院	18	图书馆学院	35	影视艺术学院
2	医学院	19	管理学院	36	政治学院
3	神学院	20	眼科学院	37	公共和国际事务学院
4	教育学院	21	设计学院	38	公共保健学院
5	护理学院	22	会计学院	39	环境设计学院
6	社会工作学院	23	音乐学院	40	生物医学学院
7	教育与社会政策学院	24	设计与视觉艺术学院	41	公共行政学院
8	公共卫生学院	25	建筑学院	42	药学院
9	社会服务管理学院	26	森林与环境研究院	43	美术学院
10	公共政策学院	27	戏剧学院	44	海洋事务学院
11	兽医学院	28	艺术学院	45	林业资源学院
12	工程学院	29	新闻传播/传播学院	46	咨询学院
13	公共关系学院	30	军事学院	47	传播学院
14	口腔医学院	31	农学院	48	舞蹈学院
15	健康科学技术学院	32	酒店管理学院	49	健康与康复学院
16	商学院	33	外交事务学院		
17	牙科医学院	34	技术学院		

依据2020年世界新闻报道对美国大学的排名，本书对排名前50位的研究型大学的专业学院和研究生院的开设情况进行了统计（见表1-3-3）。开设最多的学院主要集中在一些较传统的学科领域，例如工程学院、商学院、医学院等。随着科技的发展，美国研究型大学中也出

① 张秀峰，高益民. 美国专业学位教育体系结构及其专业性特征［J］，现代教育管理，2014（5）：114-118.

现了一些新的专业学院，例如家庭和消费学院、海洋学院、数据科学院等，体现了专业学位研究生教育与社会发展和就业市场的紧密联系，及对社会人才需求做出的及时反应。

表 1-3-3 美国研究型大学常见的专业学院①

序号	学院名称	序号	学院名称	序号	学院名称
1	工程学院	6	护理学院	11	牙医学院
2	商学院	7	公共健康学院	12	管理学院
3	医学院	8	社会工作学院	13	自然科学院
4	法学院	9	公共政策学院	14	设计学院
5	教育学院	10	建筑学院	15	环境学院

高校设立的专业学院保障了专业学位的学术性，能为学生提供良好的师资和学术资源，在此基础上发展专业学位教育，利用学校和社会组织的合作关系培养专业人才，体现专业学位的专业性。专业学院在设置和管理等方面更为灵活，对学生的培养有一套相对完整的模式。

① U. S. News & World Report. Best national university rankings[EB/OL]. [2020-3-20]. https://www. usnews. com/best-colleges/rankings/national-universities.

第二章　美国研究型大学专业学位研究生培养的理论探讨

专业学位研究生教育产生于美国，有其自身存在的基础与合理性。本章聚焦于美国专业学位研究生教育的理论基础和深刻内涵，从不同理论视角剖析专业学位发展的合理性依据与专业人才培养的逻辑，以理解专业学位研究生教育的本质属性和特征。

第一节　专业学位研究生培养的内涵

一、专业学位研究生培养的内涵与特点

学位是评价学术水平的一种尺度，是国家或高等教育机构以学术水平为衡量标准，对合格人才的知识能力的认可，通过授予学位来表明人才的能力等级和身份。在美国高等教育机构中，学位教育已经形成了一套完整的体系，专业学位教育和学术学位教育是两种不同类型的学位教育。美国专业学位研究生教育对传统的以学术型学位为主的观念提出了挑战，它关注的是实际的认识和实践，不局限于理论的研究。专业学位的发展表明其重点在某种程度上从基于学科的知识和研究转移到系统思维和实践行动上。专业学位研究生培养更确切地来说是一种以专业实践为导向的教育活动，培养的人才能够参与学术与专

业的理论探讨，也能够解决复杂的专业、组织和社会问题，促进跨学科工作和实践的进步。

专业学位研究生培养有其独特性，这种独特性在与学术学位进行对比时体现得更为明显。欧内斯特·L. 博耶（Ernest L. Boyer）曾在《学术反思：教授工作的重点领域》（*Scholarship Reconsidered*：*Priorities of the Professoriate*）一书中将学术研究分为4种类型，分别是探究的学术、整合的学术、应用的学术和教学的学术。博耶在书中指出："这里的应用的学术包含一个动态的过程，新的知识理解可以从应用行为中产生，例如在医学诊断中、在心理治疗中、在制定公共政策、创造建筑设计或与公立学校合作方面。在诸如此类的活动中，理论和实践紧密地相互作用，二者相互更新。在这个世界上，巨大的、几乎难以解决的问题需要只有学术界才能提供的技能和洞察力，因此特别需要这样一种学术服务观——一种既适用于人类知识又有助于人类知识的服务。正如奥斯卡·汉德林（Oscar Handlin）所言，我们这个动荡的世界再也无法承受局限在象牙塔内的奢侈追求了……学术研究必须证明它的价值，不是靠它自己，而是靠为国家和世界服务。"①

专业学位教育和研究即属于博耶所说的"应用的学术"。专业学位教育不是要培养普通的从业人员，而是要培养"专业人士"甚至是"专家"。这一根本出发点决定了专业学位与学术学位在人才培养模式上的不同。与学术型学位相比，专业学位与当代社会关系更加密切，专业学位研究生培养具备鲜明的特点和相对优势。美国有学者指出学术学位与专业学位的主要区别：二者侧重点不同，学术学位强调理论研究，专业学位重视专业实践；学术学位的学生主要从事研究工作，专业学位的学生主要从事实际工作；各自依附的学科不同，学术性学

---

① BOYER E L. Scholarship reconsidered: priorities of the professoriate[M]. Lawrenceville: Princeton University Press, 1990: 23.

位主要在传统学科开设，专业学位主要在非传统学科领域开设。[①] 学术学位与专业学位研究生培养方面的一般区别，见表 2-1-1。

表 2-1-1 学术型学位与专业型学位研究生培养对比[②]

人才培养	专业学位	学术学位
培养目标	专业人员/实践者	学者
招生要求	工作经验	无工作经验要求
学费	自费	学费资助
学习方式	非全日制	全日制
导师	学术导师、实践专家	学术导师
研究设计	围绕雇主、市场的需要	基于导师、项目的研究方向
研究项目	合作项目	个人研究项目
学习年限	较短、固定	不确定
毕业项目	论文或项目，强调解决实践问题	学术论文，强调理论和研究的创新
就业	企业、公司等	科研机构、高校

以教育博士（专业学位）和教育学博士（学术学位）为例进行比较，二者在培养方案中仍有许多不同之处（见表 2-1-2）。选择攻读教育博士学位的人一般具有教学或教育管理经验，他们本身在教育机构担任一定的职务，获得教育博士学位的目的通常是为了职位晋升。在教育博士的课程学习和研究、实习过程中，除了学习一般的教育基本理论之外，其更强调这些理论与教育实践的关系，如何运用所学内容解

① 清华大学研究生院. 美国研究生教育［M］. 北京：清华大学出版社，1985：105-109.

② Education Advisory Board. Understanding the changing market for professional master's programs[R]. Washington, DC: Education Advisory Board, 2015: 11.

决教育实践中的问题。美国教育专业博士的专业设置多样且具体，具有较强的针对性，包括课程与教育、教育管理、教育领导、咨询与指导、贸易与产业教育、高教评估与研究等约 40 种。[①] 而攻读教育学博士学位的人更倾向于走学术研究的道路，在教育学博士的培养过程中，不仅需要掌握基本的教育理论，还需要具备哲学基础，了解相关的政策等，研究及论文写作则要求一定的理论深度，能够对教育相关的理论问题形成深刻的认识，并且产生新的观点或知识，对教育学术研究做出贡献。可见，两种学位的培养目的、侧重点、学术要求等方面仍有较为明显的区别。

表 2-1-2　教育博士与教育学博士培养方案对比[②]

培养方案	教育博士（专业型）	教育学博士（学术型）
培养目标	培养有能力识别和解决教育中复杂问题的专业领导人和从业人员。培养有思想的、批判性反思的实践者，能为实践中的问题制定新的解决方案	培养专业研究人员、学者。培养学生的教育学术研究能力，产生本学科的新知识
知识基础	理论和概念性知识，以此为基础来发展和应用实践的知识。研究的内容、主题、理论与实践相结合	理论和概念性知识，内容是研究性的，理解教育与领导、政策等的关系
研究方法	培养学生对参与性研究方法的探究和掌握，注重基于设计或行动的研究方法	培养学生对研究、定性和定量研究方法的掌握和应用
候选人资格考试	考核包含以下内容：研究计划、专业论文和反思性自我分析论文。候选人资格考试以研究计划书为基础，考察学生的学科知识掌握情况，以及能够在特定领域进行高质量研究的能力	考核包含以下内容：展示本学科背景知识的基础部分，计划研究的文献综述、研究方法。候选人资格考试以研究计划书为基础，考察学生的学科知识掌握情况，以及能够在特定领域进行高质量研究的能力

① 李云鹏．美国教育博士专业学位的发展动力与变革模式研究［D］．南京：南京师范大学，2012：244．

② 根据美国研究型大学教育博士与教育学博士培养方案的一般性区别整理。

续表

培养方案	教育博士（专业型）	教育学博士（学术型）
毕业要求	原创研究论文，为学科专业和教育实践提供新的知识和信息，创造、丰富新的教育实践	原创研究论文，为学科提供新知识
职业规划	在学校或教育机构担任领导、管理工作	进入大学、学院、研究所或教育机构进行教育研究或教学

专业学位人才培养和学术学位人才培养的不同要求在专业博士这一层次上体现得更为突出。获得专业博士学位意味着学位持有人经过学习和实践锻炼已经成为一名高水平的专业人才，意味着在其专业领域内掌握了足够的专业知识，具备应用各种实践技能的能力，能够提出创新性观点和承担一定的领导职位，能够设计、开展与工作相关的研究，更重要的是能够体现学位获得者处于该领域前沿。学界对专业学位研究生的标准、能力、条件等进行了广泛探讨，例如，大卫·斯科特（David Scott）等人认为专业博士应该符合以下条件：第一，核心是向学生传授的课业；第二，项目的核心是论文部分，其字数要求比学术型博士生的论文字数少；第三，研究必须做出某种贡献，而且必须是原创的；第四，利用一套与就业有关的学习成果；第五，采用以群组为基础的教学法；第六，注重个人的专业发展；第七，有利于相关专业的实践发，获得专业认证；第八，论文的标题通常体现其专业。①

美国专业和职业认证机构协会（Association of Specialized and Professional Accreditors）与政府部门和高等教育领域合作，加强教育评估和认证，负责评估学院和大学的护理、建筑、物理治疗、工程等

① SCOTT D, BROWN A, LUNT I, et al. Professional doctorates: integrating academic and professional knowledge[M]. London: Open University Press, 2004: 22-26.

100多个不同专业和专门学科的课程质量。该协会曾提出专业博士学位项目的毕业生应具有以下几种能力：第一，与学位的既定目的相适应的专业实践水平；第二，能够进行与本专业相关的研究，有预期的和已证明的学术水平，以促进专业的发展；第三，对其他专业人员的工作及他们对社会的贡献的理解和支持，有能力以跨学科和跨专业的方式工作；第四，具有高水平的沟通、批判性思维和解决问题的能力；第五，有能力识别和解决影响社会健康和福祉的问题。这些建议和讨论为各大学、学院提供了一个可参考的框架，使专业学位项目的结构、管理、评估等方面具有一定的普遍性和一致性，有利于增加不同学校、不同项目之间的认可度和信任度，并且可以在各学校、各国之间达成一致认可。

专业学位研究生培养的一个重要特点在于研究性与实践性的协调和平衡。专业学位虽然以职业为导向，强调专业性和实践性的特征，但它并没有抛弃研究，而是更加注重理论与实践之间的联系，理论为实践提供知识背景和基础，实践又能反过来丰富理论内涵。从研究性的角度来看，作为研究生层次的学位，专业硕士和专业博士的培养也关注研究，专业学位项目的学生进行的研究也有原创性贡献的要求。但是这种贡献的领域与学术型学位明显不同，学术学位通常关注的是基于知识的研究，而专业学位更关注对专业知识及其实践和应用的研究，或者说，专业学位研究生培养中的研究是一个重要的参与因素，而不是培养的焦点。同时，专业实践仍然需要专业性的研究成果，达到专业学位项目的基本要求，包括学术论文的学术规范、掌握文献搜集和研究的技能等。

从实践性的角度来看，专业学位研究生需要高效、可行的实践锻炼来推动某个应用领域的发展，提高实践成果的质量。专业学位研究生培养过程中的实践项目不是传统意义上的研究或调查项目，而是能够改进现实的项目，通常需要学生进入实际的工作中，例如教育博士的实践项目可能是参与某一学校的管理改革并带来实际效果。学生在实践项目中应体现出组织协调能力、系统和综合能力、反思和批判性思考能力，以及实际的领导力。通过学生的研究和实践丰富专业理论知识，促进实践的发展。

二、专业学位研究生培养的争议与讨论

专业学位的开设和发展一直以来是高等教育领域广泛讨论的话题。在美国专业学位教育发展的过程中，学界对专业学位的相关问题产生过一些争议和讨论。

（一）对专业硕士学位的讨论

在美国，硕士学位更像是一种中间学位，本科阶段是进行较为基础的学习，博士阶段则是进行系统的学术研究，在部分学科领域中，申请攻读博士学位时并不要求申请人一定要获得硕士学位，而是可以在获得学士学位之后即可申请进入博士阶段的学习，在一定程度上来说，硕士学位像是一种对博士学位退而求其次的选择。专业硕士学位由于更注重应用和实践，对学术研究的要求低于学术型硕士，在这样的背景下，专业硕士学位更是面临不少的争议。早期有反对者认为，专业硕士学位是一种工具性的学位，难以体现学术价值，也不能保障学生学习的质量。除此之外，对专业硕士学位的探讨还包括以下几个方面。

其一，专业知识学习的广度与深度。一般来说硕士学位既需要学生具备一定的专业知识基础，又要拓展知识的深度。一种观点认为，专业硕士更注重应用，应该重点拓展专业知识的广度，增加实用性；另一种观点则认为，硕士阶段应该建立在学生已有知识的基础上，更深入地探索理论。由于学科专业的不同，对学生的知识掌握情况的要求也有所区别。专业知识的广度和深度的平衡通常在专业硕士学位的课程设置中体现出来，对学生来说，重要的是他们如何使用这些知识，

如何通过知识的学习锻炼他们的批判思维和分析能力。

其二，学术与实践的关系。在专业硕士教育中，学术与实践的关系是至关重要的。专业硕士项目的课程和实践受到教育价值和市场力量等的影响。一些人认为专业硕士项目应满足利益相关者和市场的需求，另一些人认为教育要在外部期望和学术追求之间取得平衡，过多的功利性追求不利于学生的专业发展。假设把专业硕士阶段的学习和经历看作是学生的一种投资，如果学生不能应用所学到的内容，那么这对学生的专业实践就失去了价值，实践的效果在一定程度上是对所学知识的检验。专业知识和实践锻炼对学生来说同样重要，在实践性更强的学科领域中，例如工程、护理等领域，实践的价值表现得更为突出。

其三，创造性思维与传统的限制。有观点认为，专业硕士教育的功能之一是促进学生超越传统的界限，扩大学生职业发展的可能性。学生应具有更灵活的思维、足够的智慧应用于他们的专业工作当中。尽管创造力极为重要，但实际中仍然存在对创造性工作的隐性限制。例如，一个学生写了一篇非常有挑战性的论文，写得很好，但却超出了评估的范围，难以对其进行合理的评价；或者学生在实习工作中采用了与众不同的方法而被认为不符合规范。有创造力的学生往往需要更明确地证明其合理性，而那些更保守的学生可能获得中肯的评价和良好的成绩。这也就意味着，这种超出预期的创造性的工作需要付出更多的努力来得到认可。

其四，职业经历对专业硕士的影响。对专业硕士项目来说，学生在工作经验方面差异性较高。有工作经验的学生由于对其职业已经形成了社会化的认识，可能比新手更难接受新的想法。工作经验使他们适应了社会中的规则，倾向于沿着传统或习惯进行思考或行事，而不是主动地去思考和做出改变。同时也有一些人在工作中遇到了困难，希望通过学习新的内容改变自己的处境，或者希望通过专业硕士学位的学习获得某种职业资格，在这种情况下，学生对课程的认可度可能更高。同时，由于学生工作经验的差异，对专业硕士项目而言在课程的设计、教学方法等方面面临更多的挑战，需要考虑多种问题，包括学生的接受度、课程的吸引力等。

（二）对专业博士学位的讨论

专业博士学位同样面临多方面的争议。例如，专业博士的地位含糊不清，有观点认为专业博士不是真正的博士，专业博士学位不符合学术研究的要求。持这种观点的学者可能对专业博士教育不够了解，他们通常来自那些与专业博士无关的纯学术研究领域中。另有观点认为，专业博士是一种低水平的博士学位，许多大学对专业博士学位论文的水平、字数等要求大大低于学术型博士学位的要求，而博士水平的决定性要素恰恰是论文。实际上，一些专业博士学位项目并不要求学生提交论文，还有一些大学的专业博士项目除了要求学生通过完整的博士论文答辩外，还必须通过一些评估的内容。这些观点背后的部分原因可能是，专业博士的培养目标从来不是为了满足学术研究的要求，所谓的学术研究的要求和标准是基于传统的学术型博士学位，因此这些标准并不完全适用于专业博士学位。应当看到专业博士学位与学术博士学位在定位、培养目标等方面的不同，因此标准不能被机械地定义。专业博士的评价考核需要建立更为合适的、有针对性的标准，而不是简单移植学术博士学位的标准。

除此之外，专业博士学位在培养目标、培养模式，以及与学术型博士学位的关系等方面存在争议。以教育博士为例，尽管教育博士学位已经在美国有百年的历史，但在开设之初和发展过程中面临多重质疑。

教育博士的定位和价值问题。教育博士设立之初，是为了区别于传统的学术型博士学位，培养教育实践领域的高层次专业人才，也是顺应美国当时的专业化运动的潮流之举。教育博士培养的专业人才一般包括校长、教育管理人员和教师，教育博士的研究和论文强调教育的实践和应用。一些人追求教育博士学位只是把它当作一种工具性的资格证书，为了获得职位晋升，这种情况在教育管理领域更为明显。在一定程度上可以说，教育博士学位为其持有者带来了一种符号价值，而对开设教育博士项目的大学来说，则创造了一定的经济价值。由于获得教育博士的人一般在教育领域具有一定的影响力，他们之间的联系及对教育博士项目的认可都能够使大学从中受益，获得更高的地位。

教育博士与教育学博士学位的关系问题。教育博士学位曾经因为与教育学博士培养模式的严重趋同而受到批判。教育博士学位项目的课程比重较大，课程设置较为统一，采用群组授课的方式，毕业考核主要包括课程成绩、项目和毕业论文；教育学博士学位项目中的课程安排少于教育博士，导师参与学生培养计划的制订，对学生的学术研究进行指导，相对于教育博士来说个性化特征更加突出。[①] 然而实际上，二者在培养模式上的区别是难以清楚地界定的。虽然教育博士设置的初衷是突出专业性和实践性，但是在实际的人才培养过程中，招生录取、课程设置乃至论文要求与教育学博士的区别并不明显。毕业论文成为批判的焦点，有学者主张取消教育博士的学位论文，而用项目或案例研究来代替，以突出专业博士的实践性和应用性，强调研究与教育实践的关系。反对者认为这种做法再次降低了教育博士学位的标准和质量，是迎合市场的表现。

教育博士学位在争议声中逐渐发展壮大，随着这些问题和争议的不断出现，教育博士也在重新进行着定位和优化，使其能够与学术型博士学位区分开来，包括严格审核招生，设置更加严格、具体的质量标准，设置区分度更高的、适合教育博士的培养模式，更加灵活的毕业考核等。哈佛大学还设置了更具特色的教育领导博士项目，区别于教育学博士和教育博士项目，受到学界的认可和好评，不失为一种创举。

---

① 李云鹏. 美国教育博士专业学位的发展动力与变革模式研究［D］. 南京：南京师范大学，2012：84-87.

总体而言，除了上述提及的专业硕士、专业博士在发展中出现的问题，专业学位研究生教育还需要考虑一些共性、具体的问题。例如，专业学位的实践教师资格需要讨论，尤其是校外导师的评价标准如何制定和衡量。在很多情况下，将专业学位课程的一部分尤其是实践课程安排给非终身制教师，或者大学之外的专业人员是合适的，但需要考虑校外专家教师的资格，以及如何对校外教师的教学指导进行评估。另外，在某些学校中专业学位项目的定位、管理、与学校发展的关系等方面也存在一些具体的问题。

尽管面临诸多争议，但专业学位的在美国高等教育领域中早已系统化，世界各国都在积极推动专业学位教育的发展。人们已经普遍认为，专业硕士、专业博士学位的持有者应既是一个学者，也是一个实践者，应当对他的专业领域有独特的见解，不仅有能力理解实践，而且有能力改善实践。专业学位人才已经得到社会的广泛认可和接受，美国华盛顿特区研究生院委员会主席黛布拉·斯图尔特（Debra Stewart）曾说："我们国家的研究生院培养的是拥有先进知识和技能的人才，这对保证国家未来的经济和社会繁荣至关重要。"①

第二节　专业学位研究生培养的理论基础

一、实用主义

实用主义产生于19世纪末，早期主要代表人物包括3位：自然科学家和哲学家查尔斯·皮尔斯（Charles Peirce），心理学家和哲学家威

① STEWART D W. "Important, if true": graduate education will drive America's future prosperity[J]. Change: the magazine of higher learning, 2010, 42(1): 36-44.

廉·詹姆斯（William James），以及哲学家、心理学家和教育家约翰·杜威（John Dewey）。皮尔斯、詹姆斯和杜威通常被视为实用主义的创始者，这一时期的实用主义被称为“古典实用主义”。自 20 世纪 50 年代开始恢复发展的实用主义被称为“新实用主义”。新实用主义的代表人物包括威拉德·范·奥曼·奎恩（Willard Van Orman Quine）、尼尔森·古德曼（Nelson Goodman）、唐纳德·戴维森（Donald Davidson）、理查德·罗蒂（Richard Rorty）和希拉里·普特南（Hilary Putnam）。人们通常认为，实用主义是美国真正的哲学，在某些方面实用主义确实反映了明显的美国特色。实际上，实用主义的内涵十分丰富，涵盖了广泛的哲学主题，包括逻辑、方法论、形而上学等，并且不同的实用主义者的思想之间也有明显的差异。

（一）实用主义哲学与教育

19 世纪中后期，资本主义和工业化的快速发展带动了经济社会的快速发展，为人们的生活带来了便利。从现实的角度来说，实用主义在这一时期出现，可以看作是资本主义经济发展的产物。生产力和经济的发展，以及科技的进步使人们感受到了科学的重要作用。与此同时，古典主义传统越来越不适应社会的发展进步，因而受到各国教育家的批评，指责学生学习的内容大部分与社会生产活动无关。1859 年，英国哲学家、社会学家和教育家赫伯特·斯宾塞（Herbert Spencer）提出了“什么知识最有价值”这一重要问题，认为科学知识最有价值，课程体系应当以科学知识为核心，强调物理、生物等自然学科的价值。斯宾塞认为教育的目的是为完满的生活做准备，批判牛津大学和剑桥大学过于保守，不满古典主义在大学中占主导地位，因为古典主义并不能提供实际的价值。

在研究生教育方面，19 世纪欧洲最具影响力的大学改革当属 1808 年威廉·冯·洪堡（Wilhelm von Humboldt）创建的柏林大学。洪堡确立了柏林大学的两大原则，即学术自由、教育与科研相结合，使研究成为大学的重要功能。洪堡对研究的重视，一定程度上体现了其对理性、科学和规律的推崇，人才培养的目标则是通过教育和研究培养有理性的、有道德的人。从 19 世纪开始，德国的大学培养出了近代西方第一批现代型的博士。① 柏林大学的研究生培养影响了德国、欧洲各国和美国的大学教育，直到 1876 年，美国创办了第一所研究型大学，约翰斯·霍普金斯大学，并且带动了美国哈佛大学、耶鲁大学等一批大学建立研究生院，开展研究生教育。

实用主义诞生于美国，在 19 世纪末 20 世纪初已经成为极具影响力的哲学流派。实用主义哲学体现在美国生活的方方面面，美国人讲求实际，热衷于通过工作创造财富，他们推崇有用即真理。在教育方面，实用主义强调教育的工具性、实用性价值。实用主义教育强调个人经验的重要意义，主张加强学校与社会生活的联系，学生应在真实的社会生活中通过体验获得知识。在实用主义教育思想的影响下，美国高校培养了大批实用型人才。实际上，美国是最早在高等院校中开设技术课的国家之一。“美国人看上去关心教育也舍得在教育方面投资，其原因在于他们希望教育能培养有用的人，美国人所谓的有用，就是有越来越多的人能从事某种工作和职业。”②

就教育领域而言，杜威的影响无疑是巨大的，他是实用主义教育的集大成者。杜威的实用主义思想对教育研究具有的重要意义体现在对知识和人类获取知识的方式产生了不同的理解。他将行动作为最基本的范畴，使知识和行动之间建立联系，强调从生活实际中获得经验和知识。杜威教育思想体系的核心是经验，“世间一切存在的事物、事

---

① 陈洪捷. 德国博士生教育及其发展新趋势［J］. 学位与研究生教育，1994（1）：22-25.

② 康马杰. 美国精神［M］. 南木，等译. 北京：光明日报出版社，1988：12.

实以及它们之间的关系都是经验，经验就是整个世界”[①]。杜威强调在教育中应该知行统一，即“从做中学”，他强调行动的重要性，通过行动和实践获得知识、观念和经验。杜威反对学校的封闭、与社会和生活之间的隔阂，他认为“哲学与生活的隔绝是哲学的最大不幸，只有哲学与生活密切结合，才会有哲学的新生”[②]，学校应当反映真实的生活，学校即社会。杜威认为“知识乃是通过操作把一个有问题的情境改变成为一个解决了问题的情境的结果”[③]，即知识是从解决实际问题的过程中获得的，因此在课程教学方面，杜威认为课程不应该脱离实际，否则学生将不能在理论与实践之间建立联系，甚至失去参与社会民主生活的热情。

实用主义教育理论在其发展过程中也曾受到批判：其一，实用主义强调经验而忽视书本知识的基础训练，学生理论基础不够扎实，难以保障教育质量；其二，学生在专业选择上，倾向于选择热门、容易就业赚钱的专业，在课程选择上，则更倾向于选择易于完成和获得学分的课程；其三，实用主义主张以个人经验为基础做出选择和判断，学生不再愿意遵守传统的道德观念，青少年的反叛给家长和社会带来更多的不满。[④]

（二）实用主义与专业学位研究生教育

实用主义哲学和教育思想是美国专业学位研究生教育的重要理论基础，美国专业学位教育对实践的重视与实用主义教育理念相契合。自 20 世纪初开始，美国专业学位研究生教育受到了实用主义的影响和

---

① 杜威. 杜威教育论著选［M］. 赵祥麟，王承绪，译. 上海：华东师范大学出版社，1981：266.

② 杜威. 哲学的改造［M］. 张颖，译. 西安：陕西人民出版社，2004：28.

③ 杜威. 确定性的寻求：关于知行关系的研究［M］. 傅统先，译. 上海：上海人民出版社，2005：183.

④ 余怀彦. 实用主义和美国教育的困境［J］. 高校理论战线，1994（5）：68-70.

推动，得到了进一步的发展。1908年哈佛大学设置了第一个专业硕士学位，1920年设置了第一个专业博士学位，二者是专业化运动的产物，也是符合美国经济社会发展对专业人才需求的产物。然而从思想根源上来说，这二者是受到实用主义哲学和进步主义教育思想的影响。①

实用主义的影响渗透到美国专业学位教育的发展过程中，例如《莫雷尔法案》颁布后建立的大批赠地学院，培养了大量当时经济发展所需的专业技术人才。康奈尔大学是赠地学院中的代表性学校之一，它注重实用性，在教育理念上倡导自由教育与实用教育相结合，对转变传统重文轻专业的思想起到了重要作用，促进了学生的职业发展。②再如威斯康星大学校长范海斯提出的“威斯康星思想”强调大学为社会服务，在很大程度上体现了实用主义主张的为教育现实生活服务的思想。正是在这样的背景下，美国兴起了专业化运动，学术研究与专业教育共同发展，美国高等教育形成了与传统的德国大学不同的特色，专业学位教育得以发展起来。

实用主义思想极大地影响了美国高等教育办学理念，高等教育与社会的联系更加密切。尤其是杜威主张从生活实践中获得经验和知识，为专业学位教育提供了理论基础，专业学位正是强调学生的实践锻炼，在实际的工作情境中获取专业知识，培养专业技能。专业学位教育能够在很大程度上打破学校与社会之间的界限，使学生在社会实际中、在多样化的工作情境中学习和应用专业理论知识，促进专业发展。杜威曾提到对反思性思维的认识，认为反思性思维是对某个问题进行反复的、严肃的、持续不断的思考，反思与实践相联系，能够厘清实践经验，反思将进一步指导人的行动。专业学位项目同样注重培养反思

① 包水梅，杨冬. 进步主义教育思想与教育博士专业学位的发展［J］. 复旦教育论坛，2016，14（5）：52-58.

② 曲纵翔，尼格热木·阿不都克衣木. 实践知识指向下美国后实用主义教育探析：以Minerva大学为例［J］. 黑龙江高教研究，2021，39（11）：96-104.

型实践者，通过对实践的反思获得新的认识。

实用主义对美国研究生教育的影响在二战之后得到进一步扩大。客观上，大学及其研究在二战中发挥了重要的作用，强化了大学为国家、经济社会服务的功能。在高等教育领域，一些学者进一步强调了实用主义教育思想的重要性，例如德里克·博克（Derek Bok）出版了《走出象牙塔：现代大学的社会责任》（*Beyond the Ivory Tower: Social Responsibilities of Modern University*）一书，指出自二战以来大学并不缺少服务社会的机会，呼吁大学应走出象牙塔，进一步参与到社会生活中去。在这种思想的影响下，伴随着美国战后经济的快速发展，对高水平专业人才需求的急剧增加推动了美国专业学位研究生教育规模的快速扩大。

随着科技、信息技术的进一步发展，越来越精细化的学科专业教育已经不能完全适应复杂的社会问题和快速的变迁，社会需要具有综合的、通用的、跨学科能力的人才。于是，在专业学位研究生教育方面，强调多样化的、综合的专业知识和实践技能，使培养的专业人才能够在各领域更好地适应社会快速变化的需求，应对更多的不确定性和复杂性问题，因此跨学科逐渐成为专业学位研究生教育的新特点和形式，使学生能够形成不同学科的知识迁移。这种转变可视为后实用主义呈现的一种新的教育模式。①

二、人力资本理论

亚当·斯密（Adam Smith）在《国富论》（*An Inquiry into the Nature and Causes of the Wealth of Nations*）中对资本做了界定，将

① 曲纵翔，尼格热木·阿不都克衣木. 实践知识指向下美国后实用主义教育探析：以 Minerva 大学为例 [J]. 黑龙江高教研究，2021，39（11）：96-104.

“社会上一切人们学到的有用的才能”作为固定资本，为人力资本理论奠定了基础。教育与国家发展之间的关系受到众多学者和思想家的关注。20 世纪 60 年代，经济学家西奥多·W. 舒尔茨（Thodore W. Schults）在对美国经济增长的研究中发现，1929—1957 年教育投资对美国经济的促进作用占比约为 33%。[①] 舒尔茨提出了人力资本理论，是对西方教育最有影响力的经济理论，为政府政策制定了框架，教育被视为影响经济绩效的一个关键因素。

人力资本理论将人力资本定义为提高工人生产力的知识、技能和其他特征，人力资本属于人的一部分。人力资本可分为量与质两方面，量指的是社会中从事劳动的人数、百分比及劳动时间，能够在一定程度上反映社会人力资本的多少；质指的是人的知识、技能的熟练程度，以及其他影响人进行生产性工作能力的因素。[②] 舒尔茨认为人力资本是经济发展中最重要的资源，是促进社会经济增长的源泉。然而并非所有的人力资源都能有如此重要的作用，人力资本是投资的产物，掌握一定的知识和技能的人才是经济发展中起到决定性作用的人力资源。

（一）人力资本与教育

人力资本理论相当重视教育的作用，认为教育是人力资本最重要的投资方式。人力资本理论的实质是对人力资源进行投资，以提高其生产力，从而提高其收入，具有较高教育水平的人获得更高收入可视为教育带来的高生产率。[③] 成本的产生是为了未来预期的利益，因此有了人力资源投资这一说法。教育提供了与工作有关的技能，将人作为资本进行教育、管理和投资，加速了高等教育的专业化和技术化，也

---

① 陶小龙．中国经济增长的人力资本结构问题研究［M］．北京：光明日报出版社，2012：19-20.

② 江涛．舒尔茨人力资本理论的核心思想及其启示［J］．扬州大学学报（人文社会科学版），2008，12（6）：84-87.

③ 朱国宏．经济社会学［M］．上海：复旦大学出版社，1999：598.

使劳动力对雇主更有价值。于是，技术变革、研究、创新、生产力、竞争力等关键词与教育联系到了一起。

人力资本理论提出，教育是提高一个国家人民知识和技能水平的最佳方式之一。从个体的角度来说，人被视为资本，可以与其他形式的投资和产出相比较，就如制造工厂和生产公司在获得投资之后能够产生良好回报一样，人也是如此，通过投资可以获得一定的经济回报。对人的投资包括教育资本、健康资本、知识和技术、流动资本等，不同的投资对人力资本的作用是不同的。其中，教育投资可以是学习一门手艺、一种技能或获得一种学位，教育可以提高个人的经济和生产价值。从严格意义上讲，适用于人的投资是指那些能够提高其价值的因素，这些因素包括技能培训、课堂培训和各种形式的非正式培训，这些教育形式使人获得了知识和技能，从而提高了人类的生产力，就像制造工厂提高了商品的产量一样。不同的是，制造工厂的产品可以作为独立的产出，而一个人的教育投资和获得经济价值是与人这一个体不能割裂的。通过教育，人们可以了解他们应该做什么及如何正确地做这些事情，可以发展新的技能。拥有更高知识和技能水平的人则可以更容易地结合多样化的知识，从而提高他们的生产力。

对一个国家来说，国内生产总值通常用来衡量一个国家的经济状况，而那些国内生产总值较高的国家往往拥有更多受过良好教育的劳动力。高质量的人力资本对经济发展起到重要作用，提高了经济效率。人力资本理论认为，获得更多教育的人将更有可能被雇佣，并且获得更高的工资，拥有更多高学历成员的组织将更有生产力，进而社会民众整体受教育水平的提高将更有利于促进经济增长。在知识经济时代，在大多数国家经济体中，知识是经济增长的核心动力，竞争激烈的市场迫使企业寻找优势，其中至关重要的就是与知识经济的互动，以及人力资本的积累。知识和人力资本被视为生产力的可再生来源，是促进经济发展的重要力量。人力资本和教育不能与一个国家的经济发展分开，国内生产总值受商品和服务的需求与供应的影响，受过教育的人能够为国家的经济做出更多的贡献，他们也能够因为获得更高的收入而有更多的消费，国内生产总值也会因此而增加。

正规教育是提高国家经济生产力水平的一个非常有力的工具，许多政府和机构的报告中体现了对这种观点的认可。例如英国、加拿大、美国和澳大利亚与经合组织的高等教育政策立场一致，认为高等教育提供高水平、高质量的人力资本，能够加快知识驱动型经济的发展。各国高等教育机构根据这一认识在高等教育领域采取措施，促进研究生教育的发展和改革。美国研究生院委员会认为支持研究生教育是实现美国在21世纪全球经济中有效竞争所需的高技术劳动力的关键，[①] 英国的创新、大学和技能部门（Department of Innovation，Universities and Skills）则表示，只有尽可能地发展人们的技能，进行世界级的研究和学术研究，并且应用知识和技能来创造一个创新和有竞争力的经济体系，英国才能在一个快速变化的世界中取得成功，加拿大和澳大利亚的研究生院和政府组织也曾经有过相似的表述。

人力资本常常从全球竞争力的角度出发。目前，高等教育的全球扩张反映了知识经济时代对具有较高技能、创造和创新能力的工人的需求，而扩大研究生和职业教育则成为提升人才竞争力的重要方式。可以看出，研究生教育的发展与各国知识经济发展的需要相适应，通过高等教育提供高水平的人力资本能够促进经济发展。在当今的知识经济社会中，劳动市场需要更多受过高等教育的工人，因此雇主更倾向于选择那些有文凭或证书的人。在人力资本理论中，教育文凭成为个人学识和能力的证明。事实上，人们已经了解并认可获得高层次的教育能够获得更好的职业发展，求职者则热衷于通过教育提高自己的

---

① Council of Graduate Schools. Council of Graduate Schools home page[EB/OL]. [2022-9-2]. https://cgsnet.org/.

学历。于是，这种需求推动了研究生和职业教育的规模扩大、类型多样化和向上延伸。

（二）人力资本理论与专业学位教育

人力资本理论的观点表明，从业人员需要接受高级培训才能够在日益复杂的社会和技术环境中掌握更多技能，创造更多价值，而这些高质量的人力资本又将促进经济社会的发展。人力资本理论的主张为美国专业学位研究生教育的发展和扩张提供了依据，在美国专业学位项目创新和改革的合法化方面起到了相当大的作用。美国专业学位研究生教育的产生和发展，在很大程度上来自经济发展需求的推动。从美国专业学位教育的发展历程中可以看出，工业化发展、科技的创新促进了经济的发展，也对劳动力提出了更高的要求，机械化作业代替了大量基础的人力劳动，同时需要更多熟练的、掌握一定技术的工人，很多行业在发展过程中都存在类似的情况。社会发展需要更多高水平的劳动力，教育是提供知识和技能的最主要的途径，大学作为生产和传递知识的中心则必然承担起这一责任。

传统上，人们对高层次学历的追求更多地倾向于学术型学位。但随着社会的进步、市场经济的发展，越来越多的雇主更青睐于拥有专业学位的从业者，与拥有传统学术型硕士学位的从业者相比，拥有专业学位的人会以更高的比例被雇用，获得较高的工资和职业地位。形成这种现象的一个重要的原因在于，专业学位培养出来的毕业生具有更高的适切性，即更加适应市场和雇主的需要，这也从侧面反映了学术型学位培养的研究型人才与社会和市场脱节的问题。高水平的专业学位毕业生将掌握更多的实用性技能和知识，并且能够应用到更多的现实情境和问题当中。换言之，专业学位人才培养造就的人力资本能够快速满足市场需求，并且转换成促进经济发展所需的力量和资源。

根据人力资本理论的逻辑，专业学位教育规模的扩大，也能够反映市场对毕业生的某些技能和能力的需求。高等教育和劳动力市场之间存在一种功能性的关系，即高等教育能够满足劳动力市场的需要，在经济发展中发挥其功能和作用。[①] 首先是知识经济的发展对大学提出了需求。在知识经济时代，大学的知识生产、利用、转换需要与工业界建立更多联系，以产生更大的经济效益。大学被视为促进经济增长的推动者之一，研究生教育改革的部分原因是为了促进高等教育、政府和产业之间建立更紧密的联系。大学通过教育和研究培养人才、产生知识，一方面能够促进经济发展，另一方面也是大学服务社会功能的体现。其次是学生追求高学历的需求。当学生走出象牙塔，进入社会的中心，就不能忽视民众对高等教育的需求。专业学位教育把专业人员从传统学科的束缚中解放出来，使他们能够以与专业实践更相关的方式学习和应用知识。大学提供专业学位项目，能够满足民众学习专业知识和技能的需求，为民众的职业发展提供支持。

（三）对人力资本理论的批判

人力资本理论也受到了来自不同方面的批判。例如，人力资本理论被批评为就业人员和雇主对证书的过度依赖，以及忽略了一些重要因素，如教育和劳动力市场的相对耦合、整个经济的扩张和收缩，以及一系列社会和文化因素等。并非所有的经济学家都同意人力资本能直接提高生产力。1976 年，哈佛大学经济学家理查德·弗里曼（Richard Freeman）认为，人力资本只是作为一个关于天赋和能力的信号，真正的生产力是后来通过培训、激励和资本设备来实现的，他的结论是人力资本不应该被视为一种生产要素。在 20 世纪 80—90 年代，随着行为经济学的兴起，人们对人力资本理论提出了新的批评。

学界对教育和社会的探讨还有其他不同的理论观点。如教育文凭主义理论指出，中学后证书的增加主要反映了一个由精英创造的社会

---

① BOUD D，TENNANT M. Putting doctoral education to work：challenges to academic practices[J]. Higher education research and development，2006，25(3)：293-306.

和劳动体系，该体系根据社会或文化资本赋予不同的经济回报。与人力资本理论一样，教育文凭主义假设持有较高水平证书的个人将以较高的比率被雇用，并获得较高的工资，但其依据是文化资本，而不是其技能的工作相关价值。大部分教育文凭主义理论都集中在教育对社会分层的作用上。

兰德尔·柯林斯（Randall Collins）在极具影响力的《文凭社会：教育与分层的历史社会学》（*The Credential Society*：*An Historical Sociology of Education and Stratification*）一书中指出，教育和教育证书的扩张加强了美国的社会分层，形成了日益复杂的专业竞争和封闭系统，而不是提供了功利性或社会流动性。一些职业利用教育证书，在国家对执照的控制支持下，垄断了人们进入某一职业领域的机会，实现了自治，从而提高了专业人士的地位和工资。此外，柯林斯认为正因如此其他职业才“专业化”了。[①] 高等教育的内容往往与工作要求没有什么关系，相反，高等教育支持了一个分层的劳动系统，其中经济回报是社会或文化资本的产物，而不是个人技能的价值。重要的是对许多教育文凭主义的支持者来说，职业流动是一种集体的而不是个人的追求。在后来的分析中，柯林斯断言，证书的膨胀是一个持续的循环，随着教育程度的提高，该学位的社会独特性及其在职业市场上的价值已经下降，这反过来又扩大了对更高水平教育的需求。[②]

随着经济社会的进步和教育体系的不断完善，各行各业的从业者和学生似乎有了更多受教育的权利，但是实际上，人们对高水平专业学位的追求是在市场竞争增加的背景下的一种谋求生存和职业发展的

---

① COLLINS R. The credential society: an historical sociology of education and stratification [M]. New York: Columbia University Press, 2019.

② COLLINS R. Credential inflation and the future of universities[M]//BRINT S. The future of the city of intellect: the changing American university. Stanford: Stanford University Press, 2002: 23-46.

必然选择，因为不提升学历和技能，他们将很快面临淘汰。就像早先在许多专业领域中，硕士学位的要求取代了学士学位一样，教育文凭主义理论认为硕士学位的扩散为进一步的证书膨胀创造了压力，可以将专业博士学位的产生解释为硕士学位的社会独特性和职业价值的丧失。美国医学协会等机构曾批评专业博士学位的驱动力是专业协会希望通过博士学位来提高他们职业的声望、薪水和独立性，或者通过控制进入他们职业的人数来达到提高门槛目的。一些教育文凭主义者认为，各行业只是录用拥有高学位的人而未必进行实质性的培训，通过创造学位证书来提高其行业的地位。① 若如其所言，人们可能会发现从硕士学位到博士学位的转变并没有相应地增加教育培训，但是事实并非如此，因此这一说法也遭到一定的批评。

三、知识生产模式转型理论

1994 年，吉本斯等人出版《知识生产的新模式：当代社会科学与研究的动力学》（*The New Production of Knowledge: The Dynamics of Science and Research in Contemporary Societies*）一书，提出了“社会性分布”的知识生产系统。过去，知识生产主要位于科学机构，即大学、政府机构和实验室等研究机构，并且以传统学科为基础，这种知识的生产模式即知识生产模式 1（以下简称“模式 1”）。模式 1 的知识被理解为线性的、因果的和累积的，被应用于解决大学以外的实际问题，是“封闭的”，因为知识的来源总是学科内部。新的知识生产模式 2（以下简称“模式 2”）“在应用范围内运作，因为问题不在一个学科框架内，它是跨学科的，而不是单学科或多学科的，它是以非等

① BILLS D B. Credentials, signals, and screens: explaining the relationship between schooling and job assignment[J]. Review of educational research, 2003, 73(4): 441-449.

级性的、异质性的组织形式进行的，基本上是短暂的，不在大学结构中形成制度化”①。模式 2 的知识生产并非模式 1 的替代，而是另一种模式，这两种模式之间的紧张关系导致了各种混合形式的知识（见表 2-2-1）。

表 2-2-1　知识生产模式 1 与知识生产模式 2 的对比②

知识生产模式 1	知识生产模式 2
学术背景	应用背景
学科	跨学科
同质性	异质性
自主性	自反性/社会问责
传统的质量控制（同行评议）	新的质量控制

（一）知识生产模式 2 的特点

第一，应用性。吉本斯等人认为，传统上，模式 1 中的知识生产和问题解决是基于学科的研究规范，模式 2 中的知识则是在应用的情境下产生的。这种应用的情境不断扩大，对新知识生产的需求增加，影响要素增加。当然，模式 1 的知识也可以产生实际的应用，但这种应用与知识的直接生产仍然保持一定的距离。在模式 2 中，基础研究总是受到更多应用知识的启发，基础研究和应用研究是相互联系的，理论与实践也并非严格区分开。

第二，跨学科。吉本斯等人提出的跨学科不仅仅是不同学科的合

① GIBBONS M, LIMOGES C, NOWOTNY H, et al. The new production of knowledge: the dynamics of science and research in contemporary societies[M]. London: Sage, 1994: vvi.

② 吉本斯，利摩日，诺沃提尼，等. 知识生产的新模式：当代社会科学与研究的动力学［M］. 陈洪捷，沈文钦，等译. 北京：北京大学出版社，2011：4-8.

作，它指的是在应用的情境中，为了解决复杂的问题，调动一系列的理论观点和实践方法来解决问题，从而超越学科界限。跨学科需要一个共同框架作为问题解决的引导，跨学科产生的新知识具有其独特性，并且在知识生产的过程中得以传播。跨学科是一种动态的过程，通过这种跨学科的方式产生的新知识越来越多，知识与情境的互动更加密切。跨学科为人们提供了认识复杂世界、解决现实问题的新方式。

第三，异质性。在模式 2 中，虽然新知识的生产与问题解决联系密切，但是解决问题的人和地点并不确定，也就是说，参与知识生产的人员、知识生产的场所越来越多样化且变化灵活。传统的知识生产集中在大学，以学科为建制的院系是各学科领域新知识的集中产出地。然而现在新知识的生产已经不完全集中于大学，尽管大学仍然是主要的知识生产场所，新知识的生产出现了“社会弥散”，即一些独立的研究机构、实验室、政府部门、智库等机构或个人参与到了知识生产中，从而使知识生产体现出异质性。

第四，自反性/社会问责。由于科技发展越来越影响到人们生活的方方面面，多方的利益相关者的需求可能会影响问题的解决，社会问责反过来渗透到知识生产的过程中。参与问题解决的不同领域的人员之间的联系更为密切，同时更具有自我反思性，因为他们对问题的看法和回答在一定程度上影响问题的解决方案，从而承担了更多的社会责任，而不得不对研究价值进行反思。

第五，新的质量控制。传统上学界对知识和学术的质量控制主要通过同行评议进行，一方面控制什么样的问题值得研究，另一方面控制定义这些问题的标准。在模式 2 中，质量控制的标准不再是唯一的，更多地与环境和应用相关，并且在传统的学科标准之上增加了附加标准。不同的评价主体可能有不同的标准，因此要兼顾多方的利益诉求。社会、经济等领域在应用情境中提出新的标准，可能越来越难以界定什么是好的研究。

（二）知识生产模式转型与高等教育变革

二战后，高等教育的入学人数增加，适龄人口的比例上升，高等教育规模扩大。究其背后的原因，除了大批退伍军人的安置和入学之外，经济的发展对高水平的人才和工人的需求增加，人们普遍认为经济的发展需要接受过良好高等教育的人才为支撑，接受高等教育也意味着人们能够更好地就业。于是高等教育机构不断扩张，为民众提供入学的机会，设置不同的学位和多样化的课程。高等教育进入大众化时期，大学的发展与社会经济发展、其他机构的关系及学生的需求相关。大学培养出来的毕业生则参与了各种各样的工作，带动了文化产品增加，促进了经济的创新和发展。在美国，大学毕业生尤其带动了小型服务业和高新技术产业的发展。随着经济的快速发展，继续教育市场不断扩大，人们逐渐认识到，需要学习新的知识和职业技能以适应各行各业对劳动力的新要求。与此同时，人们也发现经济社会的快速发展使得以往“从一而终”的职业道路被打断，更换工作变得更加频繁，单一的职业技能并不能保障良好的就业，越来越多的人在就业多年之后又选择继续求学以获得职业晋升。

在高等教育大众化发展的同时，研究也开始向大众化发展，但与高等教育的发展不同，研究依然是由高等教育最顶层的人员进行，是一种精英活动。① 但是模式 2 中的研究开始出现脱离原来的“象牙塔”的情况，新的研究与高等教育大众化相关，并且在一定程度上是高等教育大众化的产物。研究人员不只在大学内部从事研究，参与研究的人员也未必是专门从事研究的人。新的研究人员、研究形式与大学之外的市场环境有了更多的联系，研究本身作为项目的一部分，可能带来更多的商业价值，研究的赞助来源也不限于政府机构，更多地依靠

---

① 吉本斯，利摩日，诺沃提尼，等. 知识生产的新模式［M］. 陈洪捷，沈文钦，等译. 北京：北京大学出版社，2011：67-69.

产业界和企业等。

二战后知识经济作为一种新的经济形态逐渐发展起来，以新知识的生产、配置、消费为要素。基础研究与应用研究之间的界限划分已经变得复杂和模糊。实践应用和转化研究的出现，强调由理论到实践，再由实践上升到理论的循环过程。参与式研究已经成为许多社会科学领域的一个显著特征，通过与外部群体的互动来制定研究问题、探索答案。与此同时，美国研究型大学快速发展，大学的研究越来越多地进入应用领域，也越来越多地围绕实际问题的解决，并且寻求将基础研究转移到机构之外的方法。大学与其他知识生产机构的关系，越来越多地建立在参与、转换、合作和交流的基础上。大学参与社会知识生产和经济发展，一方面是在承担其服务社会的责任，谋求大学自身的发展；另一方面大学的科研经费有限，大学中的研究机构不得不寻求更多的资金支持，于是与工业界和企业有了更多的合作。

虽然社会中的研究组织、企业、医疗机构、非营利组织也在进行新知识的生产活动，但是大学仍然是众多知识聚集地之一，是知识生产的主要机构，基础研究是大学科研中的重要部分。大学自身不仅生产和传递知识，而且成为知识经济社会中知识生产的推动者。一方面，大学加强了自身与社会的联系，增加了不同形式的知识生产，大学的知识生产和传播模式转向知识和实践的互动模式；另一方面，大学通过培养和提供专业人才，使他们进入社会实践，应用专业知识，参与、促进新的知识生产。以知识创造的一个衡量标准来看，尽管大学中的科学研究高度集中，但实际上产生专利的比例较低。在大学之外有越来越多的人具有高水平的知识成就，他们在各行各业产生了一定的专业成就，其中就包括专利技术的产出。

在后工业社会，大学需要巩固自己知识生产中心的地位，同时对社会的需求做出回应。对大学来说，专业学位作为一种学位项目模式，代表大学为社会提供了一种新的“服务”，专业学位成为大学发展的道路之一。大学中职业教育的内容增加，专业化的知识因更具实用性而受到学生的欢迎。在此过程中，专业学位给大学提出了一个特殊的挑战：大学需要在参与实践的基础上，而不是在参与学术研究的基础上，塑造大学的权威。这表明，大学的权威既来自传统的学术研究，也来自对社会现实的参与和教育领域的创新。大学设置专业学位项目，一定程度上会体现自己的文化、价值观和方向，大学需要关注实践和应用，并且与社会组织、企业建立伙伴关系，以领导和实现变革。

（三）知识生产模式转型与专业学位研究生教育

根据吉本斯等人提出的两种知识生产模式，在模式 1 中，知识生产主要是延续德国近代大学的模式，科研工作和知识的生产集中于大学，以认知为目的。传统上，大学里产生的知识是客观的、具有普遍性的、长期积累的真理，而学术学位研究生培养则与模式 1 相匹配。模式 2 不同于模式 1，强调在应用的背景中运作，其特征在于应用性、跨学科性、异质性与组织多样性、社会责任等。专业学位的兴起与模式 2 所强调的应用性、异质性等特征是密切联系的。专业学位人才的定位正是符合模式 2 要求的应用性、专业性人才。模式 2 中的知识生产更多地存在于应用的情景中，具有跨学科等特征，专业学位研究生教育的内容与此相关，专业知识在实际应用中产生、实践，反过来再服务于社会，满足市场和客户的需求（见表 2-2-2）。

在培养目标上，学术学位研究生教育致力于培养研究人员，尤其是博士阶段的教育，培养的人才一般进入高校或研究机构从事学术研究工作，专业学位研究生教育在注重培养学生的学术能力的同时，更注重培养学生的实践能力，毕业生将成为某一专业领域的专家。

在定位方面，学术型学位更多的受制于大学的管理，学生的研究常与大学的研究任务、导师的研究方向相关，而且基本上专注于某一学科领域；专业学位研究生的研究内容具有实用性、跨学科性等，论文和项目更多地受到市场和学生需求的影响。

表 2-2-2　基于知识生产模式的学术博士与专业博士对比①

人才培养	学术型博士	专业型博士
目标	学者、研究人员	学者-实践者
定位	聚焦的研究	宽泛的关注点
内容	模式 1 的知识 发现新知识的场景 基于学科	模式 2 的知识 应用的场景 基于工作
过程	学术研究 研究训练 与大学相联系 个人为主	实践经验 实践研究 与工业界相联系 合作
成果	论文 寻求新知识 较宽泛的应用范围	项目/论文 寻求改进实践 较窄的应用范围

就内容而言，学术型学位研究生培养追求模式 1 的知识产出，即在其学科中发现新的知识和创新的理论观点，追求知识本身。相比之下，专业学位研究生的学习和实践是在应用的背景下完成的，即“工作场所成为研究的场所”②。

在成果方面，学术学位研究生的论文更容易通过出版传播，专业学位的成果形式多样，常以项目报告或论文的形式呈现，旨在为某个特定问题提供解决方案。因此，学术学位研究生论文中产生的知识可能适用性更广泛，而专业学位的情况则相反。

从过程来看，学术学位研究生的研究更多地受到导师的指导和影响，研究过程中以个人研究为主。专业学位研究生培养一般采用双导

① FINK D. The professional doctorate: its relativity to the Ph. D. and relevance for the knowledge economy[J]. International journal of doctoral studies, 2006, 1: 35-44.

② USHER R. A diversity of doctorates: fitness for the knowledge economy? [J]. Higher education research & development, 2002, 21(2): 143-153.

师制，导师拥有更多的专业实践经验，因此专业学位研究生往往与大学及工业界保持联系，需要进入实际的工作场景，在项目中与工业界人士合作。

从商业、政府和非营利部门的雇主的角度来看，许多学术型博士毕业生往往在研究方面资历过高，但在其他领域却缺乏经验。然而许多新的专业学位的研究生项目，注重学生的专业实践，并且使学生能够对专业领域进行自主研究，获得需要的信息，能够在他们的专业实践中贡献知识，这些知识将指导研究应用到新的领域和新的问题上，满足现实需求。

专业知识和实践不能脱离社会现实，但是在工作场所产生的知识和内容不能由大学中的知识生产逻辑来验证，因为大学的知识是按照学科逻辑进行分类的，知识生产和研究方法属于学术研究的范畴，应用情境中产生的经验和知识难以规范化，这远远超出了大学以学科为基础的知识体系。在工作中生产的知识有着与在大学中生产的知识所不同的特点，前者往往集中、实用性强，主要是口头的、不稳定的，而大学生产和传递的知识是经典的、概念化的、体系化的，同时具有权威性，大学各学科院系的工作是累积性的，知识是在以前的理论和思想的基础上发展的。大学与社会的其他部分被分离开来，学科通过同行评议进行的内部评判，基本上不包括专业、商业、政策制定者等的评判。在这个封闭的圈子里，人们不以知识是否在实践环境中发挥作用为评判标准，因为这被视为与学术界无关。专业用语和研究范式将那些没有进入该学科的人排除在外，知识生产是抽象的、专业的。即使在专业学位研究生教育中，大学的学科院系仍然是知识生产的权威，因此专业学位研究生教育仍需要加强与社会、各行各业、专业协会等的联系，以增强专业学位的实用性。

第三节 专业学位研究生培养的本质属性

一、专业性

专业性是专业学位教育的根本属性，也是专业学位与学术学位相区别的重要特征。“专业学位的性质问题一直是设立和发展专业学位研究生教育所必须认真思考的问题，是关系到专业学位研究生教育质量标准乃至生死存亡的一个根本问题。”① 因此，要深刻理解专业学位，就应当剖析其专业性的内涵。

（一）专业及其特点

专业并不等同于普通的职业。一种职业可能会努力争取专业地位，但只有通过不断深化其理论和实践的基本认识，提高服务水平，获得其他团体、职业或内部成员的充分认可，才能达到一种专业化的职业。即专业在认识、实践和地位等方面都高于一般的职业，专业具有自身的独特性。

1933 年出版的《专业》（*The Profession*）一书较早地对专业进行了研究，书中的观点得到了学界的广泛认可。该书作者指出，自从职业出现、为社会提供公共服务以来，职业在起源、性质和活动中都表现出了相同的某些特征和模式，在研究了医生、教师、护士、律师、牙医等具有专业性的职业后，他提出了专业的核心特征：第一，一种长期的、专门的、知识性的培训。这种培训至少在较高的专业级别上，是知识性的、长期的，基于对公认的研究领域的探索。第二，一种基于自然科学或人文科学的技术。这种技术是一个行业的本质，技术发

① 石中英. 论专业学位教育的专业性［J］. 学位与研究生教育，2007（1）：7-11.

展得越充分，该职业的专业性越突出。第三，专业服务的报酬采取收费而非工资的形式。收取费用意味着专业人员对客户负责，而不是对客户的依赖，收费是为了服务，而不是为了利润。第四，对客户具有责任感。责任感的高低由所提供的专业服务的性质决定。第五，组建专业协会以维护技术和道德准则。专业协会包括内部管理专业团体及外部监管。①

此外，另有学者从不同角度提出了对专业的属性和特征的认识。亚伯拉罕·弗莱克斯纳（Abraham Flexner）区别了大学内部的专业和大学外部的职业，他认为专业就是高深的学问，职业则不具备这种学问。另外，专业具有学术性，源于理想文化；具有理智性，现实的、生计的目的是其附带品。②霍华德·贝克（Howard Becker）认为所谓专业人员，首先是知识分子，负有巨大的个人责任。其次，专业人员应当具有一定的专业学问，掌握实用技能。专业人员还应形成严密的内部组织，以利他主义为动力，即为社会某方面的利益而工作。③ 1948年，美国教育协会（National Education Association）提出专业的 8 条标准，包括基本的心智活动、专门化的知识体系、长时间的专业训练、持续的专业成长、自身的专业标准、高于个人利益的专业服务、自治的专业团队、专业团队成员资格。

我国部分学者探讨了对专业和专业性的认识。周川在《“专业”散论》中从广义和狭义两个角度分析了专业，广义的专业即某种职业，这种职业具有与其他职业相区分的劳动特点，狭义的专业则指的是特

---

① CARR-SAUNDERS A M, WILSON P A. The profession[M]. Oxford: Clarendon Press, 1933: 284-289.

② 弗莱克斯纳. 现代大学论：美英德大学研究 [M]. 徐辉，陈晓菲，译. 杭州：杭州教育出版社，2001：25.

③ BECKER H. The Nature of profession[M]//HENRY N B. Education for the professions. Chicago: National Society for the Study of Education, 1962: 27.

定的社会职业。[①] 王沛民认为称得上“专业”的职业，应有专门的知识技能，从业者经过专门训练，提供优质可靠的服务，履行严格的资格认证制度。专业的特点是知与行统一、理论与实践统一、做人与做事统一。[②] 张秀峰认为专业包含以下7个特征：深奥的专业理论知识和复杂的专业技能，长期且持续的专业人员培养，专业服务具有自主性，专业服务高于个人利益，建立高度自治的专业协会，设置规范的专业伦理准则，以及规定严格的专业人员准入制度。[③] 申姗姗认为，专业性与职业性二者之间存在交集，专业人才的背景是一定的职业，这种职业实际上是专业化了的职业，但是要成为专业需要有专门的知识要求和严格的准入标准。[④]

基于上述文献分析，本书对专业及其属性和特点形成以下三方面的认识。第一，在理论方面，专业需要深入的理论认识作为基础和依据。这种专业理论在一定程度上体现了学术性的要求。高深的专业理论意味着从业人员需要进行系统化的、严格的、长期的专业知识学习，远非日常实践和学徒制等方式能够获得。这种专业知识应当与专业实践相联系，将专业理论知识运用到实践中，并且在实践中深化对这种知识的认识。另外，专业理论知识需要不断地更新和进步，随着经济社会的发展，必然对专业人才提出新的、更高的要求，专业知识的更新能够促进专业水平的不断提高。

第二，在实践方面，专业对实践技能和服务水平具有较高的要求。这种对技术能力的要求是保持专业的高层次和专业性的重要支撑。一

---

① 周川.“专业”散论［J］.高等教育研究，1992（1）：83-87.

② 王沛民.研究和开发“专业学位”刍议［J］.高等教育研究，1999（2）：46-49.

③ 张秀峰.美国专业学位教育研究：基于“专业性”的视角［M］.上海：上海交通大学出版社，2016：27.

④ 申姗姗.从“专业性”看专业学位教育的发展［J］.学位与研究生教育，2009（7）：61-65.

方面，无论是哪种专业，都需要在实践中精进技术，保持专业水准；另一方面，高水平的专业服务有利于获得和维持社会及其他组织团体的认可，而高于个人利益的专业服务则基于社会对该专业的尊重，使得专业人员能够获得较高的职业地位和声望，同时有利于该专业长期、稳定的发展。

第三，在组织方面，专业通过建立专业协会等机构制定专业规则、对其成员进行管理、对专业地位进行维护等，进行内部自治。专业协会作为一种社会团体提高了专业的社会地位，同时承担了更多的社会责任。专业协会通过制定严格的人员资格、准入制度、认证制度以保证其较高的水准，维持其社会地位。同时专业协会对专业资格和认证制度的规定，受到国家的认可，起到规范行业的作用。

（二）专业性与专业学位教育

专业性要求专业人员掌握高深的专业知识和复杂的专业技能，这就决定了成为专业人员需要进行系统的专业学习，也就是专业教育。自 18 世纪中后期以来，随着美国经济社会的发展，其对专业人才的需求不断增加。大学作为生产、传播知识的中心，拥有深厚的学科专业知识基础和丰富的学者团体，培养人才是其重要的职能之一，因此专业教育逐渐成为大学人才培养中的重要部分。美国专业学位教育是经济社会发展的产物，大学培养的高水平专业人才又促进了经济社会的进一步发展。

学界对专业学位的本质属性的认识有以下几种观点。一种观点认为专业学位是一种“职业性”的学位，有学者认为专业学位的实质是职业性学位，职业性是其鲜明的特征，但是只有专业化程度较高的职业才有可能设置专业学位，① 或者说专业学位的职业性是其区别于学术

① 邓光平，郑芳.“专业”与专业学位设置 [J]. 江苏高教，2005 (5)：44-46.

学位的根本特征，同时专业学位具有突出的实践导向。① 石中英教授曾论述了专业学位的专业性问题，梳理了对专业学位的“职业性”理解的概念、基础和制度方面遭遇的质疑，并且针对这种“专业性危机”提出建议：有关部门加大专业学位宣传，使专业学位类型与职业类型相对应，完善学位制度、发挥政府和市场的作用；② 另一种观点认为专业学位指向的不是普通的职业，而是一种专门职业，专业学位需要专门的知识和职业技能；③ 还有观点认为，专业学位虽然具有职业导向性，但同时有基本的学术研究要求，因此专业学位同样具备“学术性”，或者说学术性是专业学位的一个特征，也是区别专业教育与职业教育的重要特征。④ 关于专业学位的本质属性、特点等的研究，体现了专业学位设置的必要性和价值所在。

基于前文对专业及专业特征的分析和认识，本书认为专业学位的专业性是其最为鲜明的特征，是职业在经过专业化过程、成为专业之后才具有的特征。专业化的过程包括专业知识的系统学习、专业技能的实践锻炼、建立专业协会等方面。一种专业进入大学成为系统化的专业学位教育，专业本身的属性和特征将在专业学位教育的过程中得到体现，即专业性的体现，这种专业性包括专业知识学习、专业技能锻炼等。由于专业学位与学术学位一样要求学生学习系统的专业理论知识、进行专业领域的研究，因此可以说专业学位具有一定的学术性，但远不及学术性学位对学术研究的严格要求。然而“专业性”并不能

---

① 翟亚军，王战军．我国专业学位教育主要问题辨识［J］．学位与研究生教育，2006（5）：23-27.

② 石中英．论专业学位教育的专业性［J］．学位与研究生教育，2007（1）：7-11.

③ 申姗姗．从“专业性”看专业学位教育的发展［J］．学位与研究生教育，2009（7）：61-65.

④ 刘国瑜．论专业学位研究生教育的基本特征及其体现［J］．中国高教研究，2005（11）：31-32.

简单地等同于“职业性”，专业学位教育旨在培养专业人才，专业学位的开设与其对应的职业有关，这种职业必然实现了较高程度的专业化。因此，可以说专业学位具有职业导向性，但是专业学位本身并非出于职业目的，不是简单的职业培训。

二、实践性

（一）实践的内涵

对实践的认识，常见的观点之一是主观见之于客观，是人们能动地改造现实世界的一种活动，实践的基本特征包括客观性、能动性和社会历史性。在西方哲学语境中，实践是对客体的改造，具有创造性和客观性，实践是获得认识的必要环节。在马克思主义语境下，实践是马克思主义的核心概念，是人类自觉自我的一切行为，是以改造世界为目的、主体与客体之间通过一定的中介发生相互作用的过程。① 哲学界对实践的新的认识表明，实践活动是人一切客观性、感性的、物质性的活动，实践的领域不仅仅是物质生产活动，也包含精神生产和人类自身生产，例如体育、教育。② 在心理学领域，美国心理学家罗伯特·J. 斯腾伯格（Robert J. Sternberg）认为实践智力是一种将理论转化为实践，将抽象思想转化为实际成果的能力。③ 这种实践智力也是斯滕伯格提出的社会能力之一，另一种社会能力是社会智力，其中实践智力更强调工作中的决策能力。在教育领域中，实践更具有指向性的特征，包括以学生为主体、以理论为指导、与业界紧密结合、具有明

① 朱跃龙，董增川，姚纬明，等. 研究生应用型人才培养研究［M］. 南京：南京大学出版社，2018：68.

② 吴志华. 论学生实践能力发展［D］. 长春：东北师范大学，2006：13.

③ 斯腾伯格. 成功智力［M］. 吴国宏，钱文，译. 上海：华东师范大学出版社，1999：131-136.

确的要求、对活动过程及结果进行考核评价。[①]

（二）专业学位教育的实践性

在专业学位研究生教育中，实践既是专业学位人才培养过程中的一个重要组成部分和环节，更是专业学位教育本身的重要属性，这赋予了实践更为丰富的内涵和意义。专业学位的内在规定性显示，学位获得者能够运用所学专业知识、理论、技术从事专业工作，解决具体问题，专业学位注重应用和实践。[②] 从专业学位研究生培养模式的角度来看，专业学位主要是培养学生专业实践的能力，从课程设置、双导师制的师资队伍建设、专业实践等环节，都应当体现专业学位的实践性。[③]

1．注重与实践相结合的课程

专业学位研究生的课程教学既注重基本的专业理论知识，又注重理论知识与实践的联系。对专业学位的研究生来说，所学的知识只有应用到专业领域的工作中才能产生真正的价值。在专业学位的课程设置上，除了基本理论，更多的安排具有实践导向的课程，例如教育领域的政策、管理、领导方面的课程，建筑领域中的建筑设计与环境、能源、城市化的关系的课程等，这些课程将专业知识置于现实社会的大背景当中，让学生从更实用的角度学习知识，这些课程在教学上则常采用案例分析、情境分析等教学方法，让学生学会自主分析和解决问题。

2．培养专业技能的实习环节

实习的重要性对专业学位来说毋庸置疑，是其实践性体现最突出

---

① 刘国瑜．专业学位研究生教育的实践性及其强化策略［J］．学位与研究生教育，2015（2）：19-22．

② 别敦荣，赵映川，闫建璋．专业学位概念释义及其定位［J］．高等教育研究，2009，30（6）：52-59．

③ 孙怀林，肖鹏．基于实践能力提升的专业学位硕士研究生培养模式研究［J］．黑龙江高教研究，2018（8）：95-98．

的环节。专业学位的实习在时间要求、实习方式、考核方式等方面都比较灵活。根据专业学位项目的不同，实习可能为期半年或1年，或以完成项目为一个周期，一般实践性和应用性更突出的学科专业对实习有着更为严格的要求，例如医学博士需要进行临床技能训练和轮岗实习等，实习的周期也更长。在实习中，学生能够进入真实的工作场景完成相关的工作或任务，并且在导师的指导下获得实践经验，深化对专业的认识。对专业学位研究生来说，实习是其整个学习过程中与众不同的、极具体验性的宝贵经历。

3. 基于专业和应用的研究

专业学位虽然不像学术学位那样对学术研究有着更为严格的要求，但专业学位培养的人才是学者-实践者，仍然有学术研究的要求。专业学位研究生的学术研究以专业应用为基础，将理论应用于实践，又将实践中的经验和知识上升为专业理论知识，是一种更加兼顾理论学习和实践应用的模式。学生通常需要在实际的、复杂的情境中完成工作和研究，这种培养方式有利于对学生实践能力和综合素质的锻炼。

（三）专业学位研究生的实践能力

有学者认为，实践性是专业学位研究生培养的价值所在，是由专业学位研究生培养的目标决定的本质和基本要求，包括技术性、经营性、创业性、生产性的实践能力。① 从实践能力的构成要素来看，实践能力包括实践动机、一般实践能力因素、专项实践能力因素和情境实践能力因素，实践能力的特征包括3点：一是实践能力是在个体的实践过程中形成的；二是实践能力可以持续发展；三是认识能力的高低不能体现实践能力的高低。② 从实践的形式来看，实践能力又可以分为一

① 王俊彦，姜斌，冒泽慧，等. 全日制专业学位硕士研究生培养两个基本点：基础性和实践性［J］. 教育教学论坛，2014（35）：1-3.

② 刘磊，傅维利. 实践能力：含义、结构及培养对策［J］. 教育科学，2005（2）：1-5.

般实践能力、专业实践能力和综合实践能力，一般实践能力即较为普遍实用的基本能力，专业实践能力则是将专业知识运用到实践中的能力，综合能力则是一种独立解决问题的高层次能力，此处的综合能力包括表达、独立思考、计划、抗压、系统思维、信息处理等 35 项能力。①

对专业学位来说，实践性是其本质属性，专业学位人才培养的实践性体现在学生身上，作为专业人才的培养成果之一，在一定程度上即体现为学生的实践能力。对专业学位研究生来说，以下 4 种能力具有重要的作用：第一，应用能力，即将专业知识应用到实践中的能力；在实践中应用各种设备、工具、模型、方法的能力；同时需要一定的组织设计能力，即能够根据问题合理安排计划、方案和各种工具的能力。第二，专业能力，即了解该专业领域或对应的职业中的基本法则、规范和标准等，掌握专业知识和技能，取得基本的职业资格，能够胜任一定的专业任务或职务，以及不断提升专业技能寻求职业发展的能力。第三，合作能力，即能够与各方面的工作人员进行合理的分工、协调和合作，同时能够对工作内容、任务、环节进行有序的组织，确定工作目标、提高工作效率、完成合作任务。第四，沟通能力，即能够准确、系统地表达观点和需求，理解他人的意图，与他人进行良好的交流，形成良好的人际关系等。

---

① 朱跃龙，董增川，姚纬明，等. 研究生应用型人才培养研究［M］. 南京：南京大学出版社，2018：78.

第三章　美国研究型大学专业学位研究生培养模式的系统分析

美国研究型大学有着较大的自主权，不同学校有着自身的学校文化和特色。美国专业学位研究生教育是通过项目这种形式组织进行的，项目与项目之间千差万别，即使是同一学科，不同大学的专业学位研究生项目也各有特色，这种多样性是美国高等教育的特点之一。即便如此，美国专业学位研究生项目之间仍然存在共性和一致性，各专业学位研究生项目有着相似的培养模式。本章从培养目标、培养过程、组织形式、质量保障和支撑条件 5 个方面对美国专业学位研究生培养模式进行系统分析。

第一节　专业人才的培养目标

培养目标是人才培养中的一个重要概念。所谓培养目标，是“人们想通过行动而达到的目的，指称由此而出现的任务，也指称发生在行动之后，并且作为终点而表现出来的结果”[①]。简单来说，培养目标就是通过一定的教育活动将学生塑造成什么样的人的一种预期结果。培养目标在人才培养的整个过程中具有重要意义，托斯坦·胡森

① 布列钦卡. 教育科学的基本概念：分析、批判和建议 [M]. 胡劲松，译. 上海：华东师范大学出版社，2001：96.

（Torsten Husen）曾指出，高等教育质量的高低在于高等教育活动所产生的效果在多大程度上能够达到预定的目标，或者说是在多大程度上能够满足社会及受教育者的需求。① 培养目标贯穿人才培养过程的始终，有以下3种主要的功能和作用：第一是定向作用，即指明人才培养的方向，对教育活动具有一定的限制、定位作用；第二是调控作用，即对教育活动的调节、控制；第三是评价作用，即对教育活动的评价应当以培养目标为基本的标准和依据，衡量教育实践活动是否达到了预期的效果。②

在上一章中已经论及美国专业学位研究生教育的产生和发展受到实用主义的影响，实用主义哲学为美国专业学位研究生教育提供了理论基础。实用主义教育理论强调经验的重要性，主张通过实践活动与周围的环境建立联系，获得经验和知识，同时人才培养也要具有实用性，能够为经济社会发展服务。在美国专业学位研究生教育的培养目标中，也体现了这种实用性的倾向和特征。早在美国设置赠地学院的时期，就体现出了人才培养为社会服务的目标，二战后，大学走出象牙塔，成为社会生活的中心，以实用主义为导向的研究生培养进一步扩大，大学教育进一步发挥了在促进国家、经济、社会发展方面的作用。专业学位研究生教育的目标与实用主义的相关理论相契合，也与社会对人才的需求相匹配，就是为了培养掌握专业知识和技能、能够服务于社会进步需要的实用型人才。

美国研究型大学公立私立并存，各大学有着自身独特的校园文化和特色。美国各大学的专业学位项目基于其学校的教育理念、校园文化、师资和资源等，制定了不同的培养目标，各学科、各层次的培养目标也不尽相同，表述上也不尽一致，但是美国研究型大学的专业学

① 胡森，施良方. 论教育质量（特约稿）［J］. 华东师范大学学报（教育科学版），1987（3）：1-10.

② 文辅相. 中国高等教育目标论［M］. 武汉：华中理工大学出版社，1995：16-24.

位人才培养有着共同的内涵和理念，注重培养实践能力，职业导向突出。在美国专业学位研究生的培养目标中，往往突出人才应具备的专业能力，从而与某一行业对劳动力的需求相适应，满足各行各业对人才的需求，也使学生对专业发展形成更清晰的认识，选择适合自己的专业学位项目。

第二节　专业人才的培养过程

一、招生要求

美国的研究生入学招生工作主要由各大学负责，招生要求具有较大的灵活性和自主性。就一般的招生要求而言，专业学位研究生招生与学术型学位招生的区别在于，学术学位注重考查申请人以往的学业成绩、学术研究能力及掌握理论的深度和广度，而专业学位更注重申请人的专业知识和实践经验，有的专业需要参加专业入学测试。① 美国研究型大学专业学位项目的招生要求在总体上有相似之处，包括考核制与申请制相结合，重视面试，要求提供以往的成绩单、GRE 成绩、英语标准化测试成绩、推荐信等，招生时除了关注学生的学业表现，也关注学生的实践能力、沟通能力等。除了学校官方给出的基本要求外，学校也会综合考虑申请人各方面的综合表现，择优录取。在招生过程中，申请人之间的竞争十分激烈，尤其是研究型大学的入学竞争更是如此。

在实际中，申请专业硕士学位或专业博士学位的学生的基本情况

---

① 周叶中，程斯辉，等. 研究生培养模式改革研究［M］. 北京：人民教育出版社，2013：144-146.

通常比申请学术型学位的学生情况更为复杂，尤其是专业博士学位的申请人，在学习经历、工作经历等方面的差异明显。首先，学生可能有不同的本科或硕士阶段的学习经历，同时学生此前学习的学科专业也有可能与申请的专业硕士、专业博士的学科专业不同。其次，由于许多学生已经有工作经验，并且可能在几年前就已经完成了基本的职业培训，学生们可能拥有不同的职业证书和背景。因此，在专业学位研究生的招生过程中，考试成绩作为考核指标的作用是有限的，或者说只是建立了最低门槛。从另一个角度来看，学生以往的工作经验和对未来的职业规划可能是更为重要的考察因素。

专业博士项目和学术博士项目招生的考核标准有明显区别。学术型博士项目通常是为了培养最优秀的研究者，招收的学生一般具有扎实的专业基础知识，同时对科学研究具有较高的热情。相比之下，专业博士项目的申请人可能更多地受社会需求或就业需求的驱动。尽管有些专业博士项目的学生可能会毕业后继续在大学任教，成为专业学位项目的下一代教师，但大部分的毕业生倾向于在他们的职业领域里担任更高级的职位。因此，就业和长期的职业规划，特别是在专业领域内的领导地位，是攻读专业博士学位项目的学生的重要目标。专业博士项目的招生可能需要评估和考虑学生能够顺利获得学位的可能性，攻读专业博士学位的学生由于本身职业和工作的原因，可能受到更多因素和变动的影响。因此，专业博士项目在招生录取时可能更注重于接纳专业博士项目完成度更高的学生，而不是排除大量的申请者。同时专业学位项目可能会在其学术资源允许的范围内尽可能多地招收合格的学生，以此作为对社会和市场需求的合理回应。

二、课程教学

课程教学是人才培养中的重要方式。设置课程、确定合适的教学内容是课程教学中极其重要的一环，专业学位项目的教师应该清楚地知道学生要学习哪些内容。除了教授专业必备的理论知识、提供多样的选修课程之外，了解学生的基础和兴趣也是提高课程满意度的方式之一。分析和确定学生将要学习的内容首先需要确定学生已经知道的知识，接着制订课程教学计划，以及确定可以通过什么样的方式和安排使学生掌握新的内容，以帮助他们提升专业知识水平。例如，纽约大学职业治疗专业博士项目的课程设置基于美国职业治疗协会（American Occupational Therapy Association）提出的5个能力标准——知识、批判性推理、人际技能、表现技能和道德实践，使用美国职业治疗协会的职业发展工具，围绕这些能力评估学生的学习需求和兴趣，在学生自我评估的基础上，使学生确定学习目标。每个学生都会被分配到一位终身制教授和一位实践教授，在教授的指导下进行专业学习。该项目通过这种方式增加了专业知识学习的针对性和有效性，鼓励学生在他们的专业知识的基础上，掌握各种方法进行专业实践。

在专业学位研究生课程设计上，人们越来越希望专业学位教育的内容能够反映当前的社会需求和学生的个人发展需求。尽管一些教育学家指出，课程设计是一种内容中立的活动，但另一些教育学家则强调课程的社会构建维度。当前许多专业学位课程设计更加注重灵活性，为学生和课程开发者带来了更多选择的同时也带来了新的挑战。由于专业学位强调在广泛的社会背景中学习专业知识、进行专业交流实践和建立社会关系等，其课程教学也超出了高等教育机构的范围，常常延伸到工作和其他社会环境中。有些学校在为学生制订课程学习计划时，考虑到学生以前的教育背景和工作经历，允许学生灵活地选择课程。如果学生拥有多年的工作经验，那么专业学位项目就需要创造新的学习环境，开发具有挑战性的、体验性的、吸引人的课程。与此同时，越来越多的专业学位课程涉及跨学科的内容，并且跨学科知识的应用程度可能高于传统的学术型学位中的知识内容。

课程设置还需要考虑诸如课程类型、时间安排、课程教学和评估等活动，需要系统的规划和协调。课程类型通常包括基础课程、核心课程、选修课程等，各学科的课程比例有所不同，学生有较大的选课自由。除此以外，通常需要研究方法课程。一般来说，专业学位的学生需要比学术型学位的学生掌握更多的研究方法，并且对各种研究方法有充分的了解，达到能够应用的程度，其目的是使学生有能力综合多种方法解决现实生活中的复杂问题，并且能够进行一定的自主探究。相比之下，某些学科的学术型研究生只需要掌握范围相对较小的研究方法，解决其研究领域之内的问题，同时注重研究的深度。

教学始终是人才培养极为重要的环节。研究生阶段的教学与本科阶段的教学显然不同。一般来说，本科阶段需要讲授的内容较多，教师对所讲授的内容有较为深厚的理解，对学生的掌握情况能够形成一定的预期。进入硕士阶段，这种情况则不尽相同。学生需要通过课程学习深化对知识的理解，同时也应初步掌握研究技能，学生背景的差异可能导致对所学内容更加差异化的理解。然而到了博士阶段，课程教学则完全是另一回事了。对博士生的教学过程不能再被看作是知识、技能和方法的简单传授，这种模式是对教学的过度简化，虽然在某些领域和某个阶段中这种教学传授具有一定有效性，但是在博士生培养阶段，采用完全不同的教学模式和方法很有必要也更为合适。教学在专业学位研究生培养中应当是一个指导和辅导的问题，而不是一个说教的传递过程。因此在许多方面，导师和学生之间的关系更为重要，在这一点上，教学和研究之间的界限是模糊的。

专业学位研究生课程的教学方式灵活多样，以增加学生的兴趣和积极性。专题探讨、现场研究及网络教学等形式的应用，能够增强专业学位研究生项目的教学效果。研究生课程常采用小组授课的方式，正式的教学需要有一定的小组规模，这样才具有成本效益，并且很多大学都采用模块化的教学方法。许多专业学位项目有一个共同的特点，那就是采用群组（cohort）教学的方式，即将同一批被录取的学生分成不同的群组，群组内的学生将一起完成他们的学习计划。通过这种方式为学生打造了一个“学习共同体”，使学生不仅在课程中相互学习，而且项目中能够相互支持，共同完成任务和项目。有学者发现学习团体对成年学习者有特别的吸引力，因为这种形式能够获得同伴支持。① 学生不是被动地接受知识，而是通过合作构建知识，这种建构建立在他们已有的知识的基础上。从另一个角度来看，群组内的交流学习活动能够增强学生的社会存在感、归属感，增强学生的学习体验，通过促进学习者的社会性交流和互动提高学习质量，也能够提高专业学位研究生项目的效果。已有研究表明，群组模式中的深入讨论有利于改善学生的交流学习，而作为各行各业的未来领导者，交流和合作能力无疑是必需的。这种群组教学方式不仅对专业学位项目来说十分合适，在其他的学位项目中也受到欢迎。

专业学位的课程教学还需要考虑如何应用合适的教学策略和灵活多样的教学方法，以及如何发展在线课程等。专业学位研究生课程教学中常采用的教学方法包括以下 3 种。

（一）基于问题的学习

专业学位项目中的学生们经常在团队中工作，需要解决非结构化的、开放的现实问题。基于问题的学习始于学生面对一个开放的、无结构的、真实的问题，通常需要学生界定问题、做出假设，弄清楚他们知道什么和需要确定什么，并且以团队的形式来确定学习需求和开发一个可行的解决方案。在这个过程中，学生通过寻找和利用与问题相关的资料来学习知识，从整个问题解决的过程中总结经验教训。教

① DONALDSON J F, SCRIBNER J P. Instructional cohorts and learning: ironic uses of a social system[J]. Journal of school leadership, 2003, 13(6): 644-665.

师在其中更多地起到指导的作用，为学生提供建议或帮助，引导学生自己获得所需的信息。课堂时间可以用于各小组报告他们在问题上的进展，列出他们目前的学习问题和工作计划，提供关于问题的小型讲座，提出额外的学习问题，以及全班讨论等。一个精心设计的问题可以引导学生使用课程内容和方法，说明基本原理、概念和程序，也许可以引导学生自己推断这些内容，而不是直接从教师那里获得，让学生参与到高阶学习的各种反思和活动中。问题的范围可能有很大不同，可能是单一学科问题或多学科问题，解决问题所需的时间也不同。一项基于问题的学习的有效性分析表明，在常规教学中，学生可能在短期内获得更多的知识，但是在基于问题的学习中，学生可能会保留更多的知识。① 也就是说，基于问题的学习能够对学生产生更深刻、持久的影响。专业学位研究生项目的重点是培养能够在不同的组织环境中解决复杂的现实问题的专业人员，基于问题的学习对发展专业人才的各种能力具有积极作用，包括解决问题的能力、设计策略的能力、团队合作的能力等。② 基于问题的学习被广泛用于医学、建筑学、心理学、管理学等领域。

（二）案例学习法

在基于案例的教学中，学生需要分析实际的或假设的案例。例如工程教育中的案例包括对工程活动、事件或问题的描述，包含工程师实际遇到的一些复杂情境，在法律、医学、管理、教师教育等其他领域也广泛使用案例进行专业培训。案例代表专业实践中可能遇到的情况，案例描述一般包括发生了什么、导致了什么问题和挑战、可用的资源和限制、做出的决定、采取的行动及结果等。各专业领域的案例

---

① DOCHY F, SEGERS M, VAN DEN BOSSCHE P, et al. Effects of problem-based learning: a meta-analysis[J]. Learning andinstruction, 2003, 13(5): 533-568.

② PRINCE M J, FELDER R M. Inductive teaching and learning methods: definition, comparisons, and research bases[J]. Journal of engineering education, 2006, 95(2): 123-138.

通常涉及多个不同类型的挑战，如诊断技术问题，制定解决策略，考虑到技术和经济以及可能的社会、道德、心理因素后做出管理决策等。在分析复杂的真实案例时，学生通过对案例的分析可以获得解决问题的思路。学生需要对案例提出自己的看法，或者查阅相关文献，提出不同解决方案并进行评估。学生会意识到他们作为专业人士可能不得不面对各种情况和困境，获得对其学科的理论和实践理解，发展批判性推理能力，对已有的成见、观念、行为模式进行必要的调整以适应案例的实际情况，随着对案例的深入认识和评估，学生可能会有更大的收获。此外，有研究表明案例教学法对教师和学生的态度、课堂出勤率和教师对学习成果的看法有积极影响。[①]

（三）探究学习法

探究式学习是一个动态的过程，它以探究方式来认识和理解真实的世界，并且以知识在实际中的运作为线索。[②] 探究式的学习法要求学习者积极地参与知识构建。在探究式学习中，学生需要应对一个挑战，诸如一个问题或一个研究的想法，在应对挑战的过程中完成预期的学习。如果该方法得到有效实施，学生应该学会提出好的问题，识别和收集适当的证据，系统地展示、分析和解释结果，提出结论，并且评价这些结论的价值和重要性。[③] 同样的说法也可以用在基于问题的学习、发现学习、某些形式的基于案例的教学上，所以探究学习可以被认为是一个总的类别，包含了其他几种归纳教学方法。探究学习还包括各种技术，它们之间有很大的不同，例如结构化探究，即给学生一

---

① LUNDEBERG M, YADAV A. Assessment of case study teaching: where do we go from here?: Part Ⅱ[J]. Journal of college science teaching, 2006, 35(6): 8-13.

② FRIESEN S. Inquiry-based learning[M]//RICHEY R C. Encyclopedia of terminology for educational and communications and technology. New York: Springer, 2013: 153-155.

③ LEE V S. Teaching and learning through inquiry[M]. Sterling: Stylus Publishing, 2004: 10.

个问题和解决该问题的大纲；引导式探究，即学生必须弄清解决方法；开放式探究，即学生必须自己制定问题。[①] 在探究式学习中，问题可以由教师或学生提出，教师在过程中承担一种促进者的角色。探究性学习在学术成就、学生认知、过程技能和分析能力方面将产生明显的积极作用，[②] 还能够提高批判性思维能力和实验技能。

上述3种教学方法有着共同的特点：首先，都是以学习者为中心，与传统的以讲授为基础的方法相比，能够让学生对自己的学习承担更多的责任，学生通过将新的信息纳入现有的认知结构来学习；其次，这些方法都可以被描述为建构主义方法，即学生构建他们自己的知识，而不是简单地吸收教师提供的内容；另外，以上方法既涉及主动学习，即学生在课堂上讨论问题和解决问题，也涉及合作学习，课堂内外的大部分工作由学生分组完成。

三、专业实践

专业实习在专业学位研究生培养中占较大比例，一般专业学位项目对实习都十分重视，并且有着严格要求。学校为学生安排的实习有多种形式，例如项目实习、案例调查、实验室工作等，实习模式有校企合作、产学研合作等。专业实习为学生进入特定的商业领域或公司企业提供了机会，部分学生在毕业后有机会留在实习公司任职。

2010年美国大学协会对雇主的一项调查显示，84%的雇主期望学

---

① STAVER J R，BAY M. Analysis of the project synthesis goal cluster orientation and inquiry emphasis of elementary science textbooks[J]. Journal of research in science teaching，1987，24(7)：629-643.

② SHYMANSKY J A，HEDGES L V，WOODWORTH G. A reassessment of the effects of inquiry-based science curricula of the 60's on student performance[J]. Journal of research in science teaching，1990，27(2)：127-144.

生在毕业前完成一个重要的项目，以证明他们在专业上的知识深度及对分析、解决问题和沟通技巧的掌握，59%的雇主认为毕业生需要兼具广泛的知识和特定的职业技能。① 相对于专业学位，学术学位研究生的知识面往往较窄且专门化，除从事科研外，很少能直接适用于雇主的要求，并且学生通常独自进行研究实验，与他人的合作较少，这可能会降低学生的团队合作、企业沟通和灵活性等专业技能的发展，还可能缺少职业生涯中所需的关键的人际网络，因此学术型学位研究生与社会需求的依存关系受到质疑。② 专业学位教育有助于解决这些问题，它直接与学生的职业发展和未来的就业能力相关联，而实现这一点的重要环节就是专业实践。

专业学位研究生项目的实习是区别于传统学术型学位研究生项目的显著特点。学术型研究生的课题基本上是学术研究，通常与导师的研究工作有直接关系。此外，由于学术型研究生基本上进行的是个人研究项目，学术导师一般参与关于研究规划的初步讨论。专业学位研究生项目中研究与实习的关系密切，研究是在实习环境中进行的，研究或实习的主题与专业实践有关，而不是扎根于学术研究。发展专业学位的主要动力之一，是培养出高水平的专业人才，能够采用合适的研究的方法来处理各行各业所面临的一些复杂问题。正因如此，专业学位研究生项目中的研究内容通常是在专业背景下进行的，并且与学生个人及合作的实习机构的需求相关。虽然在提供专业博士学位的学科领域中，研究问题可能会有重叠，但是更多的专业学位研究生完全或主要是在其工作中进行研究。这将影响研究和实践的构建方式，这种实习项目可能是一项单一的工作，也可能是一个大的合作项目中的

---

① Hart Research Associates. Raising the bar: employers' views on college learning in the wake of the economic downturn[R]. Washington, DC: Hart Research Associates, 2010: 7-8.

② JONES M L. Contemporary trends in professional doctorates[J]. Studies in higher education, 2018, 43(5): 814-825.

一部分，又或者一些专业博士的实践是以一些较小的项目为基础，再由一个主题联系起来。

在实习的指导和监督方面，专业学位实习环节多由实践导师主要负责，实践导师在这个过程中可能会提供更多的帮助。学术的作用是确保实践工作具有适当的研究重点，但是对实际工作的影响可能较小。专业学位的实践导师这一角色是复杂的，与学术学位研究生的导师、专业学位研究生的校内导师都不同。在专业学位项目中，实践导师可能被视为顾问、开发者和推广者，而不仅仅是研究者，他们作为教师的认可度可能更多地来自于对实践的参与。实践导师需要为学生提供指导，但同时这种指导或干预必须是有限的，实践项目应该给学生足够的操作自由，让他们的技能、知识和领导能力真正发挥作用。此外，专业学位项目的学术导师应当与实践导师建立联系。

四、毕业考核

一般的学术型研究生项目首先安排课程学习，通常为期 1—2 学年，然后学生要参加学位候选人资格考试或初步考试，以测试其对该领域的掌握程度和对毕业论文的准备情况。学生在完成学位论文后需要在学位委员会面前进行论文答辩，委员会一般由 3—5 名该领域的专家或教师组成，其中至少有 1 名教师来自该机构之外。美国学术型学位的培养模式传统深厚，一般要求学生在选定研究领域的相关领域完成高级课程的学习，然后在课程委员会的指导下完成相关学科的研究和学术论文。

相比之下，专业学位项目的课程学习时间一般少于学术型学位项目且弱化独立研究，一般来说，专业学位研究生的培养计划和学术型研究生项目培养计划的基本结构一样，主要的区别在于研究、实践和顶点项目的形式。专业学位研究生实践项目的最终成果通常是一份书面报告，以证明学生对相关领域专业知识的掌握，并且能够将理论与具体的实践经验联系起来，也有一些专业学位项目仍以论文为毕业要求。毕业项目并不是毕业论文的简化和简单替代，实际上，毕业项目并不比毕业论文轻松，学生需要投入大量时间和精力到项目中去，完成自己的工作，在实践中锻炼自己的专业能力，并且提交一份合格的项目报告，这份书面报告将成为学生答辩的主题。专业学位研究生项目的答辩委员会一般包括研究导师和实践导师，委员会的规模将根据项目的要求和机构的规定而变化。

传统上，学术研究一般有原创性的要求，原创性的研究通常产生新的知识，是对学术知识的丰富。然而，越来越多的学位类型使人们对原创性的概念提出疑问。学术型博士学位的重点是学术研究，因此对原创性的要求毋庸置疑，专业博士则不同，在各学科领域和范围中，专业博士的研究内容通常侧重于专业实践，因此，传统的学术原创性要求在实际中可能有不同的表现形式，体现为采用新的方法、改进现实情况等。专业学位研究生的研究工作有可能对理论的应用方式或专业内的实践性质做出原创性贡献，应该说这种对原创性的解释更适用于专业学位。因此，专业学位项目对研究生的考核应适应专业学位的专业性和实践性的特点。

不同于学术型学位对毕业论文的要求，专业学位研究生项目的毕业要求更加多样灵活，根据学科专业、学校和导师的不同要求确定合适的形式。然而在许多同时开设专业博士学位项目和学术博士学位项目的大学中，其项目的投入、过程和结果都非常相似。为了进行区分，也为了提供更适合于专业学位的考核方式，许多大学采用了代替学位论文的形式，例如专题论文组、作品集和顶点项目等。其中，作品集是一些专业学位项目常见的毕业要求形式。对专业学位的学生来说，作品集是展示他们在攻读学位时获得和应用的知识的绝佳工具之一。通过作品集，学生们将展示他们是如何把在课程中所学到的知识和技能与他们的专业实践领域相结合。制作作品集一般包括以下 3 个步骤：首先，学生完成对实践项目的分析，以确定符合其专业领域的职业目标；然后，学生利用他们的学术课程和实践经验收集作品，来证明自己在该项目中获得的知识、技术和能力的进步；最后，学生对他们的作品集进行组织编排。实际上，专业学位研究生的成果丰富多样，可能涉及课程的开发、学习或教学材料、综合项目评估、政策简报、文章、书籍等。

第三节　专业项目的组织管理

美国研究生院理事会在 2006 年发布了《专业博士学位工作小组报告》（“Task Force Report on the Professional Doctorate”），该报告的目的是希望推动关于专业博士学位教育的讨论。在谈及专业学位项目的相关组织和机构及可能的发展方向时，报告指出在大学内部应关注的几个问题：大学系统应该发布明确的指导方针，将专业博士学位与大学的具体任务联系起来，应该鼓励大学之间的合作，为公众服务，并且有效地利用资源；各个大学应该制定政策和程序，确保专业博士学位的发展和评估与大学的使命和学术质量的最高标准相一致；研究生院院长应该发挥更大的作用，在大学的研究生教育中发挥领导作用，开展讨论、制定政策和程序，使大学内的学术团体、组织、机构和教师们了解不同类型的学位项目的相对优点。①

专业学位研究生项目的管理方式通常与学术型研究生项目相同，资源归属某个学科部门或院系，主要管理责任由该部门承担。在专业学位研究生项目实际的组织、管理和运行过程中，需要考虑更多的现

① Council of Graduate Schools. Task force report on the professional doctorate[R]. Washington, DC: Council of Graduate Schools, 2007: 32.

实因素。通常来说，在考虑设置一个专业学位研究生项目时，要从学校角度、市场角度、学生角度入手。

专业学位项目的利益相关者及其诉求更为复杂，不同的利益相关者对专业学位研究生项目成功与否的衡量有着不同的视角。因此，成功的专业学位研究生项目需要提供更多、更全面的功能以满足各方面需求，包括灵活的学习方式、多样化的证书、实践经验、跨学科的内容和方法等，增加获得学位的便利性和学位的价值。然而实际上，同时满足这些需求可能存在一定的张力。例如，更加灵活的非全日制课程可能需要学生用更长的时间来完成，授课方式和时间的改变也可能影响到项目的收费。

对大学来说，开设专业学位研究生项目首先也是最主要要考虑的因素就是费用问题。在大多数大学，发展专业的研究生项目是大幅度增加学费收入的最快、最容易的方法。平均来说，启动一个新的专业硕士项目需要 18 个月的时间，远远少于通过其他渠道实现类似的学费收入增长所需的时间。专业学位项目的市场需求更大，项目学费定价具有更大灵活性，另外还能够通过聘用兼职教师来减少教学方面的成本等。

其次，市场需求是开设专业学位项目需要重点考虑的问题之一。近年来，美国出现了越来越多的新兴领域的专业学位项目（见表 3-3-1）。开设新的专业学位项目，需要时刻关注市场和行业的动态。传统上，大学依靠行业咨询委员会、统计局的数据及学生调查来指导新项目设置和决策，而对于这些变动较快的利基项目，院校需要更为详细和准确的信息，了解各行各业雇主对劳动力技能要求的新趋势，以及不同类型的雇主和特定地理区域的人才需求的波动情况等。

美国研究型大学在专业学位项目的组织管理上有着较大的灵活性和自主性，学校可根据自身情况组织设立专业学位。近年来，线上的专业学位项目不断增加并受到学生的欢迎。专业学位项目的学生中有一部分是某一行业的从业人员，他们都希望在自己的领域里有所发展，并且减少地点限制或时间限制。线上授课的形式时间更为灵活，课程内容和教学方法能够实现标准化和模块化。专业学位项目中的实践训练通常在校外进行，与线上的课程学习并不冲突且更容易协调。由于这些原因，从一开始就有建议设立线上专业学位项目，或者一些原本为线下进行的项目也转移到线上，或者线上线下同步进行。

表 3-3-1　部分新兴和热门专业硕士项目①

序号	项目名称	序号	项目名称	序号	项目名称
1	信息传媒	9	数据分析	17	情报分析
2	生物防卫	10	数字化建设	18	机械电子工程
3	生物信息学	11	新兴媒介	19	护理信息
4	计算机语言	12	地理设计	20	在线教育
5	建筑管理	13	地理信息	21	质量工程
6	信息物理系统	14	健康护理分析	22	可再生能源
7	工程管理	15	健康信息学	23	社交媒体管理
8	网络安全	16	人机交互	24	可持续发展管理

除了大学内部对专业项目的组织管理之外，外部组织、机构、协会对专业学位项目的开设、组织、管理等也产生一定的影响。例如，美国专业和职业认证机构协会曾经为设置专业博士学位的机构提出了 7 条指导方针：第一，在可能的情况下，专业博士学位的名称应该与该行业内普遍认同的名称一致；第二，明确专业博士项目的学习时间和攻读专业博士学位的先决条件，专业博士项目最好在完成学士学位基础上进行 3 个学年的学习；第三，明确专业博士学位的研究要求和奖学

① 根据美国研究型大学开设的专业学位项目整理。

金的设置；第四，明确专业博士学位的获得者在担任教职、晋升和任期的方面的规定和设置；第五，明确学校对持有专业博士学位的各级教员的要求；第六，在专业博士学位项目的发展过程中，应该尽早与学校管理者、专业和地区认证机构协商，明确授予学位的要求和资格；第七，授予专业博士学位的学校和项目必须有足够的资源和承诺来支持专业项目。

再如，美国研究生院理事会曾制定《PSM 教育计划设置指南》(*Guidelines for Professional Science Master's Programs*)，规定了 PSM 学位的学分、学位授予、质量要求等方面，同时与作为 PSM 管理机构的专业科学硕士教育联合会（National Professional Science Master's Association)、顾问团队一起形成教育质量评价体系，保障 PSM 项目申请前、培养过程中和毕业后的 3 个阶段的质量。① 专业科学硕士的组织管理相对统一和规范，PSM 项目组织一般包括以下几种分支：第一，专业科学硕士联合会。它是由专业科学硕士项目主管、教师、管理人员、行业代表、校友和学生组成的支持 PSM 计划的合作组织，它使企业、公司、非营利组织、政府机构和贸易协会参与制订研究生计划，为 PSM 学生和毕业生提供实习和就业机会。第二，专业科学硕士项目需设立专门的咨询委员会。委员会由企业、商业、政府等组织的领导者构成，他们有着丰富的经验，对项目的方案制定、课程开发等提供有价值和针对性的意见。② 第三，专业科学硕士项目通常设有项目负责人，个别的专业科学硕士项目主任负责项目的部门工作，为学生提供一些建议，负责科学课程，并且协助中心办公室的营销和招聘工作等。

---

① 李彦武，陈瑶，邵福球，等. 美国专业科学硕士教育质量保障体系初探［J］. 研究生教育究，2011（4）：91-95.

② 李旭. 美国专业科学硕士（PSM）项目发展的动因、特点及问题［J］. 学位与研究生教育，2015（10）：65-71.

第四节　专业人才质量保障体系

教育认证是美国保障教育质量的重要方式。美国对教育机构的认证始于19世纪80年代，但只是在区域层面上，直到20世纪初才正式确立了国家认证标准。第二次世界大战后，教育认证开始在高等教育领域发挥更大的作用。认证是一个同行审查过程，教育机构因保持高标准的教育质量而得到承认和认可。这一过程由各种认证委员会及其成员机构（例如大学和学院）组织和管理。联邦政府具有认可社会认证组织的权力，州政府则主要负责制定本州内高等教育的质量评估政策、内容，为院校颁发资格证书以保障其最低教育质量。美国教育部和高等教育认证委员会（Council for Higher Education Accreditation）是监督美国高等教育认证的两个主要政府组织，二者不直接参与认证的实际过程，而是提供资源、指南和有关认证机构的信息。

美国国家教育认证机构共50多个，通常专注于特定类型的项目或培训领域。例如，美国牙科资格认证委员会（Commission on Dental Accreditation）只有权对牙科学校和项目进行认证。在这50多个国家认证机构中，只有5个是一般性质的（见表3-4-1）。另有六大区域认证机构（见表3-4-2），负责评估其区域内大多数的教育机构，包括所有小学、中学和中学后的教育机构。

除了国家认证和区域认证之外，美国教育部和高等教育委员会还认可了一些专业和专门的认证机构，隶属于专业协会。这些专业认证机构在美国专业学位研究生教育的质量保障中起到了不可或缺的作用。对专业学位教育质量的保障可以分为外部保障和内部保障两部分，分别由认证机构和高校负责进行。

表 3-4-1　美国一般性国家教育认证机构①

序号	机构名称	
1	Distance Education and Training Council	远程教育与培训委员会
2	Accrediting Council for Independent Colleges and Schools	独立学院和学校认证委员会
3	Accrediting Commission of Career Schools and Colleges	职业学校和学院认证委员会
4	Accrediting Council for Continuing Education and Training	继续教育和培训认证委员会
5	Council on Occupational Education	职业教育委员会

表 3-4-2　美国六大区域认证委员会协会②

序号	协会名称	
1	Middle States Commission on Higher Education	中部州高等教育委员会
2	New England Association of Schools and Colleges Commission on Institutions of Higher Education	新英格兰学校和学院协会和高等教育机构委员会
3	North Central Association of Colleges and Schools The Higher Learning Commission	中北部学院协会和高等教育委员会
4	Northwest Commission on Colleges & Universities	西北学院和大学委员会
5	Western Association of Schools and Colleges	西部学校和学院协会
6	Southern Association of Colleges and Schools Commission on Colleges	南方学院和学校协会

① Education Conor. Accreditation in higher education[EB/OL]. [2022-9-20]. https://www. educationcorner. com/higher-education-accreditation. html.

② Education Conor. Accreditation in higher education[EB/OL]. [2022-9-20]. https://www. educationcorner. com/higher-education-accreditation. html.

一、外部质量保障

外部质量保障主要依靠认证机构。为了保障、维持学校教学的基本质量，大学及开设的专业项目必须申请专门的认证机构进行认证，通过申请后才有资格办学。认证分两种基本类型，一种是机构认证（institutional accreditation)，另一种是专业或项目认证（specialized or programmatic accreditation)。机构认证适用于整个教育机构，表明一个机构有相应的资质。专业或项目认证通常适用于作为一个机构组成部分的项目、系或学院，专业认证侧重于特定知识和实践领域的标准，以及项目与这些标准的关系。有些认证机构同时承担两种类型的认证。在此，本书主要以建筑、医学、法律 3 个领域为例，对专业学位项目的认证进行介绍。

（一）建筑学项目认证

建筑学项目认证机构是全国建筑学认证委员会（National Architectural Accrediting Board，NAAB)，自 1957 年成立，建筑学认证委员会旨在推进教育质量保证标准和程序，预测学术项目、专业和社会的需求，以促进更好的建筑环境。NAAB 主要负责开发和维护专业学位教育的认证体系，提高建筑专业的价值、相关性和有效性。建筑学项目的认证是以周期进行的，周期可能从每几年到 8 年不等。认证是持续的，最初获得的认证并不意味着进入了无限期的认证状态，因此需要对项目进行定期审查。寻求认证的建筑项目必须符合 NAAB 规定的程序（见表 3-4-3）和标准（见表 3-4-4)。

表 3-4-3　建筑学认证委员会认证程序①

程序	要求	具体内容
1	自我研究	项目根据 NAAB 的认证条件和程序准备一份书面的绩效总结
2	同行评审	评审和现场考察由教育专家、从业人员、监管人员和学生组成的团队进行。评审团队将审查自我研究，并且在自我研究完成后担任审查项目的访问小组。除上述评审同行外，团队还可能包括公众成员（对建筑教育感兴趣的非学术人士）、项目赞助观察员或建筑学认证委员会观察员
3	准备访问小组报告	访问小组在访问结束后准备报告。该报告包括自上一次实地考察以来的进展情况、已满足的条件、未满足的条件及关注的原因。该小组向建筑学认证委员会董事会推荐认证期限
4	建筑学认证委员会董事会的行动	根据访问小组报告，建筑学认证委员会董事可以决定新项目的认证期限，重申对正在进行的项目的认证，或拒绝对一个项目的认证
5	持续的外部审查	建筑学项目随着时间的推移不断接受审查，审查周期从每几年到 8 年不等

表 3-4-4　建筑学认证委员会认证标准②

序号	标准	具体内容
1	职业道路	项目如何确保学生了解在美国获得建筑师执照的途径，该学科的技能和知识，为学生提供的职业机会
2	设计	项目如何向学生教授设计过程在塑造建筑环境中的作用，在设计过程、不同的环境和发展规模中整合多种因素的方法
3	生态知识和责任	该项目如何使学生形成对建筑环境和自然环境之间动态的、整体的理解，使学生能够在工作和宣传活动中利用生态、先进的建筑性能、适应和复原力原则，负责任地减轻气候变化带来的影响

---

① National Architectural Accrediting Board. Information[EB/OL]. [2022-10-8]. https://www.naab.org/accreditation/information/.

② National Architectural Accrediting Board. Conditions for accreditation 2020 edition [EB/OL]. [2022-10-8]. https://www.naab.org/wp-content/uploads/2020-NAAB-Conditions-for-Accreditation.pdf.

续表

序号	标准	具体内容
4	历史和理论	项目如何确保学生了解建筑和城市化的历史和理论
5	研究与创新	项目如何培养学生从事和参与建筑研究，测试和评估该领域的创新
6	领导与合作	项目如何确保学生了解在多学科团队、不同利益相关者，以及动态的社会背景下的领导方法，并且学习如何应用有效的合作技能来解决复杂的问题
7	学习和教学文化	项目如何搭建积极、尊重的环境，鼓励其教师、学生、行政人员和工作人员形成乐观精神，相互尊重、分享、参与和创新
8	社会公平和包容	项目如何促进和加深学生对不同文化和社会背景的理解，并且帮助学生在建筑环境中体现对不同背景、资源和能力的人的支持

除了基本的项目标准之外，学生的学习成果、课程设置和项目资源等方面也做了具体和明确的要求。例如，在学生的学习成果方面，项目需确保学生了解建筑环境对人类健康、安全和福利的影响，以及建筑、城市的多种规模；使学生了解职业道德、监管要求、与美国建筑实践相关的基本业务流程，以及影响这些方面的因素；使学生了解生命安全的基本原则、土地使用、适用于美国建筑和场地的现行法律法规，以及建筑师在项目中遵守这些法律法规的评估过程，了解既定的和新出现的建筑施工系统、技术和装配，以及建筑师用来评估这些技术与项目的设计、经济和性能目标的方法和标准；培养学生在建筑项目中的设计决策，能够对用户要求、法规要求、场地条件和无障碍设计等进行综合考虑，并且考虑其设计决策对环境的影响；培养学生对建筑围护系统和组件、结构系统、环境控制系统、生命安全系统及建筑性能的可测量结果的整合。

此外，按照 NAAB 规定的要求，项目还需要提供：第一，课程教学大纲。必须清楚地阐明该课程的学生学习成果目标、评估方法（例如测试、项目作业），以及教师用来确定学生成绩的每种评估工具的相对比重。第二，课程表。清楚地说明课堂上所涉及的主题，以及每个课程分主题所需的时间。第三，辅助材料。说明课程中使用的教学材料，包括必读书目、讲座材料、实地考察、研讨会说明，以及课程中的其他材料的摘要。

（二）医学项目认证

医学教育联络委员会（Liaison Committee on Medical Education）成立于 1942 年，是由美国教育部和世界医学教育联合会（World Federation for Medical Education）认可的为医学教育项目提供认证的机构。① 医学教育联络委员会对在美国授予医学博士学位（Doctor of Medicine,M. D.）的完整和独立的医学教育项目进行认证。医学教育联络委员会为公众和在这些项目中注册的医学生的利益服务，评判医学教育项目是否符合全国公认的教育质量标准。为了获得和保持认证，在美国授予医学博士学位的医学教育项目必须符合认证的标准要求。

医学教育联络委员会的成员包括 3 类：一类是专业人员，即医学教育工作者或执业医生，共 17 人；另一类是学生成员，两名医学专业学生；还有一类是公众成员，由秘书处负责招聘两人。专业人士和公众人士的任期为 3 年，可续期 1 次，学生成员任期 1 年。所有成员均免费为委员会服务，成员的多样性有利于收集多方诉求，以及认证的公开公正。

医学教育联络委员会要求一个医学教育项目满足完整和独立两个基本条件。所谓完整，即“该项目提供所有必要的教学单元（课程和实习/课程或实习）和任何必要的选修活动，以便学生从最初进入该项目到获得医学博士学位的时间内完成所有的学位要求”②；所谓独立，

---

① Liaison Committee on Medical Education. About[EB/OL]. [2022-10-10]. https://lcme. org/about/.

② Liaison Committee on Medical Education. Accreditation process overview[EB/OL]. [2022-10-10]. https://lcme. org/about/accreditation-process-overview/.

即“该项目由区域性认证的高等教育机构运作，该机构由美国适当的法律机构特许，并且表现出足够的支持和资源，能够自己遵守所有医学教育联络委员会认证要求”。①

医学教育联络委员会的认证过程主要包括 5 个环节：第一，接收申请者和候选择；第二，获得初步评审资格；第三，接收临时认证；第四，接收完全认证的第一次全面调查访问；第五，接受完全认证的第二次全面调查访问。已建立的医学教育项目通常每 8 年进行一次自我研究和全面调查访问。医学教育联络委员会如果对医学教育项目的可持续性或质量有疑问，可以要求在不到 8 年的时间里进行一次全面调查。

医学教育联络委员会提出的《医学院的功能和结构》（*Functions and Structure of a Medical School*）中共有 12 项标准（见表 3-4-5），每一项都做出了具体的规定。医学教育联络委员会在确定项目是否符合该标准时，将考虑与某一特定标准相关的所有要素的表现。总体而言，认证要求医学教育项目保证其毕业生表现出适合进入下一阶段培训的专业能力，并且具有终身学习和熟练的医疗护理基础。

表 3-4-5 《医学院的功能和结构》认证标准②

序号	认证标准
1	使命、规划、组织和诚信
2	领导和管理
3	学术和学习环境
4	教师准备、生产力、参与和政策

① Liaison Committee on Medical Education. Accreditation process overview[EB/OL]. [2022-10-10]. https://lcme. org/about/accreditation-process-overview/.

② Liaison Committee on Medical Education. Functions and structure of a medical school [EB/OL]. [2022-10-10]. https://medicine. vtc. vt. edu/content/dam/medicine_vtc_vt_edu/about/accreditation/2018-19_Functions-and-Structure. pdf.

续表

序号	认证标准
5	教育资源和基础设施
6	能力、课程目标和课程设计
7	课程内容
8	课程管理、评估和改进
9	教学、监督、评估以及学生和病人安全
10	医学生的选择、分配和进展
11	医学生学术支持、职业指导和教育记录
12	医学生健康服务、个人咨询和财政援助服务

（三）法律项目认证

美国律师协会（American Bar Association）是美国教育部认可的为法律博士项目提供认证的机构。除了极少数例外，只有获得经过美国律师协会认证的法学院授予的法律博士学位的人才有资格参加律师资格考试。律师协会的认证和法律教育常务理事办公室负责管理认证，行政职能包括但不限于监督法学院现场评估小组的培训和任命，根据《法学院审批标准》收集法学院的数据，以及向理事会分发现场小组报告和其他相关认证材料等。

法律博士的认证主要分为临时认证（Provisional Approval）和完全认证（Full Approval）两个阶段。①

1. 临时认证

法学院在申请临时批准时需要证明其已基本符合标准，并且提出可靠的计划，在获得临时批准后 3 年内完全符合每项标准，则理事会应

① American Bar Association. Law school accreditation[EB/OL]. [2022-10-11]. https://www. americanbar. org/groups/legal_education/accreditation/.

给予临时批准。一所法学院在运作一年后才可以申请临时批准，临时批准的申请必须包括一份可行性研究报告、评估教育计划的性质和法学院的目标、可能申请的学生情况，以及创建和维持法学院所需的资源。此外，法学院还需提供年度调查表和一份自我研究报告。从认证的角度来看，被临时认证的法学院有权享受与被完全认证的法学院相同的权利。同样，从美国律师协会的角度来看，被临时认证的法学院的毕业生有权获得与被完全认证的法学院的毕业生同样的认可。

2. 完全认证

法学院的临时认证至少保持3年，要获得正式批准，法学院必须证明它完全符合每项标准。获得临时认证的法学院的各项进展将受到密切关注，在临时批准后的第二年和第四年，会有现场评估小组对该法学院进行访问，向法学院和理事会提交一份实地评估报告。完全认证程序与临时认证的程序相同，在获得完全认证的3年后，法学院要接受一次全面的现场评估，此后每10年进行一次。

美国律师协会认证标准包括以下7个方面：一般目的和做法，组织和管理，法律教育计划，师资，招生和学生服务，图书馆和信息资源，设施、设备和技术，① 对法律教育项目的认证做了细致的规定。认证结果对法学院有着极其重要的影响，如果一所法学院没有获得认证，那么它将失去政府的补助，学生将没有执业考试的资格，也无法办理贷款，这些都将严重影响法学院的正常运行。

美国律师协会通过认证的方式指导、规范法律博士的培养工作，并且在认证中做出规定：在招生入学环节，申请法律学位的人必须持有经过教育部认可的机构授予的学士学位，或者已经完成3/4的学业，申请人还需要参加入学考试，之后法学院还需要对学生的性格、健康

① American Bar Association. Standards[EB/OL]. [2022-10-11]. https://www.americanbar.org/groups/legal_education/resources/standards/.

状况和其他相关的条件进行考察。

在课程教学方面，法学院应保持严格的法律教育计划：必须包括一门职业责任课程，讲授职业行为规则、法律职业及其成员的价值和责任；至少提供两次写作训练并由教师指导；必须提供总计至少6个学时的体验课程，体验课程必须是模拟课程、法律诊所或实地实习等。

在师资方面，法学院教师的资格和经验应符合基本标准，在学术、教学或实践经验、教学效果和学术研究等方面具有较高的能力水平。法学院应拥有足够数量的全职教师，全职教师基本上教授学生前1/3的课程，并且课程应占所要求的总学分的1/2以上。全职教师承担2/3的学生指导工作。

图书馆需要为专业知识、资源和服务提供支持。图书馆应与法学院的教师、学生及行政部门保持直接、知情和回应的关系，与院长和教师合作，定期进行规划和评估，随时了解并支持法学院法律教育项目的发展等。

关于认证还涉及另外两个重要问题。第一个问题是一些大学的领导人认为，专业协会在认证过程中可能会涉及大学资源的考查。部分大学的管理者认为，学科认证应该局限于对质量的评估，特别是对确保公共利益的最低门槛的评估，而机构的资源的评估必须在整个机构的范围内做出。在这种情况下，大学和学科的价值评估可能会发生冲突，而不是相互补充。第二个问题涉及“认证工厂”，也就是那些以最低限度的审查提供认证的组织往往价格很高，各个学科经常有多个相互竞争的认证组织。高等教育认证委员会曾发布识别“认证工厂”的标准，大学的监管者及各研究生院长需要确保他们项目的学科认证来自最可靠的机构。教育机构和学科专业的价值都获得较高的认可和评价，是最理想化的情况。当然，现实中这些价值也会有发生分歧的时候，机构价值或学科价值中的一方面获得较高评价，而另一方面需要做出改进。若两方面的评价都不高，那么专业项目将受到质疑或面临关停。

二、内部质量保障

内部质量保障体系即学校内部对本校教育质量的掌控。外部审查与大学内部的审查有着不同的角度，学科认证审查适当地侧重于参考某一学科的专业实践的最低门槛，机构审查的重点是项目与机构使命、目标、资源的关系。大学会对新项目和现有项目进行自己的内部审查以支持内部决策，这些内部评估倾向于结合机构和学科二者的评估。

（一）项目评估

在大学内部进行项目评估，首先要考虑学校的使命和它的一系列特殊的优势和劣势。因此，同样的专业学位项目在不同的学校中可能面临不同的问题，学校也可能需要考虑不同的因素。即使在具有类似使命的机构中，不同的项目具有的价值也不同。研究型大学在提供专业学位项目方面有很大的优势，这些大学已经拥有授予学术硕士、学术博士学位的丰富经验。当专业学位和学术学位项目在一个学科领域内同时存在时，例如护理学博士和护理博士，就有可能形成强有力的优势互补。这些项目的目标和任务可以有所区别，而且不同研究方向的学生和教师之间可以进行互动和交流。在某些情况下，同时存在的两种学位项目可以为学生提供获取双学位的机会。专业学位项目在内部评估时也面临一些特有的问题。例如，研究型大学通常有深厚的校园文化，注重基础研究，学科基础深厚，因此可能存在对实践不够重视的情况。再如，教职制度之外的实践教师可能难以获得认可，因为实践经验不在任期和晋升的考虑范围内。这些因素可能会影响到专业学位项目的评估，专业项目可能难以建立自己的地位，被认为在学术水平上低于学术型学位，或者是对机构的核心价值和标准的威胁。

专业学位项目也需要适当地接受跨学科的机构审查。这些审查主要由研究生院负责，通常是与教职工委员会和教务长一起进行这项工作。研究生院是进行机构审查的理想场所，因为它们在机构的教育活动中具有跨越学科范围的独特地位。大学在对专业学位项目进行审查时，经常包括以下方面：项目开设的最低标准；项目的师资；该专业学位项目与相对应的学术型学位项目的区别和联系；该项目是否能够吸引优质学生；该项目的毕业生的水平，以及能否为担任专业实践领域的领导地位做好准备；该项目中对成果的评估；该项目对所在院系的贡献等。

（二）教学质量控制

大多数研究型大学都有精心设计的内部审查体系，并且有规定的审查周期。这些审查可能集中在各院系，同时审查专业项目及研究活动。大学内部审查通常更重视教师的声誉和研究活动，研究生学位项目质量的指标可能会受到特别的关注，尤其是录取标准、入学率、退学率、学位完成情况及就业情况。为了保障研究生教育的质量，除了学校方面的努力，大学也需要对学生提出要求，这体现在对学生的入学、培养目标、课程、毕业等环节的严格把控上。在入学要求方面，虽然各个院校的具体要求大同小异，但是在实际录取的过程中，各个院校的筛选要求十分严格。随着高校招生的国际化，入学标准的提高也意味着吸收更多优秀的国际人才。在具体的培养过程中，严格要求学生在各个环节的学习质量和成果是保障教育质量的重要一环。由于不同专业学位的培养目标有着明显的区别，培养过程也更加体现出个性化特征，学生需要达到的能力要求和毕业条件也更加具有针对性和区别性。

美国劳工部在对市场进行调查后提出从业人员应具备的能力和素质，其中“五种能力”是合理利用与支配资源的能力；处理人际关系的能力；获取并利用信息的能力；综合与系统分析的能力；运用各种技术的能力。“三种素质”包括基本技能、思维能力和个人品质。[①] 在美国研究型大学中，为了保障学生的质量、使学生具备与专业要求相匹配的能力，大学采取了课程评价、实践评价和综合评价等专业性评价方式。大学对学生的学业评价综合了学习过程和学习成果：课程评价即学生修读的课程的成绩，实践评价即对学生在实习期间的表现、实习成果和实习报告的评价，除了这两方面的具体评价之外，综合评价也关注学生就读期间整体的表现。以课程评价为例，其一般分为两类，一是课堂讨论、小组作业、课程考试、课程论文或案例分析报告等，如美国最常见的MBA课程的成绩构成包括小组作业、课堂发言情况、考试成绩和个人论文。二是由课程的平时成绩、期中成绩和期末成绩构成，各占1/3。[②] 成绩一般分为A、B、C、D 4个层次，按成绩好坏标记为A＋、A－、B＋、B－等。这种对学生各方面表现进行量化的评估方式也是教育质量保障的重要形式。

第五节　专业人才培养的支撑条件

一、师资力量

师资在人才培养当中无疑起到了重要的支撑作用，教师自身的学术水平、实践经验及教学方式，直接影响到教育的质量。在美国，教师主要可以分为校内导师、兼职导师、论文老师、项目导师、助教等。在美国，有大约30％的大学教职员工是终身教职，20％的大学教职员

---

① 国家教委教育发展与政策研究中心．发达国家教育改革的动向和趋势：第5集［M］．北京：人民教育出版社，1994：148-149.

② 田学真，张俊．美国专业学位研究生培养模式及其启示［J］．研究生教育研究，2012（3）：91-95.

工是全职的非终身制，50％的大学教职员工是兼职的非终身制。[①] 专业学位项目的师资组合可能与学术学位的师资有很大不同。学术型学位师资队伍全部或绝大部分由全职的教授、具有丰富研究成果的学者组成，而专业学位项目可以适当地调用一些具有研究和实践经验的师资。

（一）校内导师

校内导师的聘任有着严格的要求，教师自身要有一定的学术研究背景和成果，同时又要具备指导学生进行学习和研究的能力，学校往往会审查教师的研究经历、教学经历、科研成果等。在专业学位当中，校内导师的职责包括指导学生的理论学习、论文写作等，学校也会根据自身的师资条件和项目需求为学生安排教师。专业学位的教师不仅有着扎实的学术背景，而且具有丰富的实践经验，在学生的学业和实习方面的教导都能胜任，教师会结合课程和自己亲身经历传授给学生丰富的知识，使教学更加具有综合性。

以法律专业项目为例，校内全职教师的工作主要包括：教学、为学生提供有关课程的指导，评估学生在这些课程中的表现，并且保持对所教科目的关注；参与学术指导，创造学生和教师可以发表意见和交流思想的氛围，并且评估学生在法学院的学习情况；从事法学院规定的学术研究；参与法学院和大学所需要的其他工作，包括参与法学院的管理、课程开发，以及其他机构职责；承担法律行业的服务，例如与法官和执业律师合作等，以及为公众提供法律服务等。此外，为了确保教学效果，法学院还将对新教师进行指导，设置教师委员会，开设有效教学的座谈会，使用创造性的教学方法等。再如，哈佛大学教育研究生院的教职员工由一群出色的学者、研究人员和政策制定者组成，从事与教育相关的研究、政策制定和实施、实践方面的研究，

---

① YAKOBOSKI P J. Adjunct views of adjunct position[J]. Change：the magazine of higher learning，2016，48(3)：54-59.

积极致力于改善教育状况。哈佛大学教育研究生院的学生能够与这些优秀的教师、学者一起学习和工作，他们还可以跟随学校其他学院的老师们学习，来自不同学院的老师们将为学生提供更加丰富的资源和不同的思考角度，通过相互协作为学生提供更具挑战性和连贯性的学习经验。

（二）校外导师

校外导师即兼职导师，他们的任命一般需要学院院长的批准。对于实践导师的选择，大学不应该仅仅寻找那些愿意的人作为实践导师，也应寻找那些拥有实践经验且擅长对经验进行反思的专业人员。

对专业学位项目而言，实践导师一般是在某个领域的企业、机构或政府部门担任一定职务，具有一定的研究水平和实践经验。例如，一些医学博士项目强调临床实习是培训中的一个关键因素，这些学生的实习通常由实习所在的医院的临床医生而不是学校的研究人员监督。校外导师的职责主要是对专业学位学生的实践方面提供指导，有时也可以教授不同层次的课程，在学生的实习过程中通常可以指导学生的实习工作、制订计划，甚至参与到项目中指导学生的具体项目工作和论文。以建筑学为例，校外导师往往是著名的建筑师、建筑设计团体等。加州大学伯克利分校建筑系邀请了一些访问学者加入教师团体，他们有的来自其他学校，有的来自著名的设计事务所；哥伦比亚大学建筑学院邀请了诸多各具特色的建筑师、建筑理论研究者、从业者作为校外导师，提供给学生丰富的实践指导。

在专业学位研究生教育师资中，校内导师和校外导师应相互合作、协调，共同对学生进行指导。校内导师主要为学生讲授该专业的理论知识，为学生的实践工作打好基础，校外导师则根据自身的工作经验引导学生如何将理论应用到实践当中。处于大学之外的实践导师应该与大学内的导师和研究人员保持沟通交流，校内外导师合作，共同实现对专业人才的多方位培养。

对教师来说，无论是学术型学位教师还是专业学位教师，除了完成基本的教学任务和科研任务之外，教师的职业发展也是重要的一个方面。为教师制定合理的聘任、晋升制度，以及提供其他方面的职业发展机会是大学或学院的责任之一。各专业学院应当制定明确的政策和制度，包括教师的任命、续聘、晋升、授予终身教职、评估、解雇等，并且向每位教员提供聘任期限、职责、沟通渠道、特权和福利、绩效评估、解雇条件等书面信息，项目或机构的领导人应提供关于教师学术表现和晋升进展的反馈。学院还应当在学科内容、课程设计、项目评估、学生评估方法、教学方法和研究等方面为每位教职员工提供专业发展的机会，增强教师在这些领域的技能和能力。

二、大学的资源

对任何一个教育项目来说，除了极其重要的师资支持之外，院系和大学的资源、资金同样是项目的重要支撑条件。实际上，在专业学位项目的认证中，也常包括对学院的教育资源、设施等条件的硬性要求。对于那些对实践条件要求较高的专业学位项目而言，资源和设施更为重要。

以医学博士项目为例，一所医学院必须有足够的人员、财政资源、设施等资源才能够满足项目顺利运行的需要，从而实现其培养目标、保障教学质量。首先，医学院需要足够的资金储备和财政来源，以维持医学教育项目的基本运行，毕竟学院只在其总资源能够容纳的范围内招收学生。其次，医学院需要足够的建筑设施和设备，以确保学生能够完成课程学习、临床和研究任务，需要提供足够丰富的病例用于研究，为学生提供在门诊和住院部门中进行临床学习的机会。在这一方面，医学院附属的医院或其他机构应发挥重要作用，作为主要的临床经验的学习场所，它们需要有足够的教学设施、学习空间、休息区、其他安全存储设施，并且提供相应的信息资源。另外，图书馆资源必不可少，在图书、信息资源和其他技术方面支持项目的教学和其他需要，及时回应学生和教师的学习需求。

除了以上提及的基本资源和设施之外，各院系当中的或独立的研究中心、实验室等，也为专业学位项目提供了支持。例如，耶鲁大学法学院设有 20 多个法律研究中心、项目和 10 个工作小组，这些机构、组织中包括常驻研究员、访问研究员、耶鲁大学教师等，他们不仅从事法律研究工作，还为法学院的学生提供部分课程，以及多样化的交流机会，探索法律、社会、技术及跨学科的问题，丰富学生的专业知识，开阔学生的视野。杜克大学建立了全校范围内的跨学科研究中心、研究所等，学生可以充分利用大学的多学科资源，丰富自己的知识和视野。大学的学术资源、人文环境无形之中都将对学生的学习和生活产生潜移默化的影响。

第四章　美国研究型大学专业学位研究生培养模式的案例分析

案例研究能够对美国研究型大学专业学位研究生培养的背景、实际情况等得到真实且具体的了解。为体现美国研究型大学不同层次、不同学科的专业学位研究生培养模式的特点，本书选取了不同领域、不同学校、硕士和博士两个层次的专业学位研究生教育项目。其中教育学、法律、医学、建筑学专业学位在美国的历史较长，学位发展较为完善，尤其是教育学专业学位是美国最早设立的专业学位之一，学位规模庞大。专业科学硕士项目和数据科学项目是相对新颖的专业学位项目，并且具有跨学科的特征，能够在一定程度上体现近年来美国研究型大学专业学位发展的趋势。

第一节　哈佛大学教育领导博士项目

哈佛大学教育领导博士项目自2009年开设，其开设有独特的背景。当时美国的学校教育面临棘手的问题，尤其是中学教育质量堪忧。哈佛大学教育研究生院院长凯斯琳·麦卡特尼（Kathleen McCartney）认为美国需要新的教育领导者，他们不仅应该具有坚定的教育理念，运用高水平的教育管理专业知识，并且应该敢于改革，能够做出正确决策并实施相关政策，从而提高美国的教育质量。于是，向来以培养教育领导著称的哈佛大学教育研究生院设置了教育领导博士项目。

教育领导项目区别于哈佛大学教育研究生院开设已久的教育博士项目，突出培养教育领导这一特点，使得教育领导博士项目的开设具有明确的目的性和指向性，体现了哈佛大学教育研究生院在教育理念上的创新。哈佛大学教育学院早在1920年就设置了教育博士学位，此后教育博士项目发展迅速，越来越多的学校开设了教育博士项目。1982年美国设有教育博士项目的学校达到128所，其中有86所大学同时授予教育哲学博士和教育博士项目。① 2005年，美国教育博士的授予量已经达到教育领域博士学位授予量的一半左右。② 然而，教育博士却开始面临一些争议。教育博士与教育哲学博士的界限并不清晰，有趋同的倾向。部分学者主张坚持开设两种学位项目，进一步突出二者的差异，促进两种项目共同发展；也有学者认为教育博士并无特别和创新之处，主张废除教育博士学位。2007年，卡内基教学促进委员会开设卡内基教育博士项目（Carnegie Project on the Education Doctorate），旨在解决两种项目的趋同问题，而哈佛大学2009年开设教育领导博士项目，无疑为解决这一问题开辟了一条新的道路。

哈佛大学这一举措既是对美国当时基础教育领域问题的回应，也是对教育领域博士教育问题的新的解答。教育领导博士项目得到了当时的哈佛大学校长德鲁·福斯特（Drew Faust）的支持，哈佛大学肯尼迪学院和商学院共同参与了这一项目的人才培养。

一、培养目标

哈佛大学教育研究生院的教育领导博士项目旨在将有经验的教育

---

① 王玉佳，李越. 传统与创新：哈佛大学教育领域博士学位制度的实践探索及启示［J］. 教育科学，2022，38（1）：57-63.

② 魏玉梅. 取消与重塑：哈佛大学教育博士项目的改革与发展［J］. 高等教育研究，2015，36（5）：70-77.

工作者培养成为国家需要的变革性的教育领导人——他们将对教育事业充满热情，关注教育质量和公平问题，并且了解公共政策和组织管理方面的专业知识，能够将有远见的想法转化为现实。为学生毕业后在学校、营利或非营利组织、州和联邦教育部门担任领导职位做好充分准备。毕业生可以从事的工作或职务包括：PreK-12 教育的首席领导者的角色，例如校长、首席学术官、副校长；在基金会和慈善事业中担任董事、总裁和首席执行官、高级研究员；在非营利性教育组织中担任总裁或执行董事等；州或联邦教育机构中的职位，或公共教育宣传机构、政府高级官员的教育政策顾问等。

二、招生要求

哈佛大学教育领导博士面向国内外招生，这一学位更多地受到教育相关工作者的青睐。2009 年第一批招收的学生基本都有 6—26 年的工作经验，曾担任过校长、教师、咨询顾问、管理者等，并且绝大部分学生已经获得了研究生层次的相关学位。① 可见教育领导博士在实际招生中招收的学生都是教育领导者的储备力量，这与教育领导博士项目的培养目标相一致。在教育领导博士项目的招生要求中值得一提的是，硕士学位不是必需的，但是拥有硕士学位或同等学力的学生更具竞争力，只有在极少数的情况下，学校才会考虑用学生的工作经验、专业成就，以及非学位的学术成就来代替这一学位要求。同时这一项目的国际生占据了一定的比例，在 2018—2019 年度的新生中，国际学生占学生总数的 24%。② 国际申请者除了要提供基本材料外还需特别注

① 包水梅. 哈佛大学“教育领导博士”学位的创设及其培养方案研究［J］. 学位与研究生教育，2012（8）：64-70.

② Harvard Graduate School of Education. Applying to Ed. L. D. [EB/OL]. [2022-10-15]. https://www. gse. harvard. edu/admissions/apply/edld.

意国际成绩单和标准化考试成绩。

三、课程设置

哈佛大学教育领导博士项目主要由哈佛大学教育研究生院负责，同时与哈佛大学经济学院和肯尼迪学院合作开设课程，进行教学。其课程具有多学科的特点，以实践为基础而设置。哈佛大学罗伯特·施瓦兹（Robert Schwartz）教授曾说："在创立这一创新项目的过程中，我们十分骄傲能够集合 3 个优秀院系的力量以及一系列出色的先驱机构。"① 教育领导博士课程都是由哈佛大学诸多领域中出色的教授、领导者来教授，这些领域包括基于数据的教育改革、组织变革和创新，以及针对城市学校的有效领导策略等。

哈佛大学教育领导博士项目学制为 3 年，前两年要求学生住校学习。第一年主要学习核心课程，是该项目的基础内容，核心课程侧重于基于实践的学习。核心课程授课方式多样，包括案例教学、情景模拟、在线教学等。其中，群组的学习方式使学生组成一个学习共同体，请老师做指导，培养团体内学生的合作学习能力，鼓励学生相互学习、交流分享经验，并且积极参与实践和研究。第二年主要学习选修课，学生可以在导师的指导下，根据自己的兴趣和需求选择课程。选修课由哈佛大学教育研究生院、商学院和肯尼迪学院提供，学生必须选修至少 6 门课程。在第二年的学习中，学生将与项目的教职员工紧密合作，制定符合学生职业发展需求的学习方案，并且从该项目的伙伴组织中选择第三年的合作项目。第三年主要完成学位的最终项目，即完成顶点项目实习（见表 4-1-1）。

---

① Harvard Graduate School of Education. Applying to Ed. L. D. [EB/OL]. [2022-10-15]. https://www. gse. harvard. edu/admissions/apply/edld.

表 4-1-1　哈佛大学教育领导博士课程设置①

学年	课程类型	课程安排	具体课程
第一学年	核心课程	教与学；领导与组织变革；政治与政策；自我精进	领导、企业家与学习；工作实验室；教育领导研讨会；学习的领导者；教育改革的策略思考；种族、平等与领导等
第二学年	选修课	由三大学院提供	教育研究生院：教育财务与预算概论；了解当今的教育测试；城市学区和学校的系统改革；通过新兴技术改变教育 商学院：建立和维持成功的企业；真正的领导力发展；道德领导；权力与影响 肯尼迪学院：在线领导；行使领导力——变革的政治；行为改变科学——判断与决策；行使领导力；跨文化和国际视野
第三学年	实践	顶点项目	项目主题：责任、合作与提升——洛杉矶联合学区领导力的反应和成长；领导发展企业教育领导人的工作；为英语学习者追求教育公平等

四、专业实习

在完成第一年的核心课程后，教育领导博士项目的学生有资格在哈佛大学教育研究生院和其他学院担任教学研究员、研究助理等，但只能在第二学年参与这些工作。教育领导博士的主要实习环节是顶点项目，即学生将在项目的合作伙伴组织中参与并领导一个战略项目。实习是学生参与实践锻炼和培养教育领导技能的机会。哈佛大学教育领导博士的专业实践主要在第三年完成，实习期为 10 个月。教育领导博士项目的合作组织包括学校、教育部门、有影响力和活力的非营利

① Harvard Graduate School of Education. Doctor of Education Leadership[EB/OL]. [2022-10-15]. https://www.gse.harvard.edu/doctorate/doctor-education-leadership.

组织、营利性组织、慈善组织等，如波士顿公立学校、丹佛公立学校、艾迪欧公司、新学校创业基金等。[①] 实习期间学校也会给学生提供专业指导、实践经验和联系渠道。在项目中，学生需要将自己定位为教育领域的未来领导者，实习期间学生要与合作组织的主管一起设定要重点关注的项目，组织、领导一两项重大工作，例如创建或实施适当的计划。该项目使学生可以锻炼和提高领导技能，并且系统地参与工作，承担高级责任，为合作伙伴组织的项目提供策略和领导支持。

以教育领导博士项目某毕业生题为《打破学区的藩篱》（“Breaking Down Silos in A School District”）的实习报告为例，该毕业生在实习项目中的主要工作是创建一个有效的干预和支持系统，以缩小学生的成绩差距，为所有学生的未来做好准备。实习项目的具体目标包括分析蒙哥马利县公立学校内部工作的现状，确定干预工作流程并起草工作方案，创建并实施长期的策略，在学校的支持和改进办公室、课程和教学计划办公室、特殊教育和学生服务办公室等部门之间建立协调机制。为了实现这些目标，学生在该项目中首先需要进行规划，阅读相关材料，采访整个学区不同职位的人员，接下来进行干预审计、整体分析、确定具体问题和框架，分阶段实施策略，审查计划并确定参与的工作人员和团队，确保能按计划顺利开展相关工作。该计划将在未来的 3—4 年中实施。在参与项目的过程中，学生需要考虑诸多现实因素，例如以前是否有类似的打破限制的行动，效果如何，原因何在，实施计划的过程中要包括哪些人员，如何应对他人的质疑等。学生需要在项目的最后将自己的工作做系统的总结并提交报告。[②]

---

① Harvard Graduate School of Education. Doctor of Education Leadership[EB/OL]. [2022-10-15]. https://www. gse. harvard. edu/doctorate/doctor-education-leadership.

② COHEN S. Breaking down silos in a school district[EB/OL]. [2022-10-17]. https://www. gse. harvard. edu/sites/default/files/programs/Capstone%20%20Summary_COHEN_final. pdf.

五、学术进展审查与毕业要求

哈佛教育研究生院要求所有教育领导博士学生保持学术水准，并且在3年内完成其学位。教育领导博士指导委员会每学年至少对该项目学生的学术进展进行两次审查。如果学生没有达到相关的早期要求，或者表现出难以达到项目的学术和行为标准，委员会将告知教师对其展开更多的关注和督促。这种通知是为那些可能在该项目中遇到困难的学生提供早期预警和干预。如果学生在项目进展审查后被确定为进展“不理想”，他们将收到教务主任的通知信，并且指定一个试用期。学生将有机会与博士研究主任或项目教务主任讨论相关问题，寻求与导师合作，获得所需的帮助。此外，学生需要在规定的时间内向学院汇报其进展。同时，教育领导博士项目的工作人员将对学生进行监督，并且向学生指导委员会通报学生在项目中的学术进展。如果没有足够的证据证明学生有足够的能力，或者如果对学生的各方面表现有严重的担忧，特别是第三年的实习，教师可以通过投票取消学生的学位候选人资格。教育领导博士项目对学生要求的标准包括完成所需的课程和学分；在第一年和第二年的课程中保持至少B+的平均分，并且完成A级作业；对学生是否准备好履行要求并完成第三年的实习进行全面评估；以及其他哈佛大学的基本标准。

顶点项目是实习的一个组成部分，教育领导博士项目毕业论文即学生对实习成果的报告，报告由实习期间的多份书面文件组成。学生要完成对自己在实习中的领导贡献的描述性、分析性和反思性报告，通过报告展示学生与他人之间的良好互动、发现问题并制定策略、判断并解决各种问题、努力完成目标、从结果中学习的能力。哈佛大学教育领导博士学位在毕业要求上更加体现高层次的人才的实践性和专业性，教育领导博士不必提交毕业论文，但必须完成自己实际参与的教育领导项目。相对于传统的提交毕业论文才能毕业的做法，顶点项目实际上是教育领导博士学位的一种创新。学生不必在理论方面投入过多，也不必以毕业论文写作为毕业的重难点。在项目中，学生可以积攒经验和人脉关系，这对学生毕业后真正参与到工作中去有很大帮助。学生最终通过实习期间的表现和成果及报告来证明自己已具备相应的能力和水平。

总之，哈佛大学教育领导博士项目是由教育研究生院、商学院和肯尼迪学院合作开办的专业博士项目，它以三大学院的学术资源、师资等为支持条件，为教育领导博士项目提供雄厚的基础。哈佛大学教育领导博士项目以培养教育领导为目标，重构课程体系，由教育研究生院、商学院和肯尼迪学院共同参与课程教学，为该项目赋予了跨学科的鲜明特征，从而培养教育领导在教育、领导、管理和决策等方面所需的技能。哈佛大学教育学院的教职员工由一群出色的学者、研究人员和政策制定者组成，目前教育研究生院教授学生核心课程并指导学生的老师共有 18 位，学生在被录取之后，学院会结合学生的个人情况和研究兴趣以及老师的学术背景和研究经验为学生指派一名指导老师。① 此外，学生还可以跟随哈佛大学商学院和肯尼迪学院的老师们学习，来自不同学院的老师们将为学生提供更加丰富的资源和不同的思考角度，通过相互协作为学生提供更具挑战性和连贯性的学习经验。三大学院的合作不仅为该项目提供了大批优秀的师资，同时为项目引来了广泛的合作伙伴，这些学校、公司和协会共同致力于为学生提供充足的机会，激发学生的学习潜力。学生通过顶点项目的实习，有机会参与这些合作机构的工作，切实锻炼所需技能。教育领导博士项目突出了其职业性、实践性的特点，以其培养目标为引导，创设新的培

① Harvard University. Doctor of Education Leadership[EB/OL]. [2022-10-17]. https://www. gse. harvard. edu/doctorate/doctor-education-leadership.

养模式，与传统的教育哲学博士区分开来，受到了广泛的欢迎。

第二节　杜克大学医学博士项目

杜克大学在医学教育和研究方面实力雄厚，杜克大学医学院、杜克大学护理学院、杜克大学卫生系统和私人诊所组成了杜克大学健康系统（Duke Health），是世界级的学术医疗中心，容纳了 2 600 多名医生和研究人员、近 2 000 名卫生专业和生物医学的博士生及 6 000 多名工作人员。附属机构包括杜克大学医院、杜克地区医院、杜克罗利医院、杜克初级保健等多个机构。杜克大学医学院成立于 1930 年，是美国顶级医学院之一。医学院开设的医学博士项目旨在培养多元化的学生群体，帮助学生追求一系列的医学职业选择，从而成为能够推动生物医学研究和改善地方、国家和全球健康的优秀医生。

一、培养目标

杜克大学医学博士项目的培养目标十分明确且具体，主要包括 6 个方面的内容且每个方面都有具体的细节要求（见表 4-2-1）。

表 4-2-1　杜克大学医学博士项目的培养目标①

序号	培养目标	具体内容
1	道德、诚信和专业精神	承担专业责任，坚守职业道德原则；具备维持个人和职业发展所需的素质

① Duke University School of Medicine. About the M. D. program[EB/OL]. [2022-10-18]. https://medschool. duke. edu/education/health-professions-education-programs/doctor-medicine-md-program/about-md-program.

续表

序号	培养目标	具体内容
2	科学基础和医学知识	具备与人体发育、结构和功能有关的生物医学和临床科学知识，能够将这些知识应用于病人护理；不断寻求新的生物医学知识，坚持终身学习
3	临床技能	练习在各种临床环境下照顾病人所需的技能；能够以病人为中心，在各种情况下运用这些技能
4	以病人为中心的实践	尊重和理解医疗保健的社会背景，以及文化、环境、偏见等对医疗保健经验的影响；实践、宣传以病人为中心的护理，富有同情心，满足病人的需求；不断提高技能，保持对当代社会和文化的了解，预测环境对病人的影响
5	沟通和团队合作	具备基本的人际关系和沟通技巧，能够与跨专业团队成员有效地交流和合作；有效护理病人，根据病人护理和团队需要锻炼相应的技能，调整自己在团队中的角色
6	批判性思维、研究和学术活动	具备在特定领域应用知识的技能，包括生物医学科学、临床研究、医学人文、卫生系统、全球健康、跨学科实践、医学教育和病人护理等领域；通过终身学习提升技能，培养学生成为医学领域的变革者

二、招生要求

负责招生的前任副院长布伦达·阿姆斯特朗（Brenda Armstrong）曾表示："我们感兴趣的是那些全面发展的学生，他们花时间冒险走出自己的舒适区，看到与他们习惯的生活截然不同的一面，具有强烈的人文主义和为他人服务意识。"① 杜克大学医学博士项目的申请流程如下：首先申请人需要向美国医学院提交申请，经过核实的材料将提交

① Duke University School of Medicine. Office of M. D. admissions[EB/OL]. [2022-10-20]. https://medschool. duke. edu/education/health-professions-education-programs/doctor-medicine-md-program/office-md-admissions.

给杜克大学医学院招生办公室。然后招生办发出邮件，申请人提交相关信息，工作人员审核信息。通过审核的申请人将收到面试邀请。每位医学博士项目申请人必须提交至少 4 封推荐信，其中两封必须来自教师，在实验室工作或授课教师均可，另外两封需要来自临床医生。学校委员会的推荐信同样适用。该项目的竞争十分激烈，据官方统计，2022 年该项目共有 4 798 人申请提交，面试 541 人次，最终录取 105 人。

杜克大学医学院对学生有着较高的能力要求，所有学位项目的候选人必须具备学习、整合、分析和综合数据的能力。为了使学生达到该项目对医学博士的培养目标，申请人必须具备以下 5 种能力：第一，观察能力。申请人必须具备通过观察获取信息的能力，能够准确评价病人，并评估他们的相关健康、行为和医疗信息。第二，沟通能力。候选人具备基本人际交往技能，必须能够清楚和准确地记录信息，并且准确地解释和沟通。第三，运动和感觉技能。候选人必须有足够的身体耐力和感觉能力，能够提供和指导对病人的一般护理和紧急治疗。第四，理解、综合和定量能力。候选人必须有效地解释、吸收和理解复杂的信息。解决问题是一项关键技能，需要概念性的综合能力和定量思维能力。第五，行为和社会技能。候选人必须有良好的判断力，并且及时完成与诊断和护理病人相关的所有职责，与教师、病人、家属、护理人员和同事发展良好的关系。

三、培养方案

杜克大学医学博士项目为四年制，项目的重点是使学生充分了解患者，培养学生临床实践所需的基础知识和技能（见表 4-2-2）。杜克大学的医学博士项目系统安排了课程学习和实习环节，将传统的结构化培训时间从 4 年浓缩为 3 年，为学生提供了充分的机会来追求自己的独特兴趣，使学生有能力不断推进病人护理、生物医学、医学教育、卫生系统转型，以及以健康为导向的公共政策的变革。

表 4-2-2 杜克大学医学博士项目课程安排①

学年	学习安排	具体内容
第一学年	导入课程	专业介绍
	临床训练	为学生第二年的临床轮转做准备，以病人的临床护理为教育中心
	病人护理基础 1	护理背景中的基础生物医学，包括显微解剖学、人体解剖学、生理学和脑科学
	病人护理基础 2	护理背景中的基础生物医学，包括病理学、药理学、微生物学、免疫学和行为健康
	纵向课程（全年）	临床技能基础，健康的文化决定因素和健康差异，领导力
第二学年	临床技能强化训练	为期 3 周的沉浸式训练，为实习提供临床技能基础
	临床实习	轮岗实习。轮转科室：内科（8 周），外科（8 周），儿科（6 周），妇产科（6 周），精神科（4 周），神经科（4 周），家庭医学（4 周），放射科（4 周）
	选修课	为期两周的辅修专业学习，约 30 门课程可选
	考试	测试实习期间获得的临床技能的总结性考试
	纵向课程	临床技能 1，临床技能 2，文化对健康的影响，领导力
第三学年	学术研究	10—12 个月，进行基础科学或临床研究或完成双学位课程
	纵向课程	临床技能基础 3/临床实践（34 周的流动护理经验），定量医学和决策
第四学年	临床选修课	1—5 周的辅修专业学习
	顶点项目	职业过渡
	领导力	深入研究医疗保健中的领导力的综合活动

① Doctor of Medicine(M. D.) Program. Curriculum[EB/OL]. [2022-10-20]. https://medschool.duke.edu/education/health-professions-education-programs/doctor-medicine-md-program/curriculum.

杜克大学医学博士项目的特色课程体系——"患者优先"（Patient FIRST）课程旨在更好地培养未来的医生，教导学生理解社区和环境对个人健康的影响，以及如何与来自不同背景的病人进行有效的对话，满足病人不断变化的需求。① "患者优先"特色课程体系使学生在了解病人的背景下学习生物医学等知识，将鉴别诊断、临床推理和社会背景纳入对病人的护理中。医学博士项目毕业生将成为富有同情心、高度胜任工作的医生，始终把病人放在第一位。

杜克大学医学博士项目课程设置的指导原则为：第一，整合。促进生物医学科学内部、生物医学科学和临床科学之间的整合。第二，反复。同一内容有多次接触学习的机会，并且不断增加复杂性，以促进学生掌握。第三，包容。通过理解种族主义和医疗保健差异，加强社区联系。医学博士项目的课程委员会旨在为未来的医生提供优秀、协调、综合的教学课程，委员会由医学院的教师、员工、学生和住院医师组成，并且全权负责对医学生的课程做出决定。医学博士项目的课程委员会作为一个独立的机构，为教育项目做出课程决策。

第一学年首先是为期两周的导论课程，向学生介绍基本的临床技能，包括历史记录、身体检查、循证医学、职业身份形成等，教学形式包括小组会议和其他独立的学习活动。病人护理基础是为期 10 个月的课程，该课程将生物医学学科（组织学，人体解剖学，神经科学等）与临床技能、领导力课程和健康差异的概念相结合。

第二学年的目标是训练学生提供以病人为中心的各种专业护理。学生将在跨专业的团队中工作，了解病人病史、进行体检，并且制订和实施诊断计划，运用第一年接受的基础培训，将生物医学原理等知识和技能融入为病人服务中。第二学年的学习安排打破生物医学知识

① Duke University School of Medicine. Curriculum innovation[EB/OL]. [2022-10-20]. https://medschool.duke.edu/education/health-professions-education-programs/doctor-medicine-md-program/curriculum/curriculum.

学历和临床实习之间的障碍，将所学知识与轮岗实践联系起来。

第三学年主要是进行生物医学相关的学术研究，这为学生提供了一个独特的机会，增加学生在基础科学、临床研究、流行病学、人口健康、生物医学的知识和经验。该环节为了给学生的学习提供方向，设置了 18 个学习项目（见表 4-2-3）。这些项目涉及的领域十分广泛，为学生提供机会深入接触研究项目中所包含的内容。每个研究项目中都有几个研究选项，包括与结构化课程、研讨会等相关的小型研究项目，也包括与非结构化课程相关的、以问题为重点的调查研究。学生需要在研究项目主任和导师的指导下确定必要的项目，研究一个特定的问题。

表 4-2-3　杜克大学医学博士第三学年研究项目①

序号	项目名称	序号	项目名称
1	麻醉学、外科和环境生理学研究项目	10	医学教育研究项目
2	行为神经科学研究项目	11	医学人文学科
3	生物医学工程研究项目	12	微生物、传染病和免疫学
4	心血管研究项目	13	分子医学
5	临床研究项目	14	神经科学
6	流行病学和公共卫生研究项目，双学位项目	15	眼科和视觉科学
7	全球健康研究项目	16	病理学研究项目
8	人类遗传学和基因组学	17	初级保健领导路线
9	信息科学硕士，图书馆科学硕士	18	放射学、放射肿瘤学和医学物理学

① Duke University School of Medicine Study. Programs [EB/OL]. [2022-10-21]. https: // medschool. duke. edu/education/health-professions-education-programs/doctor-medicine-md-program/curriculum/third-year-39.

第四学年主要使学生为其从职业生涯的下一步做准备，实现从医学院到工作场所的过渡，以及完成选修课程和领导力培训的相关内容。

在此，以人类遗传学和基因组学为例进行简要介绍。基因构成在决定人类的健康方面起着很大作用，随着对人类遗传学和基因组变异认识的深入，人们有越来越多的机会来剖析人类疾病的遗传决定因素，例如心脏病、精神疾病、癌症和骨关节炎等。一旦了解了这些遗传因素，医生将拥有强大的手段通过识别个人风险因素和提供生活方式的调整来实现个性化医疗。人类遗传学的研究项目为三年级医学生提供了综合性的体验，以了解人类遗传学研究及其在人类遗传疾病中的应用，包括进行风险评估、遗传咨询、潜在的治疗。该项目在研究人类疾病基因的位置克隆、基因治疗、生化遗传学、遗传病的动物模型、发育缺陷和遗传流行病学等不同课题的实验室都为学生提供了研究机会。①

目前，人类遗传学和基因组学的指导教师共 21 人，这些教师在该项目的相关研究领域中具有深厚的经验和丰富的科研成果。按照要求，指导教师主要担负以下责任：为学生提供积极和有意义的研究经验；每周与学生单独见面一次；帮助学生准备杜克大学医学院学生研究研讨会所需的报告等内容；帮助学生解决研究中的困难等。在这一年结束的时候，学生要写一篇总结工作的论文（3 学分），需要项目主任和导师签署通过。除了研究项目和论文外，该课程的要求还包括每周举行的系列研讨会。在项目主任和指导老师的允许下，学生还可以选修其他的课程。

医学博士学位是专业化程度极高的专业学位之一，它对学生的各方面要求较高，相对来说获得学位项目的任务量和难度较大。为了保

① Duke University School of Medicine Study. Human genetics and genomics（HGP）[EB/OL]. [2022-10-21]. https：// medschool. duke. edu/education/health-professions-education-programs/doctor-medicine-md-program/curriculum/third-year-16.

证学生的质量，杜克大学对其医学博士项目有着严格的要求，同时也有着充足的资源支持。依托杜克大学的广泛资源，医学院的研究和教育有着雄厚的基础和丰厚的成果。杜克大学医学院在教育、研究和病人护理方面追求卓越，尊重和包容来自各种背景的人们，致力于服务和解决现实世界的问题，积极将医学研究成果用于改善人类健康，极具专业精神。

杜克大学医学博士项目的课程设置和教学安排总体来看具有以下几方面的特点：从理念上来看，从病人第一的角度进行医学教育，是人文主义在医学领域的体现，也体现了对多样性的理解和包容；在课程安排上，基础科学课程安排紧凑，并且在临床病人护理的背景下进行教学，更有利于学生掌握和应用相关知识，第三学年一整年致力于学术研究，为学生日后从事相关研究提供坚实的基础；在教学模式上采用混合式教学模式，利用实践提供核心内容，同时最大限度地利用现场时间进行整合，促进团队发展；在师资方面，由该领域的一些顶级医疗保健专家提供丰富、专业的临床经验。在学习过程中，教师等对学生的指导贯穿始终。在质量控制和评估方面，实施标准化和有效的进展评估，以作为医生为目标，仔细周到地评估每个学生所获得的知识和技能。

第三节　耶鲁大学法律博士项目

耶鲁大学法学院是世界上最优秀的法学院之一，根据 2022—2023 年美国世界新闻报道的大学排名，耶鲁大学法学院是美国法律专业排名第一的学院。耶鲁大学法学院提供法律博士、法学博士、法学硕士等学位项目。耶鲁大学法学院拥有杰出的师资力量，教师的兴趣和专业知识广泛，法学院拥有经济学、哲学和历史方面的著名学者，以及每个法律领域的顶尖专家。法学院莫妮卡·贝尔（Monica Bell）教授曾说，在耶鲁大学法学院，我们努力思考法律问题，自由地挑战我们法律机构中的基本假设并构建新的框架。耶鲁大学法学院开设的主要兴趣领域共12个，具体包括宪政法、公司和商业法、刑事法、环境法、人权法、国际法、公共利益法、信息与媒体法、法律与经济、法律与健康、法律教学、法律史。耶鲁法学院为学生提供了多样化的、丰富的学术体验，开设了近200门课程，由世界著名的教师教授。法学院设有数量丰富的研究中心、工作小组等组织机构，以富有创意和挑战性的方式使学生学习知识和技能。鼓励学生深入学习，深化自己对法律的认识。

一、招生要求

耶鲁大学法学院的法律博士项目的培养目标是将学生培养成律师、法官等专业的法律从业人员。法学院的法律博士项目每年招收200人左右，录取在学术和专业方面最有前途的学生。法律博士项目的具体招生要求包括：第一，本科学位和成绩单。第二，个人陈述和250字的文章。申请人可在文章中介绍自己在学术、课外或专业工作中特别感兴趣的想法或问题。第三，多样性声明和附录（可选），提供其他相关的个人信息。第四，推荐信。至少来自两位教授。第五，活动部分。陈述本科期间和毕业后参加或从事的主要活动、工作等。第六，标准化测试，包括法学院入学考试（Law School Admission Test）和研究生入学考试。第七，院长证明。学生在被录取后需要提交曾经就读的学院或大学的院长证明表，通过材料审查的申请人将获得面试机会。[①]

① Yale Law School. Application components［EB/OL］.［2022-10-22］. https：//law. yale. edu/admissions/jd-admissions/first-year-applicants/application.

二、培养方案

耶鲁大学法律博士项目课程可分为3类：基础课程、高级课程、校外课程。基础课程包括民事诉讼法、宪法、合同法、刑法等，高级课程分为基础核心课程、法学伦理与职责类课程、法律专业技能课程。[①]项目课程通常以小组的形式教授，每个小组有16—18名同学组成。其中，法律研究和写作指导以研讨会的形式进行，每个学生都与教师密切合作，完成两篇主要的研究论文。耶鲁大学法学院强调合作而非竞争的环境，在第一个学期，所有的课程都不评分，而是以优秀、及格、不及格为评定等级。法律博士的课程教学鼓励学生之间、师生之间进行合作学习。

法学院十分重视学生的写作能力，由于并非所有的学生来到法学院时都有相同的写作经验，为了让所有新入学的博士生在平等的基础上开始今后的法律教育，法学院开设了法律分析和写作入门（Introduction to Legal Analysis and Writing）这一课程，该课程反映了希瑟·K. 格肯（Heather K. Gerken）院长领导法学院的两个宗旨：强调技能和思想的教学，以及对公平竞争的承诺。[②] 该课程帮助一年级学生强化基本的法律写作能力，需要在学生进入法学院的前7周内完成。课程包括对法律写作的介绍，不仅教学生如何撰写广泛使用的法律文件，还为他们提供作为律师所需要的各种辅助工具。该课程从一开始就将学生置于律师的角色中，学生需要确定法律问题、调查事实、寻找相关法律、做出战略选择，并且提出分析和结论。该课程的师资构成十分丰富，

---

① 张秀峰，高益民. 美国法学教育中专业学位与学术学位人才培养模式比较研究：以耶鲁大学法学院法律博士和法学博士培养为例［J］. 学位与研究生教育，2015（9）：64-69.

② Yale Law School. Legal writing class teaches more than memos[EB/OL]. [2022-10-22]. https://law. yale. edu/yls-today/news/legal-writing-class-teaches-more-memos.

包括来自律师事务所的律师、为政府工作的律师、为公共利益服务的从业人员、耶鲁大学法律顾问办公室的成员，以及其他法律工作者。

耶鲁法学院的诸多研究中心、项目等为课程开设提供了坚实的基础，同时提供跨学科的法律学术研究，关注现实世界的挑战和实际的法律改革（见表 4-3-1）。例如，全球法律挑战中心（Center for Global Legal Challenges）开设了国际法和外交关系律师研讨会课程，该课程自 2009 年起每年开设，为学生提供了学习、研究和参与当前关于国际法和国家安全法及对外关系法的法律辩论的机会。① 学生的研究课题由教授和全班同学从美国国会工作人员、行政部门律师或非营利团体提出的问题中选择。研讨会研究的主题包括网络攻击法、美国政府拘留恐怖主义嫌疑人的权力、人权法和武装冲突法之间的关系、人权义务的域外适用，以及各种人权条约的法律要求。该研讨会还向华盛顿特区巡回法院和美国最高法院提交简报，学生们以个人或小组的形式，就选定的主题撰写报告，并且酌情提出改革建议，学生们还有机会与辩论律师和政策制定者会面。除研讨会之外，该中心还开设了其他研讨会、读书会等。

法学院私法中心（Center for Private Law）促进耶鲁大学法学院和广大法律界在合同、财产和侵权方面的教学和研究。② 该中心为所有这些领域的学者、学生和执业律师提供支持，并且赞助那些有共同兴趣但不经常互动的群体之间的活动。私法研讨会在每年春季学期举行，来自学术界和社会的演讲者来到法学院，围绕跨越学科的共同主题发表论文、进行交流。法学院私法中心为学生提供的课程强调私法的实践和知识深度，帮助学生理解私法的多样化观点。该中心与法学院的

---

① Yale Law School. Center for Global Legal Challenges[EB/OL]. [2022-10-22]. https://law. yale. edu/center-global-legal-challenges.

② Yale Law School. Center for Private Law[EB/OL]. [2022-10-22]. https://law. yale. edu/centers-workshops/yale-law-school-center-private-law.

职业发展办公室（Career Development Office）一起为学生提供私法职业道路的规划。此外，该中心还举办讲座、圆桌会议、小组讨论和座谈会，为学生提供更多交流学习的机会。

表 4-3-1　法学院的研究机构、项目、研讨会等①

序号	项目/机构/研讨会	序号	项目/机构/研讨会
1	阿卜杜拉·S. 卡迈勒（Abdallah S. Kamel）伊斯兰法律和文明研究中心	16	奥维尔·H. 谢尔（Orville H. Schell）国际人权中心
2	伯特·W. 沃瑟曼（Bert W. Wasserman）法律与金融研讨会	17	保罗·蔡（Paul Tsa）中国中心
3	全球法律挑战中心	18	昆尼皮亚克-耶鲁争端解决研讨会
4	全球健康正义伙伴关系	19	SEICHE 健康与正义中心
5	格鲁伯全球正义和妇女权利项目	20	所罗门健康法律和政策中心
6	人权讲习班	21	阿瑟·利曼（Arthur Liman）公共利益法中心
7	信息社会项目	22	约瑟夫·C. 蔡（Joseph C. Tsai）领导力项目
8	约翰·M. 奥林（John M. Olin）法律、经济和公共政策中心	23	司法合作组织
9	法律、经济和组织研讨会	24	工作场所理论和政策研讨会
10	法律、伦理和动物项目	25	耶鲁大学环境法律与政策中心
11	法律与政治经济项目	26	耶鲁大学法律和哲学中心
12	法律和种族正义中心	27	耶鲁大学法学院私法中心
13	法律历史论坛	28	耶鲁大学法学院公司法研究中心
14	法律理论研讨会	29	耶鲁大学法学院拉丁美洲法律研究
15	中东法律研究研讨会		

① Yale Law School. Centers, programs, and workshops [EB/OL]. [2022-10-22]. https://law. yale. edu/centers-and-workshops.

耶鲁大学法学院拥有丰富的“诊所项目”（Clinic Program)。法学院的学生在教师和执业律师的指导下，撰写案情摘要、准备证人、审判案件、谈判和解、上诉辩论、起草立法，以及从事交易和政策工作。学生有很多机会通过体验式课程和学生主导的项目来获得实践经验，在许多实践领域锻炼律师所需的技能。实践指导教师是极富经验的律师、教师和学者。与众不同的是，耶鲁大学法学院的学生从入学第一年就可以学习诊所项目。此外，康涅狄格州一项独特的法律规定第一学年的法律学生可以出庭。学生可以参加 5 个学期的诊所项目，约有 85％的学生至少参加过一个项目，50％以上的学生参加过多个项目。

如表 4-3-2 所示，刑事司法辩护诊所中的学生代表受刑事法律制度影响的个人和组织，处理的案件包括政策和社区宣传、直接代理和影响诉讼。① 学生可以在联邦法院、州法院和行政程序中代表个人，还可以在地方和州一级参与立法或行政宣传。刑事司法辩护诊所让学生接触到刑事法律制度改革中的各种宣传方法，并且在其教学法中采用了一些律师模式。

表 4-3-2　耶鲁大学法学院诊所项目②

序号	项目名称	序号	项目名称
1	法学院入学项目	20	法律援助：移民权利
2	资本市场的高级问题	21	法律援助：重返社会
3	国际仲裁中的辩护	22	路德维格社区与经济发展中心

① Yale Law School. Criminal Justice Advocacy Clinic[EB/OL]. [2022-10-23]. https://law.yale.edu/studying-law-yale/clinical-and-experiential-learning/our-clinics/criminal-justice-advocacy-clinic.

② Yale Law School. Our clinics[EB/OL]. [2022-10-22]. https://law.yale.edu/clinics/our-clinics.

续表

序号	项目名称	序号	项目名称
4	阿勒德·K. 罗维斯坦（Allard K. Lowenstein）国际人权诊所	23	媒体自由和信息获取
5	上诉诉讼	24	医疗法律伙伴关系
6	死刑	25	警察、法律和政策
7	挑战大规模监禁	26	检察院实习
8	气候、动物、食品和环境政策实验室	27	私法
9	民事诉讼	28	生育权利和正义
10	刑事司法辩护	29	萨吉诺-齐佩瓦（Saginaw-Chippewa）取消注册
11	教育机会和少年司法	30	塞缪尔·雅各布斯（Samuel Jacobs）刑事司法
12	创业和创新	31	旧金山平权诉讼
13	环境保护	32	危机时期的小企业和社区
14	金融市场和公司法	33	战略宣传
15	自由运动	34	最高法院辩护
16	健康正义实践	35	审判实践
17	住房	36	退伍军人法律服务
18	国际难民法律援助	37	工人和移民权利辩护
19	法律援助：性别暴力		

创业和创新诊所与耶鲁大学、纽黑文地区及其他地区的创业组织密切合作。该项目的客户包括耶鲁大学所有研究所、研究中心、研究学校的学生或教师领导的不同形式的创业企业，以及作为纽黑文地区创新生态系统一部分的营利性和非营利性企业，甚至包括来自其他地

区和全球各地的创新型初创企业和新兴成长型公司。[①] 进入该项目的学生为各种企业提供法律咨询，帮助他们解决在创业、管理和发展过程中出现的各种交易问题。该项目还向学生介绍了商业、金融、人力资本和其他非法律因素在咨询方面的作用，学生可以接触不同的交易事项和各种初创企业及新兴公司的相关法律问题，包括创业前咨询和创始人协议、选择咨询、组织文件起草、知识产权保护和许可、独立承包商和雇佣协议及附带的股权补偿计划、供货商和客户协议及其他商业合同、合资和合作协议、初创企业融资等。

三、职业规划

耶鲁大学法学院为毕业生的职业道路提供充分支持，培养学生成为充满好奇心、具备严谨分析能力和深具道德感的领导者，满足学生的需求，帮助学生实现其目标。为此，法学院为学生开设了专门的领导力项目，例如蔡氏领导力项目（Tsai Leadership Program）。该项目将培养学生应对最棘手的全球挑战所需的强大的、跨学科的技能，成为合格的领导者以面对不断变化的世界和挑战。该项目邀请了一流的学者和知名的专家作为教师，提供公司财务、统计学、决策和组织领导力等课程，鼓励学生在处理与技术变革和创新、大数据和全球化相关的新问题时，要有前瞻性、跨学科的、大胆的思维，锻炼学生的专业管理技能和分析能力。[②] 此外，法学院还提供导师驻校指导和其他指导项目，搭建数字平台，为学生提供领导力和职业发展方面的支持。

---

① Yale Law School. Entrepreneurship & Innovation Clinic[EB/OL]. [2022-10-23]. https://law. yale. edu/studying-law-yale/clinical-and-experiential-learning/our-clinics/entrepreneurship-and-innovation-clinic.

② Yale Law School. Tsai Leadership Program[EB. OL]. [2022-10-23]. https://law. yale. edu/leadership.

耶鲁大学法学院的学生和毕业生是全国各类雇主最为青睐的对象之一，每个人都可以选择走适合自己的道路（见图4-3-1）。毕业生可就职的机构包括公共利益管理部门、律师事务所、企业、司法部门、高校等；可担任的职务包括管理人员、律师、教师等。职业发展办公室提供各种资源，帮助学生制订职业计划，并且在学生、教师和校友之间建立联系。法学院的职业发展办公室为学生提供职业咨询服务，帮助学生评估职业发展目标，探索多种职业发展的可能性。职业发展办公室还提供一对一的咨询，以及其他与法律职业道路有关的资源，发布招聘信息、联系雇主促进招聘工作。

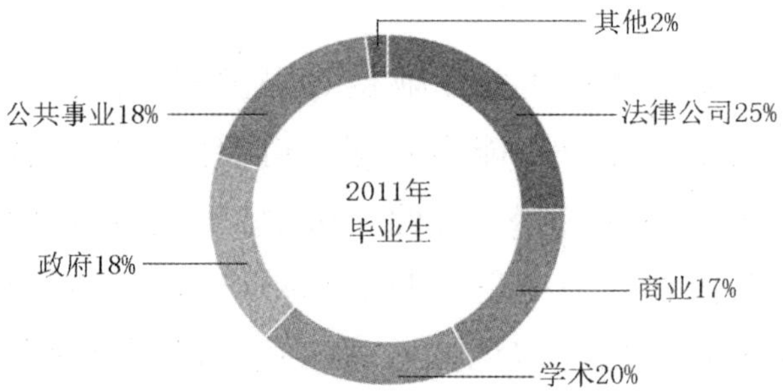

图4-3-1 耶鲁大学法律博士2011年毕业生10年后的就业情况①

耶鲁大学法学院的法律博士项目在项目设置、资源支持、学生培养和就业等方面具有良好的声誉。耶鲁大学法学院毕业生的高就业率和社会声誉，与法学院提供的优质资源、课程和实习是分不开的。法律博士项目的整体设置与学生的职业发展目标高度适应，在整个培养过程中为学生提供了专业知识、实践锻炼和丰富的社会网络资源，充分满足了学生的职业发展需求。

① Yale Law School. JD program 2022-2023[EB/OL]. [2022-10-23]. https://law. yale. edu/sites/default/files/area/department/admissions/document/jd_2022_web. pdf.

法律博士项目的课程设置和实习环节尤其特色突出。该项目为学生提供了合作学习的环境，以小组为基本单位的课程学习方式，使学生不仅能够从教授那里学习专业知识，而且能够与同龄人、法律界的专业人士共同交流学习，同学之间形成富有意义的联结。课程要求开放灵活，学生可以根据自己的兴趣方向选择参加耶鲁法学院的研究中心、工作小组等组织开设的项目和课程，在各中心和项目中学习丰富的知识、与更多志同道合的教师和学生交流，这种学习方式也为各机构和组织带来新的活力。耶鲁大学法学院充分发挥了各研究中心、工作小组等机构组织的作用，在这里，法律方面的研究与学习不是截然分开的，通过研讨会、读书会形式吸引师生就某一专业问题进行讨论交流，进一步丰富学生的学习经验。

耶鲁大学法律博士项目的实习以做中学（Learning by Doing）为特色，其实现方式即法学院开设的诊所项目。基于法律领域的专业需求，学生在掌握基本的法律知识之后，需要进入实际的案件工作中，通过参与整个流程，学习作为一名律师需要的专业技能。耶鲁大学法学院设立了 30 多个诊所项目，为学生提供各种不同主题的法律实践经验，在学生的法律实习方面起到了不可或缺的作用。法学院还提供了越来越多的实践导向的模拟课程，这些课程由公司和法律领域的杰出从业者教授，通常涉及模拟谈判练习、文件起草技能及其他活动。例如，法学院提供的商业模拟课程包括合同、公司危机管理、并购协议的谈判和起草、国际仲裁、首次公开募股以及创业等领域。耶鲁大学法学院还提供了一个现场客户交易所，即路德维格社区与经济发展中心诊所，学生在其中代表开发商、小企业和社区，组织谈判融资、房地产和其他商业协议。

第四节　俄勒冈州立大学环境科学硕士项目

专业科学硕士的产生是由美国国家科学院科学工程委员会等机构于1995年发布的《重塑科学家和工程师的研究生教育》（"Reshaping the Graduate Education of Scientists and Engineers"）报告推动的，该报告建议进行一系列的研究生教育改革，包括提供更多的学位和课程选择，提供非学术界雇主所需要的技能，特别是向非专业人员传达复杂思想的能力和在团队中良好工作的能力。[①] 1997年，阿尔弗雷德·P. 斯隆（Alfred P. Sloan）基金会（以下简称"斯隆基金会"）和威廉·M. 凯克（William M. Keck）基金会资助的研究生项目中推出了专业科学硕士项目。

美国研究生院委员会和斯隆基金会的合作始于2001年，美国研究生院委员会将PSM项目扩展到以硕士为重点的机构。2003年开始，斯隆基金会开始探索通过大学系统来扩大PSM项目发展。伴随着PSM的扩展，斯隆基金会积极推动并资助了全国专业科学硕士协会的初步形成和发展。该组织的目标是充分支持专业科学硕士项目，通过一系列区域性的最佳实践研讨会，使企业、行业、非营利组织和政府机构参与进来，并且将专业科学硕士学位作为STEM领域学生的一个重要选择加以推广。2006年，美国研究生院协会从斯隆基金会手中接过了全部责任，致力于使PSM成为美国常规研究生项目。2007年，国会通过了《美国竞争法案》（*The America COMPETES Act*），该法案授权国家科学基金会提供赠款以建立或扩大PSM项目。2009年通过的《美国复苏和再投资法案》（*American Recovery and Reinvestment Act*）为

---

① Institute of Medicine, National Academy of Sciences, National Academy of Engineering. Reshaping the graduate education of scientists and engineers[R]. Washington, DC: The National Academies Press, 1995.

国家科学基金会项目提供了部分资金。2008 年，美国国家科学院国家研究委员会发布了一份题为《科学专业人员——竞争世界中的硕士教育》（“Science Professionals：Master’s Education for a Competitive World”）的报告，该报告对 PSM 给予了极大的支持。事实证明，PSM 项目对几乎各类研究生教育机构都具有一定的吸引力。截至 2022 年，美国已经有 298 个 PSM 项目得到了 PSM 官方网站的认可。①

PSM 是专为寻求科学或数学领域研究生学位的学生和从业人员设计的，毕业生可在商业、政府或非营利组织中从事相关工作。PSM 更适合那些并不计划攻读博士学位且对实际的和当前的研究更感兴趣，并且期望尽早就业的学生。PSM 并不是取代传统的学位项目，而是专注于帮助学生获得学士学位以外更深入、更广泛的科学知识，并且应用这些技能。该项目的特点是将研究生水平的科学、数学、工程与专业部分相结合，注重培养学生在实习和具体的工作场所需要的技能。美国研究生院委员会对 PSM 的指导原则指出，PSM 项目实践部分必须包括至少一个顶点项目，由教师和雇主合作监督，由教师评估或评分，通常与雇主一起开发，将科学和专业知识与技能的实际应用结合起来。虽然各机构和项目对这一点的解释和实施存在差异，但应用学习是专业科学硕士项目的主要内容。

本书选取了俄勒冈州立大学环境科学硕士项目作为 PSM 案例。作为著名的公立研究型大学，俄勒冈州立大学在许多学科上都具有非凡的实力，包括科学、农业、林业、工程、公共卫生、大气科学等，并且开设了丰富的相关课程。这些学科的雄厚实力使环境科学项目能够为学习者提供高质量的跨学科教育。在俄勒冈州立大学中，与环境科学密切相关的学术组织遍布全校。这些研究中心、机构等为对跨学科

---

① PSM. Program locator[EB/OL]. [2022-10-24]. https://www.professionalsciencemasters.org/program-locator.

课题感兴趣的教师和学生提供了帮助，还为学生提供了丰富的学习资源。环境科学硕士项目为学生提供前沿的科学教育，包括传统科学硕士或博士项目中未提供的商业管理、道德、沟通等方面的内容。该项目整合了环境、生命科学、物理和社会科学等学科的知识内容，探索地球环境的自然演变过程及人类活动对环境的影响改变。

一、培养目标与基本要求

环境科学项目提供了环境科学和商业的跨学科方法（见表 4-4-2），帮助学生发展必要的商业头脑，使学生成为可信任的领导者，能够在科学家、商业专家和决策者之间建立沟通和联系。环境科学硕士项目培养的人才将能够分析和理解环境系统、预测环境变化，并且参与环境管理。在俄勒冈州立大学环境科学硕士招生中，学生不需要参加考试，是否录取取决于许多因素，例如参考申请人的先前学历的质量和成绩记录、目的陈述、教授或熟悉申请人学术工作的其他人的推荐信、才能和成就测试的表现、相关工作经验、计划研究领域的准备，以及申请人的学术目标与教师的研究兴趣之间的联系等（见表 4-4-3）。可见申请人必须对自己想从事的研究类型和研究领域有明确的认识，并且具有专业基础和技能。申请人最好有至少两年的环境领域工作经验，但这并不是录取的强制性条件。研究生录取委员会根据申请人的本科阶段的成绩和提交的其他材料来考核候选人，委员会由 8 名教员组成，其中至少 7 名是来自不同学院的研究生教员。

表 4-4-2　俄勒冈州立大学环境科学专业硕士项目培养方案要求①

基本要求	学分
环境科学核心课程	7
方法和数字技能课程	6—8
环境科学专业（方向）课程	10—12
商业/专业核心课程	6
商业/专业选修课	8
实习	6
合计	45

表 4-4-3　俄勒冈州立大学环境科学硕士项目招生要求②

基本要求	申请环境科学硕士项目或专业科学硕士项目的要求
本科毕业，普通录取的累积平均学分绩点不低于 3.0，高于 3.0 可免考 GRE；硕士学位项目入学前需要教授的认可；通过研究生院的在线申请表格，提交就读学院和大学的成绩单	提交申请信，申请进入该项目，阐明学习目标，陈述专业和教育经历，以及希望进入该项目的原因；3 位专业推荐人提供专业推荐信；提交一份最新的简历或履历表，包括教育、经验、出版物和其他相关信息；可选。任何额外的相关信息，例如写作样本、特殊情况或其他有利于审核录取的具体信息

二、课程设置

俄勒冈州立大学环境科学专业硕士课程包括环境科学、商业、技

① Oregon State University. Environmental sciences graduate major(MA,MS,PhD,PSM)[EB/OL]. [2022-10-24]. https://catalog. oregonstate. edu/college-departments/graduate-school/environmental-sciences/environmental-sciences-ma-ms-phd-psm/#requirementstext.

② Oregon State University. Master's in environment sciences admissions[EB/OL]. [2022-10-24]. https://ecampus. oregonstate. edu/online-degrees/graduate/environmental-sciences/admissions. htm.

能课程，以及学校内其他院系的课程（见表 4-4-4）。环境科学项目的核心课程构成了该项目的专业知识基础。环境科学选修课为学生提供了 8 个领域的丰富课程，即专业化轨道（Specialization tracks），使学生的课程重点突出，同时允许灵活的调整，以应对变化的就业需求。商业核心课程使学生能够充当工业界、非政府组织和政府部门等领域之间的联络人。商业选修课则让学生根据特定兴趣领域扩展业务培训。技能课程使学生可以学习设计、统计分析、建模、调查或其他定量和定性方法，学生可根据自己的情况选择满足学分要求的课程。在学期末，环境科学项目还要求学生参加反思性学习练习，评估团队、自己和同学的领导和沟通技巧等。所有这些活动为学生提供了比在传统课程中更为实用的学习经验。

表 4-4-4　俄勒冈州立大学环境科学硕士项目课程设置①

课程	课程类型	学分	具体课程
环境科学	核心课程	6—7 分	环境观点与方法（3 分）、环境分析（3 分）、校内环境会议（1 分）
商业	核心课程	6 分	管理决策工具（3 分）、在交易中创造价值（3 分）
技能	必修课	6—8 分	全球和环境变化（3 分）、物理水文学（3 分）、社会科学研究方法（4 分）、社会科学定量分析（4 分）、遥感（4 分）、地理信息系统（4 分）、数据分析方法（3 分）、数据分析基础（4 分）
环境科学	选修课	10—13 分	涉及 8 个领域：生物地球化学、生态、环境教育、自然资源、定量分析、社会科学、水资源、气候变化
商业/职业	选修课	8 分	环境与资源经济学（3 分）、价格和谈判（3 分）、生态政策（3 分）、世界观与环境价值（3 分）、环境政治与政策（4 分）、环境水交换（3 分）

① Oregon State University. Curriculum for the environmental sciences PSM[EB/OL]. [2022-10-24]. https://gradschool.oregonstate.edu/environmental-sciences-professional-science-masters/curriculum-environmental-sciences-psm.

三、专业实习

俄勒冈州立大学环境科学项目的顾问教授和研究生委员会将帮助学生制订实习计划和具体目标，然后将其提交给研究生委员会签署，顾问还会审查学生的学习计划，提供职业和实习建议，并且根据实习经验评估学生的最终报告。大多数学生在学业的第一年末开始实习，实习应至少获得 6 个学分，相当于 3 个月的全职工作。实习期间学生需要提交一份实习日志，该日志旨在促进学生养成良好的工作习惯。实习结束后学生需要上交实习报告，报告必须包括科学和业务组成部分，要求学生在实习环境中进行研究，整合专业知识和实习培训的内容，现场实习主管将作为学生的专业教授就学生的表现提供书面评估。实习取代了传统的硕士研究项目或论文，这种综合的学习经验使学生有机会直接与企业、行业、政府机构或专业领域相关的研究机构一起工作。俄勒冈州立大学环境科学专业硕士的实习涉及的场所十分广泛，包括但不限于工业界、环境咨询或工程公司、参与土地使用规划的企业、非政府组织、政府机构中的全球组织或公共部门（例如美国环境保护局、美国农业部、土地管理局、州和地方的部分机构等），这些政府机构在俄勒冈州立大学所在的科瓦利斯市设有广泛的实验室和设施。

四、职业规划

公众对环境问题的关注度越来越高，迫切需要专业人才解决人们面临的环境挑战，社会对环境科学专家的需求日益增长。环境科学硕士项目的毕业生将能够通过掌握的技能和知识提供可持续的解决方案，以平衡环境、健康、商业和社会利益需求，可从事环境、生态等相关领域的不同工作，充分利用其跨学科的知识背景，担任不同的职务

（见表 4-4-5）。

表 4-4-5 环境科学项目毕业生可从事的部分职业①

职业	具体工作
自然科学管理人员	计划、指导或协调生命科学、物理科学、数学、统计学等领域的活动
水资源专家	设计、实施与水资源问题有关的计划和战略
环境经济学家	进行与环境保护和利用有关的经济分析，例如水、空气、土地和可再生能源资源；利用经济原理和统计技术，评估和量化替代方案的效益、成本、激励措施和影响
地理信息系统技术员	协助科学家或相关专业人士建立、维护、修改或使用地理信息系统；进行一些定制的应用开发或提供用户支持
大专院校教师	大气、地球、海洋和空间科学教师，包括主要从事教学工作的教师，以及从事教学和研究工作的教师
城市和区域规划师	为城镇、城市、县、都市圈等辖区的土地和实体设施的使用制定综合规划和方案
商业运营专家	解决可持续发展问题，例如废物流管理、绿色建筑和绿色采购计划
环境科学和保护技术员	监测环境和调查污染源，包括影响健康的污染源；收集气体、土壤、水和其他材料的样本进行测试
气候变化政策分析员	研究和分析与气候变化有关的政策发展；提出与气候有关的行动建议，例如立法、宣传活动或筹款方式

五、项目组织

俄勒冈州立大学研究生院开设的环境科学研究生项目提供环境科

① Oregon State University. Master's in environment sciences careers[EB/OL]. [2022-10-24]. https://ecampus. oregonstate. edu/online-degrees/graduate/environmental-sciences/careers. htm.

学的硕士、PSM和博士学位。研究生院委员会对研究生教育的政策、程序和要求有管辖权，该委员会制定和修改录取标准、基本学位要求和一般政策，批准所有的研究生教员、新项目和课程，并且定期审查所有现有的研究生项目。对学生来说，研究生委员会能够提供学生需要的信息，指导学生选课，帮助学生选择实习的合作公司，指导学生完成实习并做出评价，主持最终的毕业答辩和考试等。环境科学项目的学生可以从大学任命的教师中选择导师，也可以从研究生院认可的专家学者中选择导师。该项目的所有学生都必须有一名专业教授和至少两名其他研究生委员会成员来进行指导。[①] 学生的导师即专业教授是学生所学领域的委员会成员，同时是学生的主要学术顾问、主要论文顾问，以及学术研究计划和研究的总指导。此外，环境科学项目通常由项目主任和助理进行集中协调管理，他们负责学生的全面招生和入学、咨询、课程协调、网站维护等活动。

环境科学硕士项目可通过线上或线下的方式学习，在线学生可获得与校内学生相同的毕业证书和成绩单。俄勒冈州立大学在线校园(Ecampus)的教学处于全国在线教育的领先水平，所有课程都是由俄勒冈州立大学优秀的教师开发和教授的，他们以其研究、专业知识和创新而闻名。环境科学硕士项目还提供了“快速硕士”项目(Accelerated Masters in Environmental Sciences)，即允许本科生完成硕士课程来获得硕士学位，从而减少硕士阶段的学习时间。具体来说，允许俄勒冈州立大学目前主修环境科学的本科生完成最多12学分的研究生课程，可同时申请本科学位和环境科学硕士学位。另外要求本科生的每门课程的成绩至少要达到B级，才可以转入环境科学硕士学位课程。通过这一项目，学生可以将他们完成硕士学位所需的时间减少

① BECHERT U, CRONK B C. Applied learning at the graduate level: Professional Science Master's programs lead the way[J]. Journal of applied learning in higher education, 2012, 4: 23-33.

两个学期。

打破传统发展新的教育项目和合作并不容易，但是正如博耶所言，“现在是建立跨学科的桥梁，并且将校园与更大的世界联系起来的时候了。社会本身在如何定义学术方面有很大的利害关系”①。PSM 作为一种跨越学科的、创新的专业学位项目，更能适应社会对高等教育的需求，同时也需要多方面的管理和协调工作。良好的 PSM 项目的组织和运行需要各层次领导之间的沟通联系，培养强大的外部伙伴关系，各机构之间和机构内部的行政和程序上的高效运行，发展和促进研究生教育的商业模式，以及在全国范围内的信息、资源共享等。

传统上，教职员工往往把高等教育对经济发展的贡献看作是教育过程中的一个次要的副产品，而不是首要目标。然而来自政府机构及学生消费者的压力越来越大，迫使院校在探索新的项目时不得不考虑市场数据和雇主的意见。衡量教育成功的标准除了基本的入学和完成学业的统计数据外，还必须包括就业和其他毕业后的问题。PSM 项目的学生一般更能适应市场和雇主的需求，从而受到更多欢迎。根据美国研究生院协会的一项全国性调查报告，早在 2011 年，超过 55%的 PSM 毕业生的年薪不低于 5 万美元。在接受调查的毕业生中，有一半以上在企业工作，有 23%在政府机构工作，有 16%在学术界工作，有近 8%在非营利组织就业，就业提供者因学科而异，政府机构雇用环境科学毕业生的数量最多，雇主们被问及对 PSM 毕业生的评价时，都非常积极。②

俄勒冈州立大学的 PSM 项目的设置充分考虑了市场、雇主的需

---

① BOYER E L. Scholarship reconsidered: priorities of the professoriate [M]. Lawrenceville: Princeton University Press, 1990: 77.

② BECHERT U, CRONK B C. Applied learning at the graduate level: Professional Science Master's programs lead the way[J]. Journal of applied learning in higher education, 2012, 4: 23-33.

求，该校的 PSM 项目还包括生物技术、应用物理学、植物学等。几乎所有的环境科学项目的毕业生在毕业后都能找到工作或攻读更高的学位，这正是得益于在项目中获得的跨学科、适用性较强的专业知识和技能。俄勒冈州立大学环境科学专业硕士项目充分利用了学校在环境、生态、科学、社会等领域的优势资源，为学生提供了丰富的学习资源和良好的学习体验，培养了学生的跨学科知识背景，从而拓宽了学生的就业渠道。

第五节 加利福尼亚大学伯克利分校建筑硕士项目

加州大学伯克利分校的环境设计学院成立于 1959 年，是美国顶尖的环境设计学院之一，也是世界上最杰出的实验、研究和智力协同的建筑学院之一。作为第一所将建筑、规划和景观建筑学科结合在一起的学院，伯克利环境设计学院引领了分析、理解和设计建筑环境的综合方法，将环境设计与社会、政治、经济和文化背景相联系。环境设计学院在建筑历史和理论方面有着杰出的学术传统，为建筑教育提供了超越传统学科界限的新方向，将环境设计视为一种探索性的空间实践，旨在创造突破想象的建筑、景观和城市规划形式。环境设计学院历来强调环境设计是一种深刻的道德实践，通过与不同的社区、工人、企业和政策制定者的互动产生新的设计。环境设计学院认为今天的学生面临着前所未有的全球挑战，学院以全新的方式来塑造承载多样化生活方式的建筑、场所和景观，帮助学生应对这些挑战。

一、培养目标与基本要求

环境设计学院的使命是培养有创造力和技能的专业人员，帮助打造环境-生态可持续性、繁荣和公平、健康和美丽，突破传统的逻辑、形式和材料限制。环境设计学院引导学生批判性地理解世界各地的城市的建筑和景观，以及它们的多层次的意义，教育学生如何设计受人喜爱的建筑，丰富学生的想象力，不仅帮助学生获得技术专长，还帮助他们获得看待和重塑建筑环境的超越性方法。建筑硕士项目旨在为寻求专业学位的学生提供全面和具有挑战性的教育，促进学生在建筑领域的实践。该项目的三大支柱包括项目在数字设计媒体应用方面的新兴地位，拥有国际视野的工作室和研讨会，以及对设计和生态学的强调。学生可以根据个人的经验和需求选择不同的建筑硕士项目。不同层次的建筑硕士项目的所需时间、课程的数量、具体学习内容及学分要求，可能因学生本科专业、学习经历和其他工作经验的不同而不同（见表 4-5-1）。

表 4-5-1　加州大学伯克利分校建筑硕士项目基本要求①

项目	学制	基本学分	选修学分（最高）
工作室项目（Studio One）	1 年	24	16
高级建筑硕士项目（M. Arch Program with Advanced Standing）	2 年	48	25
建筑硕士项目（M. Arch Program）	3 年	72	12

一年制和两年制属于高级建筑硕士项目。为期一年的高级建筑硕士项目专为持有五年制建筑学学士学位的学生，或持有外国大学和技术学院的类似五年制学位的学生设置。该项目适合那些拥有建筑学学士学位，并且希望在充满启发性的、充实的工作室环境中提升专业经验的人。两个学期的课程是该项目的核心，学生可参加设计理论、历

① Berkeley Architecture. Master of Architecture(M. Arch)[EB/OL]. [2022-10-25]. https://ced.berkeley.edu/arch/degrees-admissions/master-of-architecture.

史、城市主义、数字应用等方面的研讨会和讲座等。该项目从 2020—2021 届开始，完成该项目的学生将获得高级建筑硕士的学位（Master of Advanced Architectural Design）。但需注意的是，高级建筑设计硕士学位没有得到国家建筑认证委员会的认证，建筑认证委员会的认证认可两年制或三年制建筑项目的建筑学硕士学位。

两年制的高级建筑硕士项目适合在建筑学领域已经获得学士学位的学生，包括主修建筑学的文科学士或理科学士。进入该项目的资格是由招生委员会根据学生的工作经验和学术成果酌情决定的。高级建筑硕士项目中的每个学生的本科课程将与建筑学硕士项目的基本课程进行比较。在本科课程中已经完成许多必修课程或同等课程的学生，在研究生课程中会有广泛的选修课可供选择。

为期 3 年的建筑硕士项目是为那些在建筑学以外的领域获得学士学位的人设计的。建筑学硕士项目学位的基础课程要求学生在 6 个学期内完成，至少获得 72 学分。设计是基础课程的核心，学生每学期都要参加建筑设计工作室。在最后一学年，学生需要完成个人论文。平均来看，两年制高级建筑学硕士项目每年录取 40 人左右，三年制建筑学硕士项目每年录取 100 人左右。

二、招生要求

建筑硕士项目的申请人首先需要满足学校的基本招生要求，具体包括：第一，学士学位或经认可机构认可的同等学力；第二，在最后两年的本科学习中，平均学分绩点达到或超过 3.0；第三，完成大学水平或同等水平的微积分、入门物理学，包括力学；第四，雅思或托福成绩（母语非英语的申请人）。

对建筑学硕士学位申请者的评估除了以上基本内容之外，主要包括基本陈述和信件、学术记录、作品集 3 个方面（见表 4-5-2）。其中，作品集为学生提供了展示自己能力的机会。作品不一定都与建筑相关，如果学生没有这方面的经验，他可以提供自认为最好的作品且不限形式，但成果应经过学生系统的思考和规划，以体现学生的创造性。

表 4-5-2 加州大学伯克利分校建筑硕士项目招生要求①

要求	评估内容
基本陈述和信件	多样化的经验、规划、领导潜力
学术记录	课程选择、学术成就、成功完成未来课程的潜力
作品集	空间感、图形清晰度和创造力、作为设计师的潜力（这 3 项标准中每一项的权重是相同的）

招生委员主要包括建筑硕士委员会的成员、研究生指导委员会主席，一般由 4—5 名成员组成常设委员会。审核程序包括 3 个阶段：第一阶段，建筑学硕士招生委员会成员使用上述标准对部分申请人进行审查，从 1（弱）到 5（强）进行排名，并且提出录取、审查或拒绝的建议。累积分数是排名的基础，排名前 1/3 的申请人进入下一阶段。第二阶段，由两名教师负责审查，使用与上述相同的标准和排名方法产生最终的排名名单，交接给建筑学硕士录取委员会。第三阶段，建筑学硕士招生委员会将审查名单的前 50%，以填补研究生院分配的部门名额。委员会将审查积分、建议和教师审查员的意见。同样，委员会从上述 3 个方面审查每个申请人，以做出最终的录取决定。委员会还考虑到每个人的背景和优势，允许具有不同背景和优势的学生进入该项目，以便为他们入学后的班级安排和研究兴趣做参考。

① Berkeley Architecture. Master of Architecture(M. Arch)[EB/OL]. [2022-10-25]. https://ced.berkeley.edu/arch/degrees-admissions/master-of-architecture.

三、课程设置

加州大学伯克利分校建筑硕士项目中不同学制的项目有着不同的课程安排，但都划分必修课与选修课（见表 4-5-3）。纵向来看，3 种学制的学生层次是递进的，三年制学生基础相对较弱，所学课程最多，需要从基础课程学起；两年制的学生有一定的专业水平，因此减少了基础课程；一年制学生的课程最为精炼，学习内容更为深入。横向来看，3 种学制的课程都涉及建筑设计理论、技术、环境历史、资源管理等领域，同时学生可以选择学院开设的其他选修课程，课程内容比较丰富。

表 4-5-3　加州大学伯克利分校建筑硕士项目课程①

项目	学年	课程
一年制	第一学年	核心课程：专题课程（Studio） 必修课：设计理论、历史、城市主义、数字应用和建筑技术 选修课：环境设计学院的其他课程、讲座和讲习班相结合
两年制	第一学年	第一学期：建筑与城市主义专题（5 学分）、结构简介（4 学分）、建筑概论一研究生水平（3 学分）、现代建筑史（3 学分）
		第二学期：毕业选择（5 学分）、高级建筑设计理论与批评（3 学分）、能源与环境高级研究（3 学分）、实践文化（3 学分）
	第二学年	第一学期：集成设计专题（5 学分）、期末论文研讨会（3 学分）、专业实践研讨会（1 学分）、选修课 1 门
		第二学期：毕业论文（5 学分）、选修课 3 门
三年制	第一学年	第一学期：建筑专题简介 1（5 学分）、建筑设计中的代表性实践（3 学分）、现代建筑史（3 学分）、演讲会（1 学分）
		第二学期：建筑专题简介 2（5 学分）、高级建筑设计理论与评论（3 学分）、能源与环境高级研究（3 学分）、建筑研究研讨会（1 学分）

① Berkeley Architecture. Courses[EB/OL]. [2022-10-25]. https://ced.berkeley.edu/arch/courses.

续表

项目	学年	课程
	第二学年	第一学期：建筑与城市化专题（5 学分）、结构简介（4 学分）、建筑概论（3 学分）
		第二学期：毕业选择专题（5 学分）、实践文化（3 学分）、选修课两门
	第三学年	第一学期：集成设计专题（5 学分）、期末论文研讨会（3 学分）、专业实践研讨会（1 学分）、选修课 1 门
		第二学期：毕业论文（学分）、选修课 3 门

不同层次的课程有不同的侧重点和授课方法。例如，现代建筑史这门较为基础的课程，每次课程将深入研究一个或两个建筑，对个别建筑进行案例研究，包括考察设计、理论、图形表现、施工技术和内部规划等。一些高级课程则要求学生完成自己的设计作品，例如在建筑与城市化专题课程中进行复杂的建筑或社区的设计。每一次课程涉及一个特定的主题，如住房、公共和机构建筑，以及当地或国际社区发展。讲座、讨论、阅读和实地考察将为工作室的工作进行补充，为学生提供更加丰富的学习机会和资源，学生的优秀作品还有机会在学院的网站展出。

四、专业实习与毕业要求

加州大学伯克利分校建筑硕士的实习主要针对两年制和三年制的学生，实习一般安排在最后一学年的第一学期进行。由于建筑学自身的实践性较强，加上美国高校普遍重视建筑学理论与实践之间的联系，因此实习在建筑学专业人才培养中显得尤为重要。环境设计学院大多数项目的共同点是需要设计工作室的工作经验，工作室中的工作包括理论深化、技术实践以及为国内和国际客户服务。环境设计学院建筑硕士项目的教师包括设计、理论和建筑技术领域的领导者，并且每年都有教授加入，进行与他们专业兴趣相关的设计工作。加州大学伯克利分校建筑硕士项目的学生在第二学年或第三学年的每个学期都有机会选择他们想参加的工作室，教师提供介绍的机会，项目委员会将对所有学生的偏好进行分类，综合多方考虑后为学生匹配工作室，随后学生可进入工作室学习和工作。① 工作室的工作一般会由经验丰富的教师带领学生进行，学生可以参与实际的建筑设计项目，需要在项目的最后提交成果。在工作室里，学生们作为新生代的设计师参与设计工作，他们将成为建筑领域的批判性观察者、创新者，能够经常与来自学院各系和项目的教师及同学合作。工作室这种丰富的、充实的、互动的学习平台是环境设计学院学生实践环节的标志之一。

加州大学伯克利分校建筑硕士项目的学生则需要提交最终论文。论文需要在最后一学年完成，在最后一学年的第一学期中，学生需要参加论文研讨会，第二学期再进行论文合作探讨工作。虽然建筑系的毕业要求是学位论文，但学校研究生部门将此要求称为专业要求的顶点项目或报告，作为学位要求的一部分。学校会给学生安排论文指导老师，一般学生则根据自己的兴趣决定研究方向，准备材料，在最后一学年的第一学期完成论文基本框架。学生毕业时需要完成以下几项工作：论文评审时的工作介绍，将完成的论文发送给委员会审批，向研究生事务官提交最终论文并获得批准。

加州大学伯克利分校建筑硕士项目最大的特点在于，根据学生的专业基础和需求开设了 3 个层次的项目，是在对学生群体的多样性和市场需求做了充分了解的基础上做出的设置，体现了招生和培养环节的灵活性。建筑学的专业性要求极高，同时它有着非常突出的实践要求，

---

① Berkeley College of Environmental Design. About CED[EB/OL]. [2022-10-25]. https://ced.berkeley.edu/about-ced.

因此，美国很多大学建筑专业采取多样化的实践方式。例如，麻省理工学院的建筑学专业与企业合作，学生参与团队项目并完成论文；康奈尔大学同样通过与企业合作的方式使学生获得实践经验，并且这种方式对企业和学校来说能够实现双赢的局面，企业项目获得了发展，学生则得到了经验。加州大学伯克利分校建筑硕士项目则基于环境设计学院的组织和资源优势，通过工作室的形式为学生提供专业实践锻炼。另外，建筑硕士项目是与职业资格联系非常密切的专业学位项目之一。在美国要想从事建筑业必须从所在州的监管委员会获得许可证，而获得许可证的第一步就是从 NAAB 认可的项目中获得建筑学学位。① 在加利大学伯克利分校的两年制和三年制的、经 NAAB 认证的建筑学硕士学位的学习经历相当于 5 年的经验。由此可见，建筑硕士项目为学生获得建筑师执照提供了支持和衔接。

第六节　宾夕法尼亚州立大学数据科学硕士项目

大数据最初出现在计算机科学、统计学和计量经济学领域，如今已经拓展成为各种各样的数据形式，存在于搜索引擎、社交媒体、购买交易、网上发布的数字图片和视频、手机使用情况等方方面面。大数据已经被用来促进公共政策的现代化管理，并且为商业决策提供信息。通过提高公共部门、企业、公司的生产力和竞争力，以及为消费者创造大量的经济盈余，大数据可以创造巨大的经济价值，不仅有利于私人商业，也有利于国家经济发展。

大数据是不能用传统工具处理和分析的数据类型，大数据中的数据集的规模超出了典型数据库软件工具捕捉、存储、管理和分析的能

① National Council of Architectural Registration Boards. Earn your architecture license [EB/OL]. [2022-10-25]. https://www.ncarb.org/become-architect/earn-license.

力。当人们想到大数据时，首先想到的往往是庞大的数据量。然而，数据量并不是大数据的唯一特征，有学者曾指出大数据有 4 个特点：第一，数量大；第二，来源的复杂性；第三，生产速度快；第四，潜在的用户数量。① 数据科学、商业智能、数据分析以及大数据的其他相关领域在学术界和商界都变得越来越重要。

在学术领域，学者对数据分析、数据科学等相关概念有着不同视角的认识。数据分析被看作是研究原始数据的科学，通过对这些信息进行分析处理得出一定的结论。在科学领域，数据分析可以用来验证或反驳现有的模型或理论，也能够提出新的问题、制定新的假设，对决策产生影响。数据分析的一个重要部分是对新的数据或数据组合方式使用新的分析技术。数据科学则是新近出现的一个学术领域。数据科学最初产生于大数据、云计算领域和复杂性科学，它是一种数据应用，从数据本身获取其价值，并因此创造更多的数据。换句话说，数据科学能够创造数据产品，应用定量和定性方法来解决相关问题并预测结果。② 也有学者认为数据科学由 3 个领域组成，分别是分析、基础设施和数据整理。③

在此基础上，美国数据科学硕士网站认为数据科学家是统计学家、计算机科学家、创造性思维者的混合体，并且提出了数据科学家应该具备的一系列技能，包括收集、处理、提取有价值的数据的能力，创造数据驱动的解决方案的能力，与其他领域的科学家沟通合作的能力，

① LOURIDAS P, EBERT C. Embedded analytics and statistics for big data[J]. IEEE software, 2013, 30(6): 33-39.

② WALLER M A, FAWCETT S E. Data science, predictive analytics, and big data: a revolution that will transform supply chain design and management[J]. Journal of business logistics, 2013, 34(2): 77-84.

③ DUMBILL E, LIDDY E D, STANTON J, et al. Educating the next generation of data scientists[J]. Big data, 2013, 1(1): 21-27.

以及提高利润、降低成本的能力。[①] 显而易见，数据科学家与统计学家或计算机科学家有非常密切的联系，同时也应该有非凡的沟通能力，以及依据数据做出决策的能力，数据科学家在帮助企业做出战略决策和优化结果方面发挥着重要作用。

在大数据时代，数据泛滥的现象屡见不鲜，给计算机、商业等领域带来了巨大的挑战，需要专门的技术来分析和管理庞大的数据量。社会对数据科学人才的需求也随之增加，需要这类人才对数据进行处理分析、开发创新数据管理工具等。为了应对这种新的需求，很多美国高等教育机构已经推出了数据分析、商业智能或数据科学等混合教育项目，例如哈佛大学、哥伦比亚大学、纽约大学等都开设了数据科学项目，密歇根大学设立了商业分析硕士项目等。到 2014 年 6 月，美国有 30 多所高等教育机构开设了 40 多个数据科学项目，开设数据科学项目的学院包括工程、商业、数学和统计、计算机科学、文理学院，以及跨学科的独立中心或机构。

宾夕法尼亚州立大学认为数据科学这一新兴学科越来越成为当今世界做出决策、理解和解决问题的关键。无论是把人工智能技术应用于具体问题，或是建立一个现实世界现象的计算模型，或是在统计学中验证一个假设，还是分析结构化、文本或图像数据，数据科学正在成为科学家、研究人员、工程师和政策制定者的重要工具。宾夕法尼亚州立大学有着跨学科的传统，为数据科学爱好者提供了良好的环境，生物医学信息学、通信和公共政策、数据隐私等与数据科学有关的领域的研究在学校范围内吸引了广泛关注。

数据科学硕士项目由宾夕法尼亚州立大学工程学院的计算机与信息科学系和电气与系统工程系共同管理。工程学院致力于培养新一代

---

① Master's in Data Science[EB/OL]. [2020-10-25]. https://www.mastersindatascience.org/.

的创新工程师、企业家和领导人。工程学院是现代计算机的诞生地，1946年世界上第一台大型电子通用数字计算机埃尼阿克（ENIAC）就是在这里开发的。宾夕法尼亚州立大学的计算机科学领域一直以创新作为其重要标志，该领域一直与许多其他学科有着紧密的联系，例如数学、电气工程、生物学、经济学、语言学和哲学等，似乎每一个其他学科都能与计算机科学建立关系。计算机与信息科学系教师的研究活动涉及计算机科学的许多领域，包括智能系统、信息系统、硬件和软件系统、网络和理论。电气与系统工程系由原有的电气工程系和系统工程系合并而来，体现了学校对快速变化的知识和职业需求的回应。电气与系统工程系的教育方法不再强调对具体事实和对工具的详细掌握，而旨在培养受过广泛教育、对问题有好奇心的学生，他们有深厚的学科基础，同时能够很好地掌握新技术，从而解决相关问题。

一、线下项目

数据科学项目的学制通常为一年半到两年，项目融合了机器学习、大数据分析和统计学等核心主题的前沿课程，各种选修课，以及将相关技术应用于学生所选择的领域——深度领域（depth area）的机会。数据科学硕士项目的学生将能够从事广泛的以数据为中心的职业，包括技术和工程、咨询、科学、政策制定等。

（一）招生要求

数据科学项目的基本招生要求与其他项目类似，主要包括个人信息、简历、个人陈述、两封推荐信、成绩单、GRE成绩等。申请人必须获得学院或大学的学士学位，学士学位项目至少3年。需注意的是，数据科学项目要求学生具有较强的数学和统计能力，以及编程经验。相关教师和工作人员将对申请人提交的材料进行评估，主要评估申请人顺利完成该项目的能力，以及学生的兴趣与该项目和研究的适配性。

（二）培养方案

宾夕法尼亚州立大学数据科学硕士项目课程分为3个部分（见表4-6-1），基础课程和核心课程为必修课程，学习数据、计算机、编程等方面的基础知识，选修课程分为应用和方法两大类。数据科学硕士项目为学生提供了潜在的深度领域（见表4-6-2），各领域既提供课程，又提供数据科学应用领域的论文或研究训练，论文、研究各占2学分，学生可以从建议的项目中进行选择，或者提出自己的项目设想，项目主任和项目领域的顾问将对学生进行共同指导。

表4-6-1　宾夕法尼亚州立大学数据科学硕士项目课程设置①

课程类型	具体内容		
基础课程（2学分）	编程语言与技术/软件开发概论 线性代数/计算线性代数		
核心课程（3学分）	数据科学的统计学 大数据分析 数据发掘与学习：机器学习导论/机器学习/现代数据挖掘/数据驱动建模与概率科学计算/数据发掘		
技术与深度领域部分选修课（5学分）	应用	A. 论文/研究	通过参与项目完成相应的论文或研究
		B. 生物医学	人脑-计算机交互 网络神经科学 生物医学和健康信息学 计算生物学和生物建模 生物医学图像分析 理论和计算神经科学
		C. 社会/网络科学	伦理算法设计 计量经济学 营销中的应用概率模型

① Penn Engineering. MSE in data science[EB/OL]. [2022-10-26]. https://dats.seas.upenn.edu/programofstudy/.

续表

课程类型	具体内容		
	方法	D. 以数据为中心的编程	软件系统 数据库高级编程 互联网和网络系统 编程和问题解决 软件工程 计算机系统编程
		E. 调查和统计方法	营销决策的数据和分析 商业分析 管理预测方法 商业预测分析 抽样调查方法 观察性研究 社会、行为和生物科学的现代回归
		F. 数据分析，人工智能	人工智能 数据科学的深度学习 计算语言学 机器感知 计算机视觉
		G. 自然科学/工程的模拟方法	分子建模与模拟 能量和化学转化的计算科学 生物系统的多重建模 有限元分析 计算力学 材料科学中的原子建模
		H. 数学和算法基础	高级线性代数 算法 计算学习理论 随机化算法 算法与计算

表 4-6-2 宾夕法尼亚州立大学数据科学硕士项目深度领域①

序号	深度领域	主要负责机构
1	网络科学	沃伦网络和数据科学中心
2	数字人文	普莱斯数字人文实验室
3	生物医学	生物信息学研究所
4	公共政策	沃顿预算模型，安纳伯格公共政策中心
5	计算机和信息科学	计算机与信息科学系
6	电气和系统工程	电气与系统工程系

数据科学硕士项目依托宾夕法尼亚州立大学工程学院的学术资源，为学生提供的深度领域综合了多个研究机构和研究所的学术力量。例如，沃伦网络和数据科学中心设在宾夕法尼亚州立大学工程和应用科学学院，其教职员工来自宾夕法尼亚州立大学的各个部门，是一个具有前瞻性、创新性和跨学科特点的机构。该中心汇集了宾夕法尼亚州立大学的优秀教师，集中、分享和发展对网络科学技术的研究，并且涉及经济学、社会学、密码学等领域。沃伦网络与数据科学中心拥有丰富的资源，并且举办了一系列的活动，突出了该领域的领先思想和前沿发展，这些聚会和讲座本身就是一个系统，将网络科学领域的研究人员、企业家和学生联系在一起。

此外，数据科学项目提供的学生指导计划将二年级学生与一年级学生、转学学生和双学位学生等联系起来，建立一种伙伴关系，向新生介绍宾夕法尼亚州立大学数据科学项目的结构、环境，同时使学生能够与导师一起工作，建立交流合作网络，发展新技能，与数据科学界保持联系。

① Penn Engineering. MSE in data science[EB/OL]. [2022-10-26]. https://dats. seas. upenn. edu/program/.

二、线上项目

宾夕法尼亚州立大学的工程学院开设了多个在线硕士项目，在线形式允许不同年龄、经验和背景的学生不受时间和地点的限制获得该大学的教育。

（一）招生要求

数据科学硕士在线项目适合于有一定计算机基础的人。与线下项目要求不同，线上项目对申请人的要求更为具体，申请人必须满足以下条件之一：第一，获得计算机科学的本科学位；第二，高度量化领域的本科学位（例如统计学、数学、物理学），并且具有两年的软件开发工作经验。如果学生没有计算机科学学位，或者之前很少接受计算机培训，可以考虑参加在线的计算机和信息技术硕士项目。如果学生曾辅修过计算机科学，拥有如统计学、数学、物理学等本科学位，还可以考虑数据科学工程硕士在线项目。

（二）培养方案

数据科学硕士在线项目的学生将深入研究人工智能、大数据系统、健康的数据科学、深度学习、自然语言处理、互联网和网络系统、机器学习等主题（见表 4-6-3）。毕业生能够应用数据的专业知识，使用统计和计算方法制定、评估假设，处理大数据和高速数据，建立数据模型，进行可视化的数据分析，进行数据预测等。

作为常春藤联盟中的一所学校，宾夕法尼亚州立大学数据科学硕士在线项目严格保障学生的学习质量，为学生提供良好的学习体验。在线项目的课程主要与线下项目的选修课中的两个方向相对应：以数据为中心的编程和数据分析、人工智能。对所提供的课程内容来说，线上和线下是相同的。线上学生同样可以加入学习小组，进行在线讨区，体验协作学习。在线项目的学生同样可以参加宾大的毕业典礼。

表 4-6-3 宾夕法尼亚州立大学数据科学硕士项目（线上）课程设置①

课程类别	具体课程
核心课程	大数据分析 数据库和信息系统 数据科学的机器学习 数据科学的统计学 线性代数和优化基础
技术选修	人工智能 自然语言处理 深度学习的原理 计算机与网络安全 互联网和网络系统 计算机视觉与计算摄影 区块链和密码学
开放选修	软件分析 移动网络和物联网的无线通信 网络系统 计算机系统编程 算法与计算 实习（可选）

数据科学硕士在线项目要求学生完成 10 门课程的学习，其中包括 4 门核心课程、4 门技术选修课和 2 门开放选修课，并且在 16—40 个月内完成。所有课程完全都是在线的，学生可通过咨询小组讨论最适合自己需求的课程量和完成学位要求的方式，规划课程和整体学习计划。在线学位项目的学生可选择非全日制和全日制两种学习方式，非全日制即在一个学期中学习 1—2 门课程，全日制为每学期学习 3—4 门课程，并且学生可以根据自己的情况在两种状态之间转换。因此在线项目的学习时间和地点非常灵活，学生可以在任意时间、任何地方学习。

① Penn Engineering. MSE-DS academics[EB/OL]. [2022-10-26]. https://online. seas. upenn. edu/degrees/mse-ds-online/mse-ds-academics/.

通常学生顺利完成所有课程即可毕业获得相应的学位。对线上项目的学生来说，实习不是必需的，但是该项目依然为学生提供了实习的机会，学生可根据自己的情况选择是否参加。实习需要在校内完成，为期 1 周，学生将与顾问一起完成一个真实的研究项目，需要支付额外的费用。

数据科学硕士在线项目还为学生提供了多样化的职业发展支持，定期举办就业规划活动，包括简历撰写、面试准备、工作谈判、线上校友访谈、与负责专业发展的副主任每月进行一次会议等。学生还可以从该领域的专家那里获得个性化的职业建议，通过与职业顾问交流职业目标和规划，提高面试技能、社交水平，甚至建立个人品牌。数据科学硕士在线项目还为学生提供了应聘的机会，虚拟招聘会每年秋季在宾夕法尼亚州立大学的在线招聘平台上举行，学生有机会与雇主交流，还可参加小组会谈。学生还可以通过雇主信息会议与公司和雇主联系，从而深入了解公司信息，寻求职业发展机会。

总体而言，宾夕法尼亚州立大学数据科学项目是对当前社会（计算机、数据等技术人才）的需求做出的回应。不同学校的数据科学项目有不同的培养方案，在跨学科特点、培养要求、课程和技能方面各不相同，但是一般来说都包括专业领域知识和数据分析技能两大方面。学习一个专业领域知识的难度和复杂性可能取决于积累的经验，而这种经验正是来自动机和投入的时间。[①] 对数据科学项目的学生来说，学习专业知识和数据分析技能需要持续的时间投入。

数据科学项目的根源来自 3 个学科：应用数学、统计学和计算机科学，专业知识和技能可以在核心课程和选修课中结合起来。在宾夕法尼亚州立大学数据科学硕士项目的课程设置中，以数学、统计、数据

---

① TANG R，SAE-LIM W. Data science programs in U. S. higher education：an exploratory content analysis of program description，curriculum structure，and course focus[J]. Education for information，2016，32(3)：269-290.

分析为基础和核心内容，在此基础上提供了丰富的选修课，涉及与数据科学相关的社会、工程、人工智能等方面，体现出了跨学科的特点，使学生能够在不同领域中理解和应用数据，同时培养学生的协调、沟通、综合等能力。

数据科学项目采用线上和线下两种形式进行招生，为学生提供了更加灵活多样的选择。传统的线下项目依然为学生提供了最优质的学习体验：首先，学生能够在校园和课堂中与教师和同学进行更多的交流，参与多样化的论坛和交流活动，获得更多的知识和启发；其次，线下的校园生活、图书馆资源、社团和其他资源是线上项目难以比拟的，校园生活的经历将成为学生人生中宝贵的精神财富；最后，校园内外的专业实践为学生提供了更为实际的专业锻炼，学生可以加入团体或小组合作，参与不同项目的工作，尽管线上项目通过网络可以提供相关资源，但是线下的工作体验更加难得。

实际上，随着网络技术和线上教学模式的成熟，美国越来越多的大学开设了形式多样的线上项目。相比传统的在校培养模式，线上模式有独特的优势：首先，线上项目突破了时间和空间的限制，全国各地乃至全球的学生都有机会足不出户就能获得世界顶尖大学的教育；其次，线上项目的授课时间、课程要求更加灵活，对正在工作的专业硕士项目的学生来说，可以利于业余时间参加课程学习，而不会影响正常的工作或家庭生活，正是由于这一优势，线上项目能够扩大自己的招生市场，获得更多的生源；最后，依托世界名校的优势资源和高水平师资，研究型大学开设的线上项目更能够保障教学质量，保证项目的水准，获得较高的社会认可度。

第五章　美国研究型大学专业学位研究生培养模式的特点

在美国专业学位研究生的培养模式及其培养过程中，体现出区别于学术型学位人才培养的特点和优势。深刻理解美国专业学位人才培养的特点，有利于深化我们对其专业人才培养的认识。

第一节　培养目标定位明确

在美国研究型大学具体的专业学位研究生人才培养中，尽管不同院校、不同领域、不同层次的专业学位研究生项目的培养目标和培养方案并不固定且有所区别，但是通过对比分析我们可以发现，不同专业学位项目的开设都有着明确的针对性，重视专业理论和实践，培养某一领域的实用性人才，针对该领域对人才能力的要求制定专业的培养方案。总体而言，美国专业学位研究生项目的培养目标具有以下两方面特点。

一、培养目标专业性突出

美国研究型大学专业学位研究生项目的培养目标中一般都明确指出为某一专业领域提供与其需求相匹配的专业人才，并且专业学位研究生培养目标将理论与实践相结合，与学术性学位研究生的培养目标相区别，突出人才培养的专业性。例如，哈佛大学教育领导博士项目的培养目标是培养既掌握教育管理的专业知识，又有能力进行教育变革的教育领导者，体现了教育领域理论与实践的结合，明确其人才定位为教育“领导者”。

同一学科不同层次的专业学位的培养目标层层递进，对人才培养的要求逐层提高。以教育学为例（见表 5-1-1），专业学士学位和专业硕士学位主要培养实践型的教师，专业博士学位则注重理论和实践的深度结合，培养指导教育实践的专家、管理者。培养目标的层次化为培养同一领域不同层次的专业人才进行了区分，也更适合不同水平学生做出选择。

表 5-1-1　教育学专业学位人才培养目标①

专业学位层次	培养目标
教育学士	具有实际教学、管理能力的专业人才
教育硕士	具有教育理论和实际教学、管理能力的专家，能从事一定研究工作
教育博士	高水平的教育领域专业人员，未来教育领域的管理者和政策制定者

二、突出专业特色和技能

美国研究型大学的专业学位项目一般根据自身的特点和资源来设计各具特色的培养目标。例如宾夕法尼亚州立大学的数据科学硕士项目，依托工程学院的计算机与信息科学系和电气与系统工程系的优势和特色，培养学生掌握计算机、数据分析、编程等技能，以从事广泛的以数据为中心的职业。美国研究型大学专业学位普遍重视学生的专业技能培养，满足学生的专业需求。在大多数培养目标中会突出体现

① 根据教育学各学位层次专业人才培养的一般性培养目标整理。

学生最终具备的能力，学生可以根据自身需求选择合适的项目。例如，美国哥伦比亚大学和华盛顿大学的教育管理专业硕士学位的教育目标都强调领导力、人际关系技巧、策略等关键词，注重培养学生在教育机构的组织管理能力和技能，培养合格的、有创造力的领导者；哈佛大学和耶鲁大学的法律博士项目培养目标则强调培养学生的法律实务、在法律机构的实践能力、法律写作；杜克大学医学博士项目的培养目标更是提出了包括职业道德和专业精神、专业知识、临床技能、实践、合作、学术研究等6个方面的具体目标；哈佛大学教育领导博士项目培养目标则指明教育领导人能够关注教育质量和公平问题、处理政策和组织方面的问题等。对专业技能的强调一定程度上体现了专业学位项目的专业性。

第二节　培养过程以实践为重点

美国专业学位研究生培养过程的各个环节都更加注重学生的实践，专业学位研究生的培养模式可以说是一种“实践模式”，以专业知识为基础，以锻炼专业实践能力为重点，培养专业型、实践型人才。

一、招生选拔注重学生的实践经验

美国研究型大学在专业学位研究生招生过程中没有完全统一的标准，具有较强的自主性。当然，各学校录取也存在一些共性的要求，例如本科的学习经历、学习成绩、个人陈述、推荐信和GRE成绩等。除此之外，不同大学、不同学科专业对学生有着各式各样的具体要求，例如加州大学伯克利分校建筑硕士项目要求学生提供自己的相关作品，宾夕法尼亚州立大学数据科学硕士项目对学生的数学、统计和编程能力提出了具体的要求等。这些个性化的要求一方面有利于学校选择更为合适、有潜力的学生，也在一定程度上使学生了解所需努力的具体方向。

专业学位研究生的招生一般注重学生的实习、工作经验。由于专业硕士、专业博士层次及申请人背景的不同，专业学位项目对经验的要求也不尽相同。一般来说，专业硕士项目的申请人未必都有丰富的工作经验，在专业硕士招生中，工作经验更像是一个加分项，丰富的实习和相关经历、作品或成果展示是提高申请人竞争力的重要因素，有相关经验的学生可能更受欢迎，但同时经验不多的学生也可以通过提供自己的个人经历、作品来证明自己的能力。专业博士项目对申请人的工作经验和能力有更高的要求。例如，哈佛大学教育领导博士项目的学生有6—26年不等的工作经历，他们已经在教育领域、教育管理岗位上有了相当丰富的经验，对教育工作有了一定的专业认识，也正因如此，他们更适合进入教育领导博士项目学习，成为更优秀的教育领导者、管理者。再如，杜克大学医学博士项目的申请人需要提供来自临床医师的推荐信，对他们的实践能力做出评价。此外，杜克大学医学博士项目对申请人的能力有着极高的要求，包括观察、沟通、身体素质、社会交往方面的能力，这些都是成为一名合格医师的必不可少的能力。

招生选拔是进入人才培养的第一个环节，也是控制和保障教育质量的重要环节之一，严格的选拔制度能够确保学校招收更多基础扎实的优秀学生，保障项目的质量和毕业率。专业学位研究生项目灵活的招生要求体现了与学术型学位的区别，更加关注申请人的实践经验和专业能力的发展，选拔兼具专业知识和实践潜力的学生，从而培养他们成为高水平的专业实践型人才。

二、课程内容强调与实践的联系

课程教学是人才培养过程中的主要方式，专业学位研究生的课程与学术型学位研究生的课程一样，需要建立在特定领域或学科的高水平学术研究基础之上。相对而言，由于专业学位培养的人才更加注重专业性、实用性、职业性，因此在专业学位研究生课程设置中更加注重理论与实践的结合。研究表明，成年人的最佳学习状态，特别是具有丰富经验背景的专业人员，与他们的学习情况和特征、学习过程中参与的经验、学习的环境之间的相互作用有关。[①] 因此，专业学位研究生的课程一般更加注重专业理论知识学习与现实生活实践之间的联系。相对于学术型学位研究生的课程，专业学位研究生课程减少了复杂的理论知识，并且增加了与实际问题相关的课程设置。提高课程材料的真实性、相关性和适用性，使学生在课程内容和生活经验之间建立联系。

美国专业学位研究生课程设置从总体上看，通常包括基础课程或必须课程、核心课程，以及大量的选修课。课程设置注重学生的专业知识学习，即专业型人才务必通过课程学习保证学生的专业水准。培养专业人才掌握扎实且丰富的专业基础知识，原因在于基础知识是学生日后深化专业理论学习以及将理论与实践相联系的重要基础。在具备一定的基础知识储备后，依据学位层次的不同适当提高专业课程的深度。从纵向来看，项目课程设计具有层次性，用基础课程打好基础，以核心课程为重点，针对不同基础的学生开设不同层次、不同难度的课程。这一特点在加州大学伯克利分校建筑硕士项目中有着尤为清晰

---

① FRIESEN S，JACOBSEN M. Collaborative design of professional graduate programs in education[J]. International journal of designs for learning，2021，12(1)：64-76.

的体现，由于建筑理论本身的复杂性，学生需要从基础的结构、设计理论学习，再学习高级设计理论、能源与环境等课程。另外该校建筑硕士项目的重要特色是将学生分为3类，分别设计不同的课程，基础相对较弱的三年制项目的学生需要学习的基础知识最多，已经具备一定专业知识储备和相关工作经验的两年制和一年制项目的学生的课程则减少了基础课程。这种课程设置方式更有利于为不同层次、不同需求的学生打好专业基础。

美国专业学位研究生项目通常注重扩展学生的学习领域，为学生提供不同学科、不同专业的丰富课程。专业学位研究生培养具有突出的实践性，学生就业后需要进入现实的工作情境中，当前现实生活中的问题日益复杂，单一学科的知识和技能越来越难以应对，因此掌握多学科、跨学科的知识对学生来说十分必要。哈佛大学教育领导博士项目的课程综合了3个学院的课程资源，俄勒冈州立大学环境科学硕士项目本身作为一个跨学科项目，融合了环境、科学、商业等领域的课程。近年来，美国越来越多的专业学位研究生课程中设置了跨学科的课程，扩宽学生的知识面，学生可以根据自己的兴趣和需求选修课程，不受学科和专业领域的限制。这种课程设置有利于全方位满足学生的学习兴趣和需要，培养复合型人才。

三、实习形式多样，强化专业技能培养

专业学位研究生培养更加兼顾理论与实践的衔接，注重学生在实习环节锻炼专业技能。一般来说，专业学位研究生项目在学生入学的第一年主要是进行理论知识教学，以理论知识作为实践的基础。专业硕士学位项目的学制一般为1—2年，一般从第二学年开始硕士生就要进入实习环节，实习在学生整个培养过程中的比重常常占到一半，远高于学术型研究生项目中的实践比重，可以体现出专业技能训练是专

业学位研究生培养的一个重点和关键环节。

实习的形式和项目多样，案例分析、项目设计、实验研究、实地调查等多种形式在实习过程中得到应用，不同的学科领域的实习则根据学科的特点来设置适合学生的实习方式，学生也可以在一定的范围内选择更适合自己的实习项目。美国研究型大学有着较高的社会认可度和丰富的资源，通常拥有更多优质的合作伙伴和赞助来源，这些不同的机构、组织和团体等加入到专业学位人才培养当中，成为合作单位，极大地丰富了学生参与高水平实习的机会。产学研合作已经成为专业实习的重要形式，这种合作方式能够达成双赢甚至多赢的局面，形成利益相关者之间的有力联结。企业得到人才支持能够推进项目发展；学生则进入企业或其他合作平台，锻炼专业技能，了解各行业的发展行情；学校既与企业达成合作，又能够满足学生的需求，有利于专业学位项目的可持续发展，从而为学校获利。

实习环节不仅是对学生专业技能的训练，同时也能够深化学生对行业的认识，促进学生的综合思维、批判性思维的发展，提高学生的职业素养等。在实习锻炼中使学生养成实践、反思的习惯，有利于学生在从理论到实践再从实践到理论这一过程中促进专业知识的生成和运用，使学生在实践中深化对专业理论知识的认识，又能够使学生通过实践环节积累经验教训，丰富专业知识，从而实现专业知识和实践技能的共同发展。

专业学位项目的实习或研究更多的是以团队模式进行，强调团队合作的重要性，培养合作精神。专业学位实习要求学生实际参与到相应领域的工作中去，在实际的工作过程中，除了完成基本工作，人际关系的处理和维护同样是重要的一部分。进入实际工作场景之后，学生需要与各种各样的工作人员进行沟通合作，可能既包括上下级之间进行的任务传达和反馈，也包括同事或合作小组内部成员之间的合作和沟通，还包括与项目相关的其他工作人员的互动。良好的团队关系和合作精神是完成项目工作的重要条件，学生在实习中将得到人际关系和团队合作方面的锻炼，积攒一定的人脉和经验，更有利于日后的工作和职业发展。

四、关注学生的职业规划，提供就业支持

美国研究型大学专业学位在设置之初就已有明确的培养目标和定位，同时专业学位的专业性、实践性的本质特征决定了专业人才在毕业后将继续在各行各业寻求职业发展。因此，专业学位人才的职业发展规划是帮助学生进入职场的重要一环。学生的就业满意度在一定程度上也是衡量专业学位项目的重要指标之一。

为了满足学生的职业发展需要，美国研究型大学一般设立专门的职业发展办公室或专门的负责人员。例如耶鲁大学法学院设立的职业发展办公室，为学生的职业规划提供了七大板块的服务，分别是：第一，职业管理系统，向学生提供资源；第二，职业发展之路，为学生提供有关公共利益、司法实习、律师事务所、法律教学和商业等方面的职业信息；第三，视频节目，为职业规划提供有用的职业发展宣传；第四，咨询服务，律师顾问将与学生探讨其职业目标和愿望，提供关于简历和求职信的建议；第五，学生就业工具，在学生自我评估、雇主研究、网络、申请材料和面试方面提供指导；第六，就业项目，办公室每年都会举办面试和培训项目，为学生提供跨行业和领域的知识和机会；第七，职业指南和建议，为学生提供一系列的职业指南和资源，以及其他兴趣领域。这些多样化的服务的落实能够充分满足学生的职业发展需求。①

① Yale Law School. Resources to make informed career decisions[EB/OL]. [2020-10-22]. https://law.yale.edu/student-life/career-development/students.

大学为学生提供的职业发展服务一定程度上能够体现学校的组织文化和共同价值观。学生在学校的专业学习中获得专业技能，进而建立或发展各自的事业，而这些事业的发展得益于大学带给学生的职业精神、合作精神、求知欲望及共同的价值观，这种校园文化和价值观不仅在课堂中而且在学生就业后仍能够体现出来，成为一种潜在的、深远的影响。学生、教师、校友和工作人员共同组成了大学的一部分，学生可以在这个团体中相互学习、共同成长，这种共同的精神和合作的关系也是学生职业发展的重要推动力量。学校为学生提供职业规划支持，使学生得到满意的工作仅仅是职业规划的基本任务，学生与学生之间、学生与学校之间的认同则在无形之中扩大了学校的影响力，同时，学生的高就业率和满意度也反映了社会和市场对学生的认可。

第三节 培养方式多元化

专业型学位人才的培养往往比学术型学位人才的培养有着更大的灵活性。专业硕士学位和专业博士学位人才培养当中面临的主要挑战在于，如何为学生提供一种促进智力多元、理论灵活、多视角评估、开放动机、平等对话的教育。① 除了为学生提供这些多元化的、批判性看法之外，新兴技术的不断更新也增强了组织变革的灵活多元。专业学位研究生的培养模式则更加灵活多样，为学生提供了多种学习的方式，满足学生的专业发展需求。

---

① VERSCHOORE J R DE S. Challenge of teaching strategy in professional masters and doctorate programs[J]. Journal of business management，2019，59(1)：57-61.

一、培养方式灵活多样，特色突出

培养方式的多元化为专业学位研究生教育注入新的活力，在课程学习方式、教学时间和内容上更加适合专业学位研究生，在各专业领域的培养方案设置上体现出不同的特色。美国研究生培养中的一个重要问题是保障一定的毕业率，尽管进入研究生项目的绝大多数学生具有完成学位的能力，但仍有大量学生未能实现该目标，许多学生因为各种不同的原因未能获得学位。一方面，对大多数学生而言，高昂的学费是很多学生不得不面临的问题，因此财务支持是完成研究生学位的最重要因素之一；另一方面，许多研究生面临着兼顾个人、家庭和学业的难题。[①] 专业学位研究生教育也需要考虑毕业率的问题，由于专业学位研究生通常都有自己的本职工作，要完成学业就更加需要协调时间、金钱和精力。因此，专业学位项目的学生似乎面临更多的不确定性。为了满足学生的需求，也为了保障专业学位项目的顺利开展，专业学位的培养方式做了更为灵活的调整。

美国专业学位研究生培养通常采用非全日制的形式，为在职工作的求学人员提供了极大的便利。在学习方式上为学生提供了更便利的形式，采用更为灵活的时间安排，通常利用寒暑假和周末集中授课，这样的替代性安排可以使学生学习的时间更加集中，方便学生之间进行同行交流。在教学形式上采用模块化、小组教学等更适合专业学位研究生的方式，这种灵活的学习安排使学生更容易兼顾学业、工作和生活，减少生活负担和压力。例如，宾夕法尼亚州立大学教育博士项目是其教育研究生院和沃顿商学院的联合项目，招收了来自全球各地

---

① WENDLER C，BRIDGEMAN B，CLINE F，et al. The path forward：the future of graduate education in the United States[R]. Princeton：Educational Testing Service，2010：16.

的学生，这些学生本身在公司担任管理职位。他们需要前往费城参加为期1周的课堂互动，与教授进行交流互动。教学模块由宾夕法尼亚州立大学的教师和来自其他大学和专业机构的特邀讲师协助进行，每个模块包括初级、中级和高级学生，学生可根据自己的需要选择课程。由于学生人数规模相对较少，学生们住在同一家酒店，并一起合作完成项目。宾夕法尼亚州立大学这样的强化项目为学生提供了机会，使他们能够一起学习、分享和创造知识。

一般来说，大学所处的地区、环境和政策背景，以及学校的层次、定位、理念等都对学位项目有着一定影响，再加上美国研究型大学具有高度的自主性，因此不同大学的专业学位项目各具特色，培养模式不尽相同。美国研究型大学积极探索同时适合学校和学生发展的培养模式，突出自身办学优势，培养方案在突出个性化特征的同时也更有利于学生的专业发展。比如哈佛大学商学院在教育模式上的创新造就了MBA教育的成功，其著名的案例教学、技术模拟等教学方式缩短了学校与市场间的距离。再如斯坦福大学工商管理硕士项目采取了产学研相结合的培养方式，鼓励学生参与业内论坛、师生共同创业、增加与产业界交流，为该项目专业学位研究生教育提供了新的机会和良好的学习环境。①

近年来，线上教学和混合学习模式逐渐兴起，线上的专业学位项目增多，并且受到大批学生的欢迎。相较于专业博士项目，专业硕士项目更适合开设线上项目，专业硕士的线上项目基本能够满足对专业硕士人才的培养目标和要求，并且能够吸引更多的生源。这些模式取得了一定的积极成果，一方面扩大了招生规模，为大学带来更多收益；另一方面学生能够以更为便利的方式获得学习的机会，促进职业发展。

---

① 蔡建华，周宏力. 专业学位研究生教育的职业特性及其实现［J］. 中国高教研究，2011（4）：47-50.

然而，与此同时，教学策略的应用、实现有效的交流、质量保障等方面还需要更多的关注和研究。传统的在校项目仍具有线上项目无可比拟的优势，尤其是专业学位研究生的培养极其关注实习，线上项目虽然能够提供部分线上实习环节，但相对来说，线下的实习锻炼和合作交流依旧是非常宝贵的经历。

二、专业学位项目体现出跨学科特征

随着科技和社会的发展，越来越多的现实问题难以由单一学科解决，更多地需要综合多学科、多方面的知识解决，这符合吉本斯提出的知识生产模式 2 中的跨学科特征。学界普遍认识到学科的不断分化不利于学科之间的交流，同时新的学科不断产生，学科之间的界限也变得模糊，跨学科成为研究的一种新的、重要的趋势。

近年来，跨学科研究获得了政府的大力支持。例如，美国国家科学基金会积极支持跨学科教育和研究。在跨学科教育方面，国家科学基金会于 1997 年启动的"研究生教育与科研训练一体化"（Integrative Graduate Education and Research Traineeship）基金项目，旨在促进大学开展跨学科教育项目，培养科学和工程领域具有跨学科背景的复合型人才。2014 年，美国国家科学基金会开始执行新的研究训练计划（NSF Research Traineeship），重点培养在科学、技术、工程和数学领域的跨学科人才，同时尝试新的、变革性的跨学科研究生培养模式。① 在跨学科研究方面，近年来美国国家科学基金会设置了事关国家发展关键领域的"大创意"（Big Idea）资助项目，例如"人类技术前沿的未来工作"（Future of Work at the Human-Technology Frontier）和"理

---

① National Science Foundation. National Science Foundation Research Traineeship Program [EB/OL]. [2022-5-18]. https://beta.nsf.gov/funding/opportunities/national-science-foundation-research-traineeship-program.

解生命法则”（Understanding the Rules of Life）项目等，国家科学基金会自 2019 年开始每年为每个创意资助 3 000 万美元。① 国家科学基金会另外还资助了国家重点跨学科项目，包括网络和信息技术研究与开发、国家纳米技术计划等，充分鼓励和支持跨学科研究的开展。这些资助项目极大地鼓励了大学开展相关的跨学科教育和研究项目。

对专业学位研究生教育来说，其专业性和实践性的根本特征也要求专业学位研究生教育能够培养高水平的复合型、实用型人才，真正解决实际工作生活中的问题，因此专业学位研究生教育中也出现了明显的跨学科趋势。例如，哈佛大学教育领导博士项目由三大学院联合培养，让学生获得不同领域的知识背景。再如，宾夕法尼亚州立大学数据科学硕士项目结合了计算机、数学、统计等学科的内容。另外，美国大多数高校开设了大量不同领域的选修课，允许学生跨院系选课，也在一定程度上促进了学生学习跨学科的知识。② 跨学科的专业学位更多地出现在近年来新兴的、热门的学科或专业领域，例如生物信息学硕士、人工智能硕士、海洋事务硕士、环境科学硕士等。在这些学位项目中，学生需要学习不同学科的基本理论知识、研究方法，更有利于学生形成系统的、批判的思维，在处理实际问题时能够从多角度进行分析和解决。从学生的角度来说，学生有机会从自己的兴趣和需求出发，自主选择课程学习不同学科的知识，学生有了跨学科的基本素养，更容易培养和获得适用范围更广的技能。从雇主和市场需求的角度来说，具有跨学科背景的专业人才在进入就业市场后能够满足雇主的不同需求，从而更加突出了专业人才的实用性特征。

---

① National Science Foundation. NSF's 10 Big Ideas［EB/OL］.［2022-5-18］. https://www.nsf.gov/news/special_reports/big_ideas/.

② 叶建华. 中美教育硕士专业学位课程体系比较研究［D］. 杭州：浙江师范大学，2012：40-41.

第四节　专业学位项目管理灵活

美国研究型大学有较高的自主性，在专业学位项目的开设和管理方面不拘一格，除高校之外，专业协会、认证机构等对专业学位项目的设置和运行也起到了规范和监督的作用。

一、专业学位项目管理机构多元

美国联邦政府、州政府及专业协会等以不同的形式对美国的高等教育产生影响。美国联邦政府通常通过法律、政策从宏观上对研究生教育的发展进行引导，各州在宪法的框架内制定本州的教育政策，为研究生教育提供支持；多种多样的认证机构对专业学位项目起到监督和规范的作用。尽管专业学位研究生教育涉及的领域和专业类型繁多复杂，各高校管理不尽相同，但不同领域的专业协会和组织为专业学位研究生教育的管理提供了便利。这种从联邦政府到民间机构都参与其中的管理、监督方式，也是美国专业学位的特点之一。以 PSM 的管理沟通机制为例，宏观上 PSM 项目的开设受到政策的约束和认证机构的限制，专业科学硕士教育联合会形成会议制度，每两年举办一次会议，召集项目相关学校、组织、企业探讨项目发展问题。PSM 项目还建立了专门的项目网站进行宣传交流，发布最新资讯。PSM 项目的校外咨询委员会、研究生指导委员会、项目主管、协调员等，通过合理的分工以及社会组织和学校的合作，共同管理协调项目的发展。各大学则根据自身的资源和条件等开设具体的 PSM 项目。如此一来，国家层面宏观的项目管理、专业协会对项目的规范、大学对项目的管理 3 个方面相结合，有利于专业学位项目的规范有序发展，同时保障项目的教学质量。

二、高校拥有高度自主权

由于美国宪法没有对教育做出规定，因此教育的管理权力属于各州，各州教育的自主权非常大。联邦政府主要通过法律政策来影响教育，各州政府对大学的管理更多的是通过资助政策的引导，因此激发了大学办学积极性和自主性，这是由美国宪法决定的特征。美国各大学专业学位研究生项目的开设和管理也有着较大的自主性，高校要开设专业学位项目，获得认证机构的资格认证即可，当然这种资格也需要长期审查和维护。专业学位项目的具体管理基本上由大学负责，由大学的院系制定专业学位项目的相关政策、处理学生的相关问题。如此一来，专业学位项目在符合相关认证标准的情况下，大学有自主权决定项目的调整和改革。大学可以根据专业项目的实际情况、学生和社会的需求及时做出反应，开设更受社会和市场欢迎的学位项目。

专业硕士项目的学习时间通常为1—2年，招生入学、项目组织和管理方面更具有灵活性。专业博士项目和第一专业学位项目一般要求申请人具有相关经验，并且通常对专业知识和技能具有极高的要求。尤其是诸如医学博士这样对专业知识、实践和操作技能要求极高的项目，对学生的课程学习、学术研究、实习环节有着更为充实的培养方案设计，对学生的专业要求也更高。硕士项目和本科项目之间更容易建立衔接和融通。除此之外，还有大学建立了本科和硕士项目相结合的“速成”模式，即允许本科生完成硕士阶段的学分课程，从而缩短硕士阶段所需的学习时间。例如，俄勒冈州立大学环境科学硕士项目允许本科生学习研究生课程来缩短硕士阶段的学习时间。

依据专业学位项目中是否有论文或顶点项目，又可以将专业博士区分为两种。一种是包括论文或顶点项目的专业博士项目。一般来说，这种专业学位与职业资格没有直接关系，同时在专业的研究方面有更为扎实的基础。因此，这些专业博士项目与学术博士项目的联系更为密切。美国教育部国家教育统计中心将教育博士作为更接近“研究/学术”的专业博士学位的一个典型例子。相比之下，另一种没有论文或顶点项目的专业博士项目通常与专业协会及直接的职业资格相联系。例如，医学博士的学位涉及两年的课程学习，两年的轮职培训，此后还需要通过医学执业资格考试。法律博士项目在授予学位后，学生还需要通过律师考试获得从业资格。杜克大学医学博士项目、耶鲁大学法律博士项目和加州大学伯克利分校建筑硕士项目的毕业生在获得学位后，在进入对应的职业领域之前，都需要参加职业资格考试。

专业学位项目的设置形式和组织形式也有不同。专业学位项目可以由某一学院负责开设，或者由某一学院的系单独或合作开设，这是较为常见的组织方式，例如杜克大学的医学博士项目、宾夕法尼亚州立大学的数据科学项目等，专业学位项目由一个院系负责；专业学位项目也可以由研究生院负责开设，例如俄勒冈州立大学研究生院负责开设了多样化的专业科学硕士项目；专业学位项目甚至可以跨学院合作开设，哈佛大学教育领导博士项目即由教育研究生院、商学院和肯尼迪学院合作开办，这种跨学院、跨学科的项目形式已经越来越常见。

此外，大学在教师聘任方面也有较大的自主权，可以根据项目需要聘请校外兼职教师，兼职教师一方面可以节省大学的薪酬开支，另一方面可以填补部分课程的空白，增加课程的灵活性。与此同时，大学也需要制定适合兼职教师的聘任和审核制度，保证兼职教师的教学质量，也保障教师的基本权益。在专业学位研究生教育中，由校内导师和实践导师、专职教师和兼职教师进行配合，指导学生不同方面的学习，有利于提高授课和指导工作的效率，可以在必要时缓解专业项目的师资压力。

从现实的角度来说，开设专业学位项目为大学提供了增加收入的机会。许多大学在发展教学项目方面面临着收入来源的限制，一些公立大学面临着来自州的拨款停滞或减少的局面。对公立院校和私立院校来说，本科教育的学费负担能力已经成为一个主要问题。相比之下，随着研究生教育朝着普及化发展，开设专业学位项目对大学来说是一项明智的投资。大学似乎在专业学位项目的“定价”方面具有一定的权威，可以从专业学位项目中获得更大的回报。从高等教育领域内部来说，大学需要适应社会发展变化，谋求自身的发展，维持自身在社会中的地位。大学开设专业学位项目及其他新的教育项目，是大学谋求创新发展、适应社会需求的重要举措。

第五节　专业人才培养以市场为导向

根据伯顿·克拉克（Burton Clark）提出的由国家权力、学术权威和市场构成的高等教育系统的“三角协调模型”，美国是最接近市场的国家。大学需要承担其服务社会的职能，发挥其在促进经济增长方面的作用，开设满足市场和民众需求的教育项目。[①] 为此，美国研究型大学所进行的教育和研究需要与市场相关，加强与市场的互动，为民众提供促进职业发展的教育。工业界和大学界两方面都相互承认，知识的创新增长要求两者之间有更好的联系。大学通过提供专业学位培养专业人才，既能满足学生的就业需求，也能满足市场对不同类型人才的需求。

一、依据市场变化和需求调整专业学位项目

近年来，美国研究型大学新兴专业学位项目快速增长，随着专业

① KOT F C, HENDEL D D. Emergence and growth of professional doctorates in the United States, United Kingdom, Canada, and Australia: a comparative analysis[J]. Studies in higher education, 2012, 37(3): 345-364.

学位研究生教育的发展及规模不断扩大，传统的专业学位如工商管理硕士学位、法律博士学位及卫生领域专业学位的授予量占据专业学位总授予量的大部分，但是这些领域也面临快速扩张、需求降低而导致发展速度减缓的情况。近年来，在核心学科和新的领域，市场需求不断增长，为了满足市场和雇主对新型人才的需求，美国专业学位项目的开设也紧跟社会前进的节奏，网络安全、数据分析和健康信息学等快速发展变化的领域的专业项目和课程快速增长，这是美国专业学位研究生教育对市场和从业者的需求做出的快速回应。再比如，在 20 世纪末开始开设的专业科学硕士学位项目就是为了满足市场对科学、工程技术的需求，改变传统的工程、数学、科学学位偏重学术性，就业率下降的问题而设立的。在专业科学硕士项目发展比较成熟之后，美国于 2002 年开设了专业文科硕士学位项目，使社会、人文学科的硕士学位建设发展更加专业化。[①] 专业科学硕士项目和专业文科硕士项目的开设不仅契合了社会对专业人才的需求，也有利于改变高校原有项目的毕业生就业不理想的情况，同时使政府、市场、行业组织等利益相关者紧密联系起来，有效促进项目发展。

专业学位发展在与市场建立联系的同时，也应当关注道德伦理问题。有研究表明，一些商学院项目因涉及企业丑闻而受到批评，有人质疑商学院传授的内容是否会对学生的价值观和行为产生负面影响。[②] 当一所学校为谋取金钱而决定采取一些行动，它必定会丧失其精神，同时通常也得不到金钱。[③] 专业学位教育需要回应市场的需求，但大学作为社会中知识生产的中心，不应因为经济利益而放弃学术追求，降

---

① 焦磊，袁琴. 专业硕士学位教育吸纳外部关键利益相关者参与的机制研究：美国的经验［J］. 高教探索，2019（11）：52-57.

② MURICA M J，ROCHA H O，BIRKINSHAW J. Business schools at the crossroads? a trip back from Sparta to Athens[J]. Journal of business ethics，2018，150(2)：579-591.

③ 赫钦斯. 美国高等教育［M］. 汪利兵，译. 杭州：浙江教育出版社，2001：3.

低学术标准。因此，专业学位项目对人才的培养仍应当以教授专业知识和技能为根本，也应当包括培养学生有关职业道德和社会责任的内容，使学生的职业追求与更广泛的社会准则保持一致，培养更具社会责任感的专业人员。

二、依据学生不同的职业发展需求开设专业学位项目

专业学位研究生教育本身与职业发展联系密切，专业学位研究生的学习基础不同，工作经历也不同，学生自身也有着不同的职业发展规划，有的是为了获得某一行业入职资格，有的是为了在现有的工作岗位上获得提升等。尤其是专业硕士学位已经在某些行业成为入职的基本要求之一，大学与工业界的联系更加密切。① 因此，为了更好地帮助学生就业，也为了吸引更多的学生入学，专业学位研究生教育也要考虑学生的职业需求，针对不同类型、不同层次、不同需要的学生开设具有针对性的专业学位项目，为学生提供更合适的职业发展规划。例如，为了帮助学生顺利从学校过渡到职场，快速找到适合自己的职位，伍斯特理工学院提供的管理硕士学位鼓励本校的科学与工程学本科毕业生通过提供校友费的方式来注册管理学硕士，并且在两个学期内完成该计划的毕业生还可以获得 4 门课程的学费减免，这对一些想要快速获得硕士学位的学生来说无疑具有一定吸引力。② 再比如，加州大学伯克利分校开设的建筑硕士项目，根据学生的学科基础开设了 3 种层次的专业硕士项目，项目的难度和课程内容更具有针对性。这种形式使得拥有学士学位的学生能够根据自己的具体情况申请专业硕士学位，

---

① WENDLER C，BRIDGEMAN B，CLINE F，et al. The path forward：the future of graduate education in the United States[R]. Princeton：Educational Testing Service，2010：18.

② Education Advisory Board. Understanding the changing market for professional master's programs[R]. Washington，DC：Education Advisory Board，2015：15.

从而为学生提供了更多选择和便利。

第六节　专业人才培养与职业资格相衔接

专业学位研究生培养与学生的就业、职业资格认证之间建立了有效的衔接，这种衔接不仅体现在对专业人才的培养过程中，也体现在对学业完成之后的职业资格制度的完善上。

一、高等教育认证制度成熟

美国联邦政府、教育部等部门对中学后教育机构的控制有限，各州对教育机构的发展有不同的政策，总的来说，高等教育机构能够以相当大的独立性和自主性运作。因此，美国的高等教育机构在其项目的设置和发展方面可以有很大的不同。为了确保基本的质量水平，美国出现了认证做法，作为对教育机构和项目进行非政府的同行评估的一种手段。随着 1965 年《高等教育法》（*High Education Act*）的通过，国会扩大了认证机构的作用，委托他们确保使用联邦学生援助资金的教育机构的学术质量，并且由联邦政府通过一定的程序进行监督。尽管认证机构颁布了确保机构质量的标准，但认证机构对教育机构或项目没有法律控制权。区域性或全国性的私人教育协会采用了反映健全的教育项目质量的标准，并且制定了评估机构或项目的程序，以确定它们是否以基本的质量水平运作。

虽然美国教育部不对教育机构和项目进行认证，但其通过对所有联邦承认的认证机构进行审查，对中学后的认证系统进行监督。教育部以认证机构是否有效地执行其认证标准为依据来追究其责任，为此教育部还成立了认证小组，负责处理认证事宜。另外，作为教育部监督的一部分，依据相关法律，要求教育部长公布一份国家认可的认证机构名单，这些认证机构将是高等教育机构及其教育项目所提供的教育或培训质量的可靠权威。认证的作用包括核实一个教育机构或项目是否符合既定标准；协助学生选择教育机构；协助高等教育机构确定学分的转换；鉴定公共和私人资金投资的机构和项目；保护教育机构免受内部和外部的部分压力；为较弱的项目制定自我改进的目标，刺激教育机构普遍提高标准；使教职员工全面参与机构评估和规划；制定专业认证和执照标准，以及改进提供这类认证的课程的标准；提供若干考虑因素作为确定获得联邦援助资格的基础等。

二、职业资格认证体系相对完善

美国专业学位与职业资格认证的衔接需政府、行业（专业协会）和高校之间建立衔接。政府相关部门按照法规对认证工作进行管理。美国有着众多独立的民间认证机构，多数情况下，要获得行业的职业资格，必须获得经过专门机构认证的大学的相关专业学位，一些专业领域在要求学生获得相关学位后才能参加职业资格考试。

以建筑行业为例，要想在美国从事建筑业就必须从所在州的监管委员会获得许可证，即获得建筑师执照。美国国家建筑注册委员会（National Council of Architectural Registration Boards）致力于帮助建筑专业人士实现职业目标，提供有关获得执照途径的关键数据等，该委员会是由美国各州和地区的建筑许可委员会组成的非营利性组织。美国国家建筑注册委员会建议并鼓励设置全国性的建筑执照的要求，以促进建筑专业人员在全国的认可和流动。国家建筑注册委员会各州、地区委员会制定标准，然后由各委员会向符合要求的申请人颁发执照。

执照对建筑行业的从业人员来说具有多方面的作用：首先，获得执照后的从业人员可以正式称自己为建筑师，即获得了正式的职称；其次，获得执照意味着从业人员能够进行独立工作，可以独立执业；

最后，执照是对从业人员专业知识和能力的认可，从业人员将获得公司、客户和公众的信任，并且获得相关的安全保障。另外，获得执照有利于从业人员专业技能的持续成长和发展，有机会获得更多的职业发展和晋升。可以说，对建筑师来说，执照是其进入建筑行业的正式认可，是从业的基本要求，只有在得到执照后才有机会获得后续的职业发展。

美国各州和地区都对当地建筑师执照的获取设置了具体要求，包括教育经历、经验和考试3个核心部分。获得许可证的基本要求一般包括：第一，从NAAB认可的项目中获得建筑学学位，或满足所在州或地区对教育的要求；第二，获得并记录所需的经验，可参与建筑经验项目（Architectural Experience Program），美国所有地区都认可该项目，但有些地区需要额外的经验；第三，通过建筑师注册考试（Architect Registration Examination），所有地区都有这一要求；第四，其他额外的要求，如一些委员会要求在获得执照之前有额外的经验或特定地点的补充考试；第五，将个人的国家建筑注册委员会记录传送到计划获得执照的地区。国家建筑注册委员会记录能够证明个人具有获得执照的资格。①

NAAB是专门评估美国建筑学项目的机构，确保毕业生为进入建筑行业做好适当的准备。NAAB的认证独立于学校的整体认证，它还提供审查服务，评估非认证的学校授予的学位。美国大多数执照委员会要求建筑师持有NAAB认可的专业学位，包括建筑学学士、建筑学硕士和建筑学博士。目前有173个NAAB认证的项目，由美国和国外的137个高等院校提供。

参加建筑经验项目是成为建筑师道路上的一个重要步骤，该项目

① National Council of Architectural Registration Boards. Earn your architecture license [EB/OL]. [2022-10-24]. https://www.ncarb.org/become-architect/earn-license.

由美国国家建筑注册委员会开发和管理。通过建筑经验项目，从业人员将了解建筑实践的日常现实，获得基本领域的全面经验，获得专业发展并进一步实现职业目标。该项目为建筑从业人员在初始阶段独立从事建筑工作做准备。完成建筑经验项目有两种方法，一是完成 3 740 个小时的工作，大多数人选择这一方式，主要的工作领域包括实践管理、项目管理、项目设计与分析、项目规划设计、项目开发等；二是完成作品集，这种新的方法是为那些有经验的设计专业人员准备的，即通过作品集来证明其具有足够的经验。

建筑师注册考试用于评估从业人员在建筑实践方面的知识和技能。该考试旨在评估建筑实践中与健康、安全和福利有关的方面，具体而言，侧重于影响建筑物的完整性、健全性，以及建筑师在公司内的责任，例如管理项目和协调其他专业人员的工作。

在法律领域，美国多数州的律师资格考试规定，参加考试的前提条件是已获得法律专业的专业学位，并且学位必须来自美国律师协会认可的大学。此外，相关的法律条例为美国的职业资格认证制度提供了依据，1938 年出台的专业人员职业资格的相关法律，对就业培训、标准、资格证书做了规定。[①] 美国有的州也颁布了自己的相关法律，例如加利福尼亚州的《加州商业与职业法》（*California Business and Professions Code*），对从业人员做出了明确要求。相关法律的出台使得职业资格认证更加权威和规范，为职业资格认证提供了保障。

美国教师、工程师、律师等行业的职业资格认证制度得到了广泛确立和应用。职业资格制度不仅重视学历，也重视资历。例如大学图书馆员的资格认证明确规定“大学与研究图书馆协会确认从美国图书

---

① 初旭新. 发达国家专业学位研究生教育质量保障体系的启示与思考 [J]. 北京教育（高教），2015 (7/8)：47-49.

馆协会认可的院系获得的硕士学位是大学图书馆员适宜的最后专业学位”①。但同时美国图书馆界普遍认为职业资格认证需要着重参考工作经验和专业技能，不能仅仅考虑学历的高低。对较低层次的图书馆员也有着相应的职业资格认证要求，例如中小学图书馆员须获得中小学教师的职业资格认证等。由此可见，不但各行各业有着不同的职业资格要求，行业内不同层次的职业也有着相对应的标准。

专业学位与职业资格的认证相联系，是对专业学位研究生教育质量的间接规范。高校自身要获得专业协会的认证，同时在制订专业学位人才培养计划时有意识地将行业协会、职业资格的要求纳入其中，有利于提高专业学位研究生教育的基本质量及就业人员的专业能力和水平，也为专业学位毕业生进入某一行业建立了规范的联通渠道。在很多行业，获得职业执照并不容易，专业学位是其基础和必然要求之一。职业执照的考核一方面重视申请人的专业知识水平，另一方面同样重视其专业经验。正是由于认证、专业学位教育、职业资格考试之间建立的衔接，对美国各院校的专业学位教育形成了规范和约束，保障其教育质量，从而确保毕业生具有合格的专业能力，能够申请获得职业执照。

---

① 初景利，李麟. 美国图书馆员职业资格认证体系［J］. 国家图书馆学刊，2005（3）：29-35.

第六章　美国研究型大学专业学位研究生培养模式对我国的启示

我国自20世纪80年代开始开展专业学位教育的试点工作，从试点开设第一个专业学位，到如今经过40多年的发展，我国已经形成了专业学士学位、专业硕士学位和专业博士学位3个层次的专业学位体系，以及专业学位人才培养模式。我国专业学位教育虽然起步较晚，但是经历了一个不断发展壮大的历程，已经形成了一定的规模，取得了显著的成绩，而且仍在不断发展进步。专业学位教育为我国培养了大批高水平的专业人才，在人才培养、专业设置、学位点管理等方面积累了丰富的经验。与此同时也应当认识到，我国专业学位教育正处在快速发展的时期，面临机遇的同时也存在一些问题。我国专业学位教育还需直面困难，借鉴外国经验，继续推进专业学位研究生教育的发展。

第一节　我国专业学位教育的发展历程

一、试点阶段（1980—1989年）

1980年出台的《中华人民共和国学位条例》标志着我国学位制度产生，使我国学位制度开始规范化发展。该条例规定了我国的学位分为学士、硕士和博士3个层次，但都是学术性学位，强调学术性的研究和考核。随着经济社会的发展，建立与我国经济社会相适应的学位制度的呼声日益高涨，单一的学术型学位不能满足经济社会发展的需求，急需培养高水平的专业人才，专业学位的设立开始提上日程。1984 年，清华大学、上海交通大学等 11 所工科大学召开了培养工程硕士的研讨会，会后他们正式向教育部提交了《关于培养工程类型硕士生的建议》，提出在工学领域招收、培养工学硕士，以满足工业和企业发展对工程领域的高水平专业人才的需求。同年，教育部采纳了这一建议，并且批准了工程硕士的试点工作，这时工程硕士的名称为“工学硕士（工程类型）”。

1985 年《中共中央关于教育体制改革的决定》中指出，要造就厂长、工程师、经济师、文化工作者等，为我国的高等教育提出了多样化的专业人才培养目标。1986 年，国务院学位委员会、原国家教育委员会和原卫生部联合发布了《培养医学博士（临床医学）研究生的试行办法（中医、中西医结合）》，提出对医学教育进行改革，开设两种医学博士学位，一种即传统的学术研究型医学博士，另一种则以临床实践为主，授予医学博士学位（临床医学）。同年，原国家教育委员会发布了《关于改进和加强研究生工作的通知》，再次提出要培养专业人才。1989 年，原国家教育委员会高教司发布了《关于加强培养工程类型工学硕士研究生工作的通知》，提出工程建设、厂矿企业等缺少专门人才，急需尽快解决，培养工程领域专业硕士为相关建设单位输送人才。

这一时期我国注重在工程、医学等领域培养专业硕士人才的原因在于，人才培养要为国家经济建设服务，研究生教育要为我国的“四化”建设实际出发，根据国家需要培养人才。① 当时随着我国经济社会建设的发展，在工程相关行业对专业人才的呼声高涨，开设专业学位、

---

① 邓光平. 我国专业学位设置的政策分析 [D]. 武汉：华中科技大学，2006：24.

完善学位制度势在必行。这时的专业学位与学术学位的区分尚不突出，在授予学位时只是在学科后加括号注明，例如工学硕士（工程类型）等。尽管试点机构设置了适合于专业人才培养的培养方案，但并没有相应的学位制度作为依据。专业人才的培养此时正处于摸索阶段，尽管如此，试点工作仍然有重要的意义，为后续的专业学位开设等工作积累了经验。

二、形成阶段（1990—1996 年）

1990 年国务院学位委员会第九次会议讨论通过了《关于设置和试办工商管理硕士学位的几点意见》《关于设置医学专业学位的初步设想》《关于开展建筑学专业学位研究工作的意见》，会议确定了“专业学位”的提法。1990 年我国开始了第一个专业学位——工商管理硕士学位的试点工作，工商管理硕士教育得到了快速发展。1992 年，国务院学位委员会第十一次会议上批准了按专业学位授予学位的建议，意味着我国正式设立了学术学位和专业学位两种学位类型，这是对我国学位制度的丰富，使专业学位的发展有了制度依据。

1992 年国务院学位委员会通过了《建筑学专业学位设置方案》，建筑学专业学位分学士和硕士两个等级。获得建筑学专业学位即具有了专业资格，并且该学位与国家建筑师注册制度相衔接。到 1996 年，清华大学、同济大学、西安建筑科技大学等 8 所大学获批授予建筑学学士、硕士学位授予权。[①] 1995 年学位委员会的第十三次会议通过了开设法律专业硕士的方案，1996 年北京大学、武汉大学、西南政法大学等 8 所院校获准开办法律硕士试点，共招收了 488 人。1995 年原国家教育

---

① 王亚杰，任增林. 我国建筑学专业学位的建立发展及其质量保证体系［J］. 学位与研究生教育，2000（1）：25-27.

委员会发布了《国家教育委员会关于进一步改进和加强研究生工作的若干意见》，提出推动专业学位研究生教育发展，加大复合型应用人才的培养，提高专业学位研究生教育的比重。随着专业学位的设立和推广发展，1996 年国务院学位委员会发布的《专业学位设置审批暂行办法》，对专业学位的目的、特点等做了规定，规范了专业学位的设置、审批、培养等环节，专业学位设置为学士、硕士、博士 3 个层次。这次会议还通过了《关于设置和试办教育硕士专业学位的报告》，教育硕士设有学科教学和教育管理两个方向。同年，北京师范大学、南京师范大学等 16 所师范院校成为试点单位。

这一阶段我国工商管理、建筑、法律和教育领域专业学位政策得以出台，是建立在前期的广泛讨论和论证的基础上，例如建筑学学位的设置经过了专门小组近一年的调查和论证。这些专业学位的试点工作为我国此后的专业学位教育发展奠定了基础。《专业学位设置审批暂行办法》的实施则对我国专业学位教育的制度化发展起到了重要的保障和推动作用。这一时期专业学位的发展，一方面是由于 90 年代我国经济社会快速发展，产业结构进行调整升级，对专业人才的需求更加突出；另一方面，我国研究生培养的规模自 20 世纪 80 年代开始不断增加，对学位制度进行丰富和调整是促进我国研究生教育进一步发展的必经之路。

三、快速发展阶段（1997 至今）

1997 年我国专业学位开始招收在职人员，招生对象得到了极大的拓展。2000 年教育部发布的《关于加强和改进研究生培养工作的几点意见》指出要深化专业学位研究生教育改革，改进入学考试办法，根据行业、职业领域对专业人才的需求制订培养方案和课程等。[①] 2009 年是我国专业学位发展历程中具有重要意义的一年，专业学位发展进入了新时期，教育部发布《教育部关于做好全日制硕士专业学位研究生培养工作的若干意见》，对专业学位的培养模式、管理模式等方面做了规范说明，对专业学位研究生招生规模进行了重大调整，提出逐步减少学术型学位研究生的招生数量，增加专业学位研究生的招生数量，并且单列专业学位硕士研究生的招生计划，这意味着增加了对专业学位的重视，专业学位与学术型学位是平等的。到 2009 年底，我国已有专业学位 19 种，专业学位点 1 481 个。2010 年国务院学位委员会发布的《硕士、博士专业学位研究生教育发展总体方案》指出要探索专业学位研究生培养的新模式，促进专业学位研究生教育质量提高。同年，国务院学位委员会发布了《关于开展新增硕士专业学位授权点审核工作的通知》，用以促进我国各高校专业学位教育的发展。2013 年教育部、国家发展改革委、财政部出台的《关于深化研究生教育改革的意见》中提到“积极发展硕士专业学位研究生教育，稳步发展博士专业学位研究生教育”[②]。2015 年 4 月《专业学位类别（领域）博士、硕士学位基本要求》一书出版，同年 5 月教育部发布了《教育部关于加强专业学位研究生案例教学和联合培养基地建设的意见》，这一系列文件为各高校制定专业学位研究生培养方案和学位授予标准提供了依据。2020 年，国务院学位委员会、教育部印发了《专业学位研究生教育发展方案（2020—2025）》，该方案是自 2019 年以来在总结我国专业学位研究生教育的经验和问题的基础上制定的，方案明确了专业学位研究

---

① 中华人民共和国中央人民政府. 关于加强和改进研究生培养工作的几点意见［EB/OL］.［2020-3-25］. http://www.gov.cn/gongbao/content/2000/content_60159.htm.

② 教育部、国家发展改革委、财政部. 关于深化研究生教育改革的意见［EB/OL］.(2013-04-19)［2022-10-25］. http://www.moe.gov.cn/srcsite/A22/s7065/201304/t20130419_154118.html.

生培养的目标、定位、设置标准和程序，提出要稳健加快专业学位研究生教育，并且切实保障教育质量。该方案对我国今后的专业学位研究生教育发展具有重要的指导意义。

这一阶段我国专业学位教育已经走向制度化和系统化的发展之路。此前专业学位的发展已经积累了一定的经验，专业学位制度得到不断完善，在招生、培养、管理和制度保障等方面取得了积极的进展。专业学位教育的规模不断扩大，种类增加，为学生提供了更多学习专业知识、提升专业技能、促进职业发展的机会，专业学位研究生受到了社会的广泛认可。

我国专业学位研究生教育发展的历史较短，回顾发展历程可以发现，不同于美国式的顺应经济社会和市场需要的渐进式发展，我国专业学位的创立始于高校提议、建立试点，而后逐渐在政策引导下发展起来，表现出一定的被动性。专业人才的培养是在对国外经验的借鉴模仿和对国内模式的摸索中展开的，早期在专业学位建设的理论和实践方面经验不足，相关组织协调尚不完善，专业学位研究生培养模式也更多地趋向于学术型学位，专业模式特色不明显。1996 年之后，随着相关文件的发布，专业学位研究生教育指导委员会设立，负责制定专业学位的各项标准和培养方案，此后专业学位研究生培养整体上的模式和制度明朗起来。国家政策对专业学位教育的发展起着重要作用，从整体上引导着专业学位的设立、审批、管理等工作。我国经济社会的发展对专业人才提出了需求，推动了专业学位教育的发展。我国专业学位研究生教育未来仍有较大的发展空间，还需进一步支持和促进专业学位发展，培养更多的高水平专业人才，为经济社会发展做出更多贡献。

第二节　我国专业学位研究生培养的现状

我国目前基本形成了较为完整的专业学位体系，包括专业学士学位、专业硕士学位、专业博士学位 3 个层次，共 47 种专业硕士学位和 6 种专业博士学位（见表 6-2-1）。

表 6-2-1　我国专业硕士、专业博士学位设置①

层次	专业	数量
专业硕士学位	金融、应用统计、税务、国际商务、保险、资产评估、审计、法律、社会工作、警务、教育、体育、汉语国际教育、应用心理、翻译、新闻与传播、出版、文物与博物馆、建筑学、城市规划、电子信息、机械、材料与化工、资源与环境、能源动力、土木水利、生物与医药、交通运输、农业、兽医、风景园林、林业、临床医学、口腔医学、公共卫生、护理、药学、中药学、中医、军事、工商管理、公共管理、会计、旅游管理、图书情报、工程管理、艺术	47
专业博士学位	教育博士、兽医博士、临床医学博士、口腔医学博士、工程博士、中医博士	6

虽然我国研究生层次的专业学位类型不断扩充，但专业学位类型在学位层次上并不平衡，专业博士种类较少，专业学位中的专业博士和专业硕士的比例悬殊。专业学位的层次结构还需进一步优化，尤其需要增加高层次的专业博士学位的学科种类。近年来，我国专业学位研究生教育发展加快，规模不断扩大。一方面，专业学位授权点快速增加，截至 2015 年我国具有专业学位授权的研究生培养单位达到 650

① 根据中国研究生招生信息网（http://yz.chsi.com.cn/）数据整理。

多个、专业学位授权点达到 7 200 多个。[①] 全国 80%的研究生培养单位都开设了专业学位。各专业领域的学位授权点也快速增加，例如法律专业作为我国最早开设专业学位的学科领域之一，经过 20 多年的发展，到 2016 年已有 186 个学位授权点。

另一方面，专业学位研究生招生人数不断上涨。我国专业学位研究生教育中专业硕士规模最大、扩张最快，2010—2015 年招生规模从 11 万人快速增长到 25 万人，专业学位研究生招生规模占全国研究生招生规模的比例从 23.31%快速增长到 43.94%。[②] 到 2017 年，专业学位研究生在校生数已经占到全国研究生在校生数的一半左右（见表 6-2-2）。2017 年也是我国专业硕士招生量首次超过学术硕士的一年。到 2019 年，我国专业硕士学位累计授予量已经达到 321.8 万，专业博士学位授予量达 4.8 万。当前专业博士学位仍将继续扩招，有专家预测，专业博士学位平均每年的授予量将达到 2 万，占博士学位授予总量的 1/3 左右。

表 6-2-2 2010—2020 年我国在校研究生人数统计表[③]

年份	研究生人数			专业学位研究生人数			专业学位总人数占比
	总数	硕士	博士	总数	专业硕士	专业博士	
2010	1538416	1279466	258950	221684	217466	4218	14.4%
2011	1645845	1374584	271261	338042	333037	5005	20.5%
2012	1719818	1436008	283810	449674	443715	5959	26.1%

① 杜占元. 探索创新 深化改革 推动专业学位研究生教育再上新水平［J］. 学位与研究生教育，2016（1）：1-6.

② 廖湘阳，周文辉. 中国专业学位硕士研究生教育发展反思［J］. 清华大学教育研究，2017，38（2）：102-110.

③ 教育部. 教育统计数据［EB/OL］.［2022-10-8］. http://www.moe.gov.cn/jyb_sjzl/moe_560/2020/quanguo/.

续表

年份	研究生人数			专业学位研究生人数			专业学位总人数占比
	总数	硕士	博士	总数	专业硕士	专业博士	
2013	1793953	1495670	298283	546332	539226	7106	30.4%
2014	1847689	1525013	312676	612854	605141	7713	33.1%
2015	1911406	1584719	326687	673000	665455	7545	35.2%
2016	1981051	1639024	342027	735765	726814	8951	37.1%
2017	2639561	2277564	361997	1350541	1340981	9560	51.1%
2018	2731257	2341739	389518	1411458	1397284	14174	51.6%
2019	2863712	2439530	424182	1496761	1474004	22757	52.2%
2020	3139598	2673049	466549	1669449	1634784	34665	53.2%

从学科类型和规模来看，我国目前的专业学位教育仍然不能满足社会对高水平专业人才的需求。同时我们也应当意识到，规模的扩大不一定意味着质量的提高，在发展规模的同时，还需要保障专业学位的教育质量，实现专业学位的科学发展。

我国专业学位研究生教育经过 30 多年的发展，已经取得了有目共睹的成绩。第一，我国的学位制度得到进一步完善，改变了原来只有学术型学位的局面，形成了专业学位和学术学位共同发展的学位制度，高层次、应用型的人才有了专门的培养通道。第二，积极探索适合我国的专业学位人才培养模式，注重实践能力的培养，积极推进专业学位的产教融合发展。第三，专业学位授权点增多。2020 年，全国已经有硕士专业学位授权点 5 996 个，博士专业学位授权点 278 个。① 随着

① 教育部. 以学生实践创新能力和职业胜任能力为核心，重视用人单位反馈评价：《全国专业学位水平评估实施方案》出台［EB/OL］.（2020-11-28）［2022-10-9］. http://www.moe.gov.cn/jyb_xwfb/s5147/202011/t20201130_502437.html.

专业学位的类型不断增加、专业学位授予的规模的快速扩大，我国已经培养了大批的专业人才，为经济社会发展输送了高水平的劳动力。第四，专业学位已经覆盖了主要行业，同时积极推进专业学位与职业资格之间建立衔接，促进专业学位人才的就业和进一步的职业发展。总体而言，我国专业学位教育在国家的积极引导下，以高校为主体，带动社会各行各业的参与，专业学位教育已经取得了可喜的成绩，越来越得到社会的认可。

根据《专业学位研究生教育发展方案（2020—2025）》，我国专业学位教育在未来的主要发展动向包括：继续增设专业硕士、专业博士类型，尤其是要丰富专业博士学位的种类；继续扩大专业学位研究生的招生规模，使专业学位研究生占我国研究生招生总数的2/3左右，其中专业博士的招生人数理应大幅度增加；进一步完善专业学位与职业资格的衔接；完善专业学位教育体系和发展机制，保障专业学位教育质量，促进专业学位教育灵活、高效、优质发展。①

第三节　我国专业学位研究生培养模式及案例分析

我国专业学位研究生培养模式随着专业学位的设立和发展经历了不断摸索和调整。早在2008年，刘延东在国务院学位委员会中指出，要调整学术学位和专业学位的比例，积极发展我国的专业学位研究生教育。2009年我国扩招了5万全日制专业学位研究生，以扩大专业学位研究生的规模。促进我国研究生学位结构的优化，使专业学位研究生成为硕士的主要部分。目前，我国专业学位与学术学位的区分更加清晰，专业学位研究生培养仍处在积极探索之中，培养模式趋向多元

① 教育部. 国务院学位委员会 教育部关于印发《专业学位研究生教育发展方案（2020—2025）》的通知［EB/OL］.（2020-9-30）［2022-10-9］. http://www.moe.gov.cn/srcsite/A22/moe_826/202009/t20200930_492590.html.

化，更加注重专业人才的实践能力和专业能力的培养。在我国专业学位发展的新时期，还需进一步深化培养模式的改革，突出专业学位的专业性和实践性特征，培养更多经济社会需要的高层次专业人才。

一、我国专业学位研究生培养模式

（一）培养目标

2010 年国务院学位委员会发布的《硕士、博士专业学位研究生教育发展总体方案》指出，专业学位是培养高层次、应用型专门人才的一种学位，专业人才应具有扎实的专业知识和技能及基本职业素养。教育部发布的《关于实施专业学位研究生教育综合改革试点工作的指导意见》指出，专业学位人才应能够承担专业技术或管理工作，能够解决实际问题。可见，我国专业学位对人才培养的基本定位是高层次、应用型、专业型人才。专业学位与职业相联系，专业学位培养的人才应当在各行各业更好地发挥专业能力。除了知识和能力要求之外，职业素养也是对专业人才的基本要求。

（二）招生录取

根据《2022 年全国硕士研究生招生工作管理规定》，我国硕士研究生招生考试分初试和复试两个阶段，初试由国家统一组织，复试由各培养单位组织。初试主要包括全国统一命题考试、培养单位自主命题考试、推荐免试 3 种形式。我国专业学位硕士招生与学术学位硕士招生一样，采取全国统一的研究生入学考试的方式，学术学位与专业学位、全日制与非全日制分类报名，统一进行考试。经过初试后，再由各高校自主进行复试，完成招生录取。专业博士研究生招生通常由各高校组织。不同于美国研究型大学自主的申请考核式的招生方式，在招生环节我国与美国差异明显。另外，非全日制的专业学位研究生在招生时一般要求具有一定年限的工作经验。

（三）课程教学

专业学位研究生的课程设置以专业知识为基础，一方面注重专业知识的讲授和教学，另一方面注重与实践经验的结合。在教学方式上，团队教学、模块化教学、课堂讨论等形式较为常见。不同专业、不同学校在课程开设上体现出一定的独特性和自主性。对非全日制的学生来说，他们通常都具有相关的工作经验，因此课程教学更加注重专业理论知识的学习和深化。

（四）专业实践

专业实践对专业学位的人才培养来说是十分重要的一环，实习环节我国规定一般不少于半年。近年来，我国各高校对专业学位研究生的实习越来越重视，同时积累了一定的经验，开创了一些新的形式。例如，协作式的培养计划由学校和企业联合制定，由高校和企业共同管理；工作站式的培养计划由政府、企业和高校共同合作，设立企业研究生工作站。① 另有高校与企业合作建设实践基地、合作平台等。也有学校充分发挥导师的指导作用，由导师带领学生参与课题进行研究，参与项目计划和实践等。

（五）毕业要求

专业学位研究生的毕业要求呈现多样化的特征。最常见的是提交学位论文进行答辩，但是不同学科专业依据自身的学科特点，可采用不同的考核形式。例如采用论文与成果展示相结合的方式，广播电视领域的专业硕士的毕业要求包括专业能力和论文，其中专业能力占比70％，学位论文占比 30％。再比如，音乐领域对硕士的毕业要求包括音乐创作成果。

---

① 毕珊珊．我国专业学位研究生培养模式改革研究［D］．武汉：武汉理工大学，2015：23-28.

二、我国专业学位研究生培养案例

我国专业学位设置方案主要由国务院学位委员会根据相关规定，经过对该专业的定位、设置的必要性和可行性等的论证，结合该专业的学科特色和特殊要求撰写，经审议通过后实施。专业学位设置方案对专业学位设置的指导思想和原则、学位授予条件、培养目标、招生考试、课程教学、专业实践、毕业要求做出总体性规定。各专业学位授予单位根据专业学位培养方案的设置进行相应的专业人才培养工作。

（一）清华大学建筑学院

清华大学建筑学院开设了多个专业硕士学位项目，在此以建筑学硕士、城市规划硕士和风景园林硕士为例进行介绍，具体培养方案见表 6-3-1。

除表 6-3-1 中所示的培养方案的基本要求之外，各项目对学生的专业知识和能力提出了具体的要求。

建筑学专业的学生应掌握建筑学相关基本知识和方法，达到较高的建筑设计水平，并且具备较强的实践经验和较高水平的职业素养，具备从事建筑设计、历史建筑与遗产保护、建筑技术设计等方面工作的能力。学生应能够承担建筑设计项目的管理工作，成为优秀的建筑师和高级管理人员。

城市规划专业要求学生了解城乡规划学科的理论、方法和技术，以及相关学科领域的知识，了解相关法律法规；基本掌握城乡规划行业的研究动态和前沿成果。学生应具备从事城乡规划编制和设计的能力，具备综合应用新知识的能力，以及具备职业素养和创造性思维的学术修养。

风景园林专业要求学生掌握学科的基本理论和方法，熟悉风景园林行业及相关领域的方针政策、法律法规和技术标准规范；具有较好的才智、涵养和创新精神，能够将理论与规划设计实践相结合；具有一定的批判性思维能力，具有社会责任感，注重人文关怀，维护风景园林学科伦理，恪守学术道德规范，具有团队精神和跨学科意识；具备调查研究、发现问题、解决问题的能力；具有国际视野，并且能熟练掌握一门外语。

表 6-3-1 清华大学建筑学院专业学位硕士项目培养方案①

专业学位项目	培养目标	培养方式	学分要求	毕业要求
建筑学硕士	培养建筑学领域具有职业背景和国际视野的高层次专门人才	学校与校外专业实践基地双导师联合培养，校内导师独立指导培养	总学分不少于36，学科专业课程学分不低于20	设计专题和论文（2万字）
城市规划硕士	培养在城乡与区域规划理论和方法、城乡规划与设计、城乡规划技术科学、社区与住房规划、城乡历史遗产保护规划、城乡规划管理等方向具有从事城乡规划领域综合职业技能的应用型、复合型高层次专业人才	校内导师与专业实践导师共同监督下的导师负责制，采用“专业基础课程＋专业实践”“学校＋专业实践基地”联合培养模式	总学分不低于34，学科专业课程学分不低于20	最终设计和论文（2万字）
风景园林硕士	培养风景园林学领域符合国家需要的具有国际视野的应用型专业人才	课程学习和论文研究相结合。导师组监督下的导师负责制，鼓励跨学科或交叉学科培养	总学分不低于35，学科专业课程学分不低于28	论文

（二）北京师范大学教育学部

北京师范大学教育学部的学前教育专业硕士培养方案在我国众多

① 清华大学建筑学院．培养方案［EB/OL］．［2022-10-28］．http://www.arch.tsinghua.edu.cn/column/jx.

的教育硕士培养方案中具有一定的代表性。该校学前教育专业硕士为两年制，旨在“培养具有中华文化涵养与国际视野、掌握现代教育理论、具有较强教育教学实践和研究能力的卓越幼儿园教师和管理者。培养有理想信念、道德情操、扎实学识和仁爱之心的四有好教师”①，具体要求包括具备良好的道德品质、职业素养，掌握专业理论知识和学科前沿，具备较强的学前教育教学和管理能力，熟悉基础教育改革，了解国际学前教育的新理念、新动向等。

表 6-3-2 北京师范大学学前教育专业硕士培养方案②

课程类别	最低学分要求
公共必修课	12 学分
专业必修课	10 学分
专业选修课	6 学分
必修环节（实践教学）	8 学分
总学分	36 学分

北京师范大学学前教育专业硕士的培养主要包括课程学习、专业实践和论文考核（见表 6-3-2）。在课程内容设置上，公共必修课主要包括政治理论、外语、教育原理、课程与教学论、教育研究方法、心理发展与教育。专业必修课主要包括学前儿童观察与分析、学前儿童教育心理、学前教育质量与评价、幼儿园活动设计与指导、学前教育实践专题。专业选修课主要包括幼儿园教师专业发展、幼儿园组织文化与管理专题、学前教育政策与法规等。专业实践分为校内实训和校外

① 北京师范大学教育学部．2018 级全日制专业硕士培养方案［EB/OL］．(2019-5-20)［2022-10-9］．https://fe.bnu.edu.cn/html/1/news/201905/n444.html.

② 北京师范大学教育学部．2018 级全日制专业硕士培养方案［EB/OL］．(2019-5-20)［2022-10-9］．https://fe.bnu.edu.cn/html/1/news/201905/n444.html.

实践两大部分，校外实践主要包括社会实践和教学实践，即学生需要进入幼儿园或社会福利机构参观、交流、跟岗学习，以及进行一定学时的课程教学，参与教学技能实训、教育见习、教育实习、教育研习等。指导教师采用双导师制，包括校内导师和校外兼职教师。毕业论文选题应与学前教育实践或政策中需要解决的现实问题相关，体现其应用价值。论文可采用专题研究、调研报告、案例研究报告等形式，要求研究方法科学严谨、观点清晰、写作规范，体现综合运用所学理论解决实际问题的能力，字数不低于 2 万。

第四节　我国专业学位研究生培养模式的不足之处

我国专业学位研究生培养模式处在探索和改革当中，尽管已经取得可喜的成绩，但仍然面临挑战和困难，目前仍存在以下几点问题。

一、专业人才培养目标不够明确

我国对专业学位研究生教育的认识需要进一步深化，应当深刻认识到专业学位与学术学位具有同等地位，是人才培养的两条道路。尽管学术学位教育有着更为深厚的历史，但不能重学术、轻实用，学术人才和专业人才应得到同样的重视。对专业学位研究生的定位、考核、评价等不能简单套用学术学位的思路和标准，应当认识到专业学位研究生教育有其独特性，突出专业性和实践性的特征，以更具有适切性的方式推进专业学位研究生教育的进一步发展。

当前，我国专业学位研究生教育的定位是培养高层次的应用型、实践型专业人才，但部分专业学位设置方案和培养目标更新较慢，有的专业领域的专业硕士设置方案还停留在 2010 年左右，有的自开设后就没有调整。我国专业学位培养目标通常注重对人才的思想、价值观和职业道德方面的引导，同时掌握某一专业领域的专业知识和技能，服务于各行各业的发展（见表 6-4-1）。但在有些学科专业的培养目标中并未体现具体的专业技能，目标表述不够清晰，体现不出与学术型学位的区别。例如，新闻与传播硕士的培养目标中并未指出该专业学位人才所应具有的具体专业能力；应用心理硕士的培养目标中仅指出要适应社会各方面需要和具备解决实际问题的能力，并未突出该专业学位与其他专业学位、学术型学位人才培养目标的不同之处。另外，各高校在具体的专业培养方案中可能会进一步细化培养目标，体现一定的院校特色。例如，中国政法大学新闻与传播硕士专业“致力于培养了解中国基本国情，兼有家国情怀，具备‘网络＋法学＋新闻’视野的高层次复合型应用型新闻传播人才，用以服务全面依法治国战略、传媒融合发展趋势以及不断扩大的人才需求”①。该专业结合了政法大学深厚的法律教育基础，以法学为优势和特色，体现了该校新闻与传播硕士人才培养的独特之处。

表 6-4-1 我国部分专业学位培养目标②

专业学位	培养目标
社会工作硕士	具有“以人为本、助人自助、公平公正”的专业价值观，掌握社会工作的理论和方法，熟悉我国社会政策，具备较强的社会服务策划、执行、督导、评估和研究能力，胜任针对不同人群及领域的社会服务与社会管理的应用型高级专业人才
新闻与传播硕士	培养具备良好的政治思想素质和职业道德素养，具有现代新闻传播理念与国际化视野，深入了解中国基本国情，熟练掌握新闻传播技能与方法的高层次、应用型新闻传播专门人才

① 中国政法大学研究生院. 新闻与传播硕士专业学位介绍［EB/OL］.［2022-10-29］. http://yjsy.cupl.edu.cn/info/1119/3646.htm.

② 研究生招生信息网. 专硕巡展：深度解读专业学位硕士［EB/OL］.［2022-11-1］. https://yz.chsi.com.cn/yzzt/zsxz.

续表

专业学位	培养目标
城市规划硕士	培养具备良好的政治思想素质和职业道德素养，具有“以人为本、服务社会、科学发展”的专业价值观，掌握城市规划与设计的理论、方法和技术，熟悉相关学科的理论和知识，能够胜任城市规划管理和城市规划设计领域实务工作的高层次、应用型城市规划专门人才
应用心理硕士	培养具备将心理学理论和技术应用于某一相关领域以解决实际问题的能力，适应社会、经济、文化、教育、医疗、国防、体育等某一特定职业领域需要的高层次应用型心理学专门人才

二、实践环节需进一步强化落实

我国专业学位研究生培养中的产教融合机制需要进一步加强。专业学位研究生的培养一般包括教学、实践、毕业论文等基本环节，实践环节是专业学位区别于学术学位的重要环节，我国专业学位要求学生参加社会实践一般不少于半年，但在实际过程中，学生的专业实践并不能很好地得到实现，学生实习的效果参差不齐。实习是为了使学生更好地应用所学理论知识，并且在实践中获得经验，进而为日后的就业打好基础。事实上，一些与学校合作的实习基地或公司也会考虑实际成本和回报，部分专业的学生真正可以获得的经验远远不够，实习的效果并不能达到预期，而专业学位研究生的毕业要求往往与实习成果相联系，因此一定程度上也会影响毕业论文或项目的质量。

我国专业学位研究生培养中的“双导师制”需要进一步完善，目前仍有部分专业学位点缺少校外导师。对专业博士校内外导师满意度的调查显示，双导师制的学生对校内导师满意度更高，侧面反映出校外导师的指导尚不能满足学生需求。① 2015 年研究生满意度调查显示，

---

① 罗英姿，李雪辉. 我国专业学位博士教育面临的问题与改进策略：基于“全国专业学位博士教育质量调查”的结果 [J]. 高等教育研究，2019，40 (11)：67-78.

大约 22.9％的专业学位研究生拥有校外导师，25.5％的专业学位研究生进入实践基地参加专业实践。[①] 部分专业学位点对如何选择适合该专业的校外指导老师、如何对校外导师进行评估和考核缺少具体明确的标准，校外导师任职资格不明确。有些专业学位点仍然缺失校外导师或校外导师数量非常少，在专业学位侧重实践这一前提下，一定程度上将影响专业学位学生的实习经验的获得。

三、专业学位与职业资格的衔接需加强

我国专业学位研究生与职业资格之间的衔接仍然不足。目前，我国各行各业职业资格准入认证制度不够完善，虽然在教育、医学等行业有从业资格的规定，但是大部分职业领域并没有形成与专业学位相衔接的行业准入认证。专业学位毕业生在就业上虽然有机会从事与专业相关的职业，但也存在专业与职业不对口的情况，毕业生就业满意度并没有达到预期。2015 年的一项调查显示，专业人才与职位的匹配度平均约为 70.8％，其中建筑学、临床医学硕士的匹配度偏高，而翻译硕士的匹配度仅为 52.2％，总体上学生的就业满意度约为 60.7％，专业忠诚度约为 53.6％。[②]

社会与用人单位对专业学位毕业生的认可度有待加强。一些用人单位对专业学位毕业生就业有限制条件，甚至有的单位不愿意录用专业学位的毕业生，原因在于用人单位认为专业学位的毕业生在理论知识上不如学术型学位的毕业生掌握扎实，而在实践方面又没有比学术型学位毕业生更突出的表现和技能，这说明社会对专业学位的职业导

① 周文辉，王战军，刘俊起，等. 2015 年我国研究生满意度调查［J］. 学位与研究生教育，2015（10）：14-19.

② 于苗苗，马永红，包艳华. 多重视角下的专业硕士就业质量状况：基于“2015 年全国专业硕士调研”数据［J］. 中国高教研究，2017（2）：69-74.

向性不够认可，不认为专业学位人才能胜任工作职务。在这种情况下，专业学位培养出来的人才由于没有获得良好的就业机会和发展前景，毕业生就业积极性不够，就不能实现推动经济社会发展的作用。这恰恰与专业学位开设的初衷——为社会提供高水平的专业人才相背离，在一定程度上也说明专业学位与学生的就业和职业发展之间的联系和衔接不够。

第五节　美国经验对我国专业学位研究生培养的启示

一、进一步完善专业学位教育的发展机制

我国专业学位研究生教育已经取得了历史性的成就，与此同时，专业学位仍有较大发展空间。完善专业学位教育的发展机制需要多方面的共同努力，一方面需要对专业学位教育加强关注、加大投入。要不断扩大专业学位研究生教育的规模，继续增设学位点、增加招生计划，尤其要大力推动专业博士学位类型的增加和规模的扩大。专业学位的学科种类还需要进一步丰富，随着经济社会的发展，出现了越来越多的新兴领域和热门学科，市场对这些领域的人才需求增加，专业学位应积极回应社会需求，快速反应、灵活调整，设置合适的专业学位类别。

另一方面，高校内部应当创新管理机制。给予高校一定的自主权，使高校重视专业学位研究生教育的发展，以更加灵活的方式对专业学位教育进行管理和支持。支持高校结合自身特色、资源优势和所在省市对劳动力的需求，对专业学位教育进行调整和创新。支持行业、产业参与到高校专业学位教育当中，鼓励学生参与各行各业多样化的项目，为学生提供更多的奖学金支持等。

二、突出专业学位的专业性，明确培养目标

美国专业学位设立之初就是为了培养不同类型的专业人才，同时满足市场对劳动力的需求和人们的就业需求，专业学位注重的是人才的专业和实践能力的培养。在专业学位各学科具体的培养目标要求中，美国研究型大学的培养目标更加具体、明确、可操作。我国专业学位的设立是对人才类型与社会经济发展不相匹配的问题的回应，为了满足经济社会发展的需要，以各行各业为背景，培养各领域的高水平、复合型、专业型人才。我国专业学位的培养目标比较宽泛，缺乏可操作性，各高校可结合自己的特色、资源等，突出专业人才的知识和技能培养，细化培养目标。

各学校应进一步明确专业学位的重要地位和定位，认识到高水平专业人才培养的重要性。在我国专业学位研究生教育快速发展的今天，我们应当认识到，专业型人才与学术型人才有着同等的地位，专业学位与学术学位对人才的培养有着不同的导向性，应当突出专业学位的专业性特征。我国深化体制改革和发展市场经济都离不开创新型、应用型人才，高新技术日新月异对高水平专业人才的培养提出了新要求，在发展学术研究的同时，也需要专业学位研究生教育。专业学位要突出培养目标的职业导向性，培养掌握一定职业技能、能胜任社会职务的专业人才。我们要转变民众、用人单位对专业学位的偏见，提升社会对专业学位的认知，保持良好的舆论环境，加大专业学位的宣传力度，吸引优质生源和优秀的师资，加强专业学位学生的自我认同感。突出专业学位专业性和实践性的特点，积极引导学生通过专业学位研究生教育获得专业技能实现就业。

三、创新人才培养模式，加强专业实践

我国专业学位研究生的教育经过探索发展已经形成了具有我国特色的专业学位研究生培养模式，强调专业和学术的统一，在注重人才的实践技能和专业能力的同时，具有一定的职业导向性。在当前专业学位教育快速发展的阶段，我们应当继续积极探索、创新适合我国的专业学位研究生培养模式。

专业人才培养需要设置有针对性的培养方案。制订合理的招生计划和方案，尤其要重视在职人员的选拔，吸收更多优秀的有工作经验的人员进入专业学位体系学习；明确不同领域专业学位要学习的专业内容，同时为非全日制学生设计更加灵活方便的课程，采用模块化课程，区分核心课程、基础课程、应用型课程，优化课程之间的比例，鼓励开设交叉学科课程、研讨课程；探索新的教学方法，将理论学习与实践经验结合起来，重视对实践的反思，将案例教学、小组合作学习等形式纳入教学当中；落实实习环节，切实提高学生实践能力；创新毕业形式，根据专业需求确定毕业项目或毕业论文，鼓励采用调研报告、产品开发、项目报告等多种形式考察学生的能力；论文选题必须能够帮助解决实际问题等。

我国专业学位教育发展历史较短，在学生的专业实践锻炼方面，政府、高校、企业三者之间的合作仍有进步的空间。实习作为培养当中的重要环节应该重点突出，深化产学合作，建立市场与高校的联动机制。由于专业学位有着突出的实践性且与市场联系密切，政府应通过政策引导为专业学位研究生教育提供良好的社会环境，并且鼓励行业、企业积极参与到专业学位研究生教育中。建立国家产教融合研究生联合培养基地，对特定职业领域开发独特的培养模式、产学研合作方式等，让行业内部人才指导学生的实践，参与教学评估，让学生得

到充分的实践锻炼，提高毕业生就业的专业对口率，也为企业提供合格的专业人才。清华大学建筑学院开设的建筑学专业硕士项目在这一方面为其他院校提供了成功的案例，该项目与深圳市提供的机遇和技术支持相结合，企业参与教学和人才项目设计；打破学科边界，促进学科融合；深度融入深圳市大湾区的城市建设。①

各高校还要完善“双导师”制度，吸引各行各业高水平的专业人才参与实践教学。专业学位研究生教育的人才培养要落实到专业性和实践性上，就必须吸引理论和经验兼备的各行各业的人才参与到专业学位研究生教育当中，为学生提供实践引导。同时应完善对实践导师的聘任和考核制度，为教师提供更多的支持性政策和科研资助，调动教师的积极性，将各行各业真正出色的专家人才引入高校专业学位研究生教育当中，切实提高学生的实践技能，深化学生对行业的认知。

四、重视市场的作用，完整职业资格认证制度

克拉克的三角协调理论认为政府权力、学术权威、市场三者在高等教育结构中相互影响和牵制，其中市场与专业学位联系更加密切。由于市场与就业密不可分，专业学位研究生教育发挥对经济社会的促进作用必须重视市场的需求，与市场需求形成联动。美国的专业学位研究生教育始终强调市场的驱动性，20 世纪八九十年代专业学位结构调整和规模扩张也是对美国经济形态转变的及时回应。美国专业学位研究生教育适应市场的需求，使得高层次专业学位的获得者与非学位持有者之间的薪资差距越来越大，这也表明经济发展需要更多的高水

---

①　清华大学建筑学院. 硕士研究生学位项目［EB/OL］.［2020-12-9］. http://www.arch.tsinghua.edu.cn/column/zs.

平工作者。[①]

我国专业学位教育受到教育部、各级政府的管理，需要从宏观上协调高校、政府和市场的关系，根据市场需求调整专业学位的设置。学校培养的人才归根到底要进入市场，提供市场需要的人才、促进经济社会发展是专业学位人才培养的最终目的。我国经济社会快速发展，这对高水平专业人才提出了要求，专业学位研究生教育应当培养技能过硬且适合市场需求的高水平专业人才，满足社会产业结构调整和经济发展对人才的需求。在专业学位设置上，除了比较传统的专业学位，各高校也应当开设诸如生物科技、应用物理、数据科学等领域的专业学位。我国专业学位发展进入新时期以来，逐步对市场需求做出回应，对专业学位的开设和管理做出调整。2020 年我国硕士研究生计划扩招，扩招重点放在开设集成电路、人工智能等领域的专业硕士学位，以高水平应用型人才培养为主。[②] 培养这类高新技术领域的人才将准确、快速地推动我国经济的发展，这体现了我国专业学位发展的良好势头。另外，高校专业学位的开设、培养都应当考虑市场的需求，在开设专业学位之前需要对市场有充分的了解，专业学位的培养方案、实习规划、考核标准应当与市场对人才的需求相匹配。

发挥行业协会、专家组织的作用，完善专业学位与职业准入的衔接。2010 年《硕士、博士专业学位研究生教育发展总体方案》中指出，专业学位研究生教育与职业资格考试的紧密衔接，是专业学位研究生教育的突出特色。另外，建立衔接机制将有效提高社会对专业学位的认可度，转变民众对专业学位的偏见。有学者认为美国高等教育是

---

① WENDLER C, BRIDGEMAN B, CLINE F, et al. The path forward: the future of graduate education in the United States[R]. Princeton: Educational Testing Service, 2010: 36.

② 中华人民共和国国务院新闻办公室. 今年扩大硕士研究生招生规模比去年可能增加 18.9 万 [EB/OL]. (2020-2-28)[2020-3-29]. http://www.scio.gov.cn/xwfbh/xwbfbh/wqfbh/42311/42618/zy42622/Document/1674318/1674318.htm.

"证书社会"，这种观点在一定程度上也反映了专业学位与市场的联系，获得专业学位证书是某些行业的准入要求，因此美国专业学位获得民众和社会的广泛认可。由于各行各业的标准不一，其对人才的要求也存在差别，应当积极引导行业协会、专家组织参与到职业准入规则的制定和行业规范制度的工作中去，积极完善学位证书与职业证书之间的认证和衔接机制，在合适的行业和专业领域中适当缩短职业资格考试实践年限，对部分课程免考等，以及促进我国专业学位与国际职业资格建立衔接。

我国部分建筑学专业学位、工程专业学位已经与职业资格之间形成了良好的对接。截至 2006 年底，我国国家一级注册建筑师中来自评估通过院校的毕业生已占 65%左右；在工程硕士专业学位领域，对应的职业资格是高级设备监理师，为帮助毕业生实现这一职业资格的衔接，部分专业领域课程设置已包括高级设备监理师考核内容的 60%，硕士毕业生若申请高级设备监理师资格，可省略笔试这一环节进入面试。① 从业人员只有获得了相关学位证书和资格证书才能从事某一行业，应当成为未来的发展趋势，这是社会对专业人才的要求，也是提高就业人员质量的有效途径。

五、以提高质量为核心，建立质量保障体系

人才的培养归根到底要回到培养质量上来，保障教育质量至关重要，无论是国外还是我国，对教育的质量都十分重视。对于专业人才的要求，一是要满足专业学位学生的专业需要，二是满足社会、市场

---

① 李娟，孙雪，穆晓星．专业学位与职业资格认证对接机制的案例研究与要素分析[J]．研究生教育研究，2012（6）：67-72.

对人才的要求，三是满足学习者自身发展的诉求。[①] 因此需要建立完善的质量保障体系，内外保障共同发挥作用，满足各方要求。

外部质量保障应协调政府、各行各业协会共同发挥作用。在美国，外部质量保障主要依靠认证机构，在我国，专业学位的管理和评估机构比较单一，主要依靠政府和监管部门发挥作用。一般由全国专业学位研究生教育指导委员会带领省级学位主管部门，审核专业学位授权点，不定期进行专业学位研究生教育质量评估和检查等。应当适当发挥第三方机构的监督、评估作用，促进教育质量的保障和评估多元化。由政府部门划分职业分类、制定各行各业的入职标准和认证资格，发挥行业协会、相关机构的桥梁作用，与相应的政府部门建立联系，厘清行业内部的标准和规范，承担职业资格认证的部分工作。新闻媒体和一些民间学术组织也可以适当发挥监督作用。专业学位与就业关系密切，要为社会培养合格的专业人才，资格认证和行业标准应纳入学校专业教育培养的要求当中，使学生获得更多实用的技能，为用人单位提供高质量的人才，也有利于毕业生顺利就业。

高校内部质量保障必须建立专业学位考核制度，在培养的各个环节严格把关。专业学位研究生人才的考核应当区别于学术型学位，考核标准应当明确、科学、有效，建立可操作的评价机制，尤其注重学期考核、项目考核；注重过程性评价，严把专业学位培养过程的各个环节，完善论文答辩、项目审核程序和评审制度；关注教师的教学质量，对教师的教学进行评价监督；通过多种方式积极引导学生就业。统筹学生质量、教学质量和就业质量，从总体上保障教育质量。

---

① 马永红，刘润泽，于苗苗．专业学位研究生教育质量指数研究［J］．研究生教育研究，2019（5）：9-15，37.

参考文献

一、书籍

（一）外文书籍

[1] ABBOTT A. Chaos of disciplines[M]. Chicago: The University of Chicago Press, 2001.

[2] BIGGS J, TANG C. Teaching for quality learning at university [M]. 4th ed. London: Open University Press, 2011.

[3] CONARD C F, HAWORTH J G, MILLAR S B. A silent success: master's education in the United States[M]. Baltimore: The Johns Hopkins University Press, 1993.

[4] HOBERMAN S, MAILICK S. Professional education in the United States[M]. Goleta: Praeger Publishers, 1994.

[5] JARVIS P. Professional education [M]. London: Routledge, 1983.

[6] KOLB D A. Experiential learning: experience as the source of learning and development [M]. 2nd ed. Upper Saddle River: Pearson Education, 2015.

[7] SCOTT W R. Institutions and organizations: ideas, interests, and identities[M]. 4th ed. Thousand Oaks: Sage, 2014.

[8] SCOTT R W, DAVIS F G. Organizations and organizing: rational, natural, and open system perspectives[M]. New York: Routledge, 2006.

[9] TOWNE L, SHAVELSON R J. Scientific research in education [M]. Washington, DC: National Academics Press, 2002.

（二）中文书籍

[1] 阿特巴赫，冈普奥特，约翰斯通. 为美国高等教育辩护 [M] 别敦荣，陈艺波，译. 青岛：中国海洋大学出版社，2007.

[2] 比彻，特罗勒尔. 学术部落与学术领地：知识探索与学科文化 [M]. 唐跃勤，蒲茂华，陈洪捷，译. 北京：北京大学出版社，2018.

[3] 德兰迪. 知识社会中的大学 [M]. 黄建如，译. 北京：北京大学出版社，2010.

[4] 博克. 美国高等教育 [M]. 乔佳义，译. 北京：北京师范学院出版社，1991.

[5] 范德格拉夫. 学术权力：七国高等教育管理体制比较 [M]. 第 2 版. 王承绪，张维平，徐辉，等译. 杭州：浙江教育出版社，2001.

[6] 盖格. 增进知识：美国研究型大学的发展（1900—1940）[M]. 王海芳，魏书亮，译. 保定：河北大学出版社，2008.

[7] 赫钦斯. 美国高等教育 [M]. 汪利兵，译. 杭州：浙江教育出版社，2001.

[8] 吉本斯，利摩日，诺沃提尼，等. 知识生产的新模式：当代社会科学与研究的动力学 [M]. 陈洪捷，沈文钦，等译. 北京：北京大学出版社，2011.

[9] 加赛特. 大学的使命 [M]. 徐小洲，陈军，译. 杭州：浙江教育出版社，2001.

[10] 克莱恩. 跨越边界：知识・学科・学科互涉 [M]. 姜智芹，

译. 南京：南京大学出版社，2005.

[11] 科恩. 美国高等教育通史 [M]. 李子江，译. 北京：北京大学出版社，2019.

[12] 克拉克. 高等教育系统：学术组织的跨国研究 [M]. 王承绪，徐辉，殷企平，等译. 杭州：杭州大学出版社，1994.

[13] 克拉克. 高等教育新论：多学科的研究 [M]. 第 2 版. 王承绪，徐辉，郑继伟，等译. 杭州：浙江教育出版，2001.

[14] 克拉克. 研究生教育的科学研究基础 [M]. 王承绪，译. 杭州：浙江教育出版社，2001.

[15] 克雷明. 美国教育史 1：殖民地时期的历程 1607—1783 [M]. 周玉军，苑龙，陈少英，译. 北京：北京师范大学出版，2002.

[16] 克雷明. 美国教育史 2：建国初期的历程 1783—1786 [M]. 洪成文，丁邦平，刘建永，等译. 北京：北京师范大学出版社，2002.

[17] 克雷明. 美国教育史 3：城市化时期的历程 1876—1980 [M]. 朱旭东，等译. 北京：北京师范大学出版社，2002.

[18] 克尔. 高等教育不能回避的历史：21 世纪的问题 [M]. 王承绪，译. 杭州：浙江教育出版社，2001.

[19] 康拉德，霍沃思，米勒. 美国如何培养硕士研究生 [M]. 袁本涛，刘帆，等译. 北京：北京大学出版社，2016.

[20] 凯勒. 大学战略与规划：美国高等教育管理革命 [M]. 别敦荣，译. 青岛：中国海洋大学出版社，2005.

[21] 塞林. 美国高等教育史：第 2 版 [M]. 孙益，林伟，刘冬青，译. 北京：北京大学出版社，2014.

[22] 沃勒斯坦. 知识的不确定性 [M]. 王昺等，译. 济南：山东大学出版社，2006.

[23] 茶世俊. 研究生教育制度渐进变迁 [M]. 北京：北京大学出版社，2010.

[24] 陈洪捷，等. 博士质量：概念、评价与趋势 [M]. 北京：北京大学出版社，2010.

[25] 高文兵，等. 跨学科协同教育研究：多科学大学人文社会科学的育人功能 [M]. 北京：高等教育出版社，2015.

[26] 黄福涛. 外国高等教育史 [M]. 上海：上海教育出版社，2003.

[27] 刘献君. 发达国家博士生教育中的创新人才培养 [M]. 武汉：华中科技大学出版社，2010.

[28] 刘爱生. 美国大学治理：结构、过程与人际关系 [M]. 北京：中国社会科学出版社，2017.

[29] 李雪飞. 美国研究型大学竞争力发展策略研究 [M]. 北京：科学出版社，2016.

[30] 潘懋元，王伟廉. 高等教育学 [M]. 福州：福建教育出版社，2013.

[31] 滕大春. 美国教育史：第 2 版 [M]. 北京：人民教育出版社，2001.

[32] 秦惠民. 学位与研究生教育大辞典 [M]. 北京：北京理工大学出版社，1994.

[33] 王志强. 研究型大学与美国国家创新系统的演进 [M]. 北京：中国社会科学出版社，2014.

[34] 汪辉，等. 专业学位研究生教育的适切性研究 [M]. 杭州：浙江大学出版社，2021.

[35] 石中英. 知识转型与教育改革 [M]. 北京：教育科学出版社，2001.

[36] 张陈. 我国当代学位制度的传统与变革 [M]. 重庆：重庆大学出版社，2014.

[37] 张秀峰. 美国专业学位教育研究：基于“专业性”的视角

[M]. 上海：上海交通大学出版社，2016.

[38] 张建功. 中美专业学位研究生培养模式比较研究 [M]. 广州：华南理工大学出版社，2014.

[39] 张振刚，朱永东. 美国高等教育质量保障体系 [M]. 北京：高等教育出版社，2013.

[40] 赵文华. 高等教育系统论 [M]. 桂林：广西师范大学出版社，2001.

[41] 周洪宇. 学位与研究生教育史 [M]. 北京：高等教育出版社，2004.

二、期刊

（一）外文期刊

[1] ANDERSON C，DAY K，MCLAUGHLIN P. Student perspectives on the dissertation process in a master degree concerned with professional practice[J]. Studies in continuing education，2008，30(1)：33-49.

[2] BURNARD P，DRAGOVIC T，OTTEWELL K，et al. Voicing the professional doctorate and the researching professional's identity：theorizing the EdD's uniqueness[J]. London review of education，2018，16(1)：40-55.

[3] BAKER R C，LEWIS K O. Online master's degree in education for healthcare professionals：early outcomes of a new program[J]. Medical teacher，2007，29(9)：987-989.

[4] BURKE S K，SNEAD J T. Faculty opinions on the use of master's degree end of program assessments[J]. Journal of education for library and information science，2014，55(1)：26-39.

[5] BUDD J W. Practicing what we preach：using professional

degree principles to improve HRIR and management teaching[J]. Human resource management review,2005,15(3):187-199.

[6] CRAWFORD C B, BRUNGARDT C L, SCOTT R F, et al. Graduate programs in organizational leadership: a review of programs, faculty, costs, and delivery methods [J]. The journal of leadership studies,2002,8(4):64-74.

[7] DELANEY A. Quality assessment of professional degree programs [J]. Research in higher education,1997,38(2):241-264.

[8] FINEGOLD D. Alternative career options in the biomedical industry: the professional science master's degree[J]. Nature biotechnology, 2005,23(4):503-504.

[9] GILLHAM J C, WILLIAMS N V, RIFE G, et al. Problems of practice: a document analysis of education doctorate dissertations[J]. Journal on transforming professional practice,2019,4(1):1-9.

[10] HISLOP G W. Anytime, Anyplace learning in an online graduate professional degree program[J]. Group decision and negotiation,1999,8(5):385-390.

[11] JOHNSTON R J. Quality assessment of teaching: inputs, processes and outputs[J]. Journal of geography in higher education, 1994,18(2):184-193.

[12] JONES M L. Contemporary trends in professional doctorates [J]. Studies in higher education,2018,43(5):814-825.

[13] KASWORM C, HEMMINGSEN L. Preparing professionals for lifelong learning: comparative examination of master's education programs[J]. Higher education,2007,54(3):449-468.

[14] KLINE D M, VETTER R, BARNHILL K. Building an effective interdisciplinary professional master's degree[J]. Information

systems education journal,2013,11(6):40-49.

[15] KILEY M,HALLIDAY D P. Candidate and supervisor experiences of doctoral study in a structured,interdisciplinary training environment [J]. Innovations in education and teaching international,2019,56(5):663-674.

[16] NERAD M. Globalization and the internationalization of graduate education:a macro and micro view[J]. Canadian journal of higher education,2010,40(1):1-12.

[17] O'CONNOR B N. Perspectives on professional doctorate education in the United States[J]. Work based learning e-journal,2011,2(1):44-64.

[18] OWLIA M S,ASPINWALL E. A framework for the dimensions of quality in higher education[J]. Quality assurance in education,1996,4(2):12-20.

[19] PHILPOTT C. The importance of students' motivation and identity when supervising professional doctorate students; a reflection on traditional and professional routes[J]. Practitioner research in higher education,2015,9(1):59-66.

[20] SERVAGE L. Alternative and professional doctoral programs: what is driving the demand? [J]. Studies in higher education,2009,34(7):765-779.

[21] SHULMAN L S. Theory, practice, and the education of professionals[J]. The elementary school journal,1998,98(5):511-526.

[22] SELKE M. The professional development of teachers in the United States of America: the practitioners' master's degree[J]. European journal of teacher education,2001,24(2):205-214.

[23] TOBIAS S, STRAUSBAUGH L. The professional science master's degree at twenty[J]. Journal of college science teaching,2018,

47(4):8-9.

[24] VANDENHOUTEN C, GROESSL J, LEVINTOVA E. How do you use problem-based learning to improve interdisciplinary thinking? [J]. New directions for teaching and learning, 2017, 151:117-133.

[25] WHITE S S, MAYO J M. Environmental education in graduate professional degrees: the case of urban planning [J]. The journal of environmental education, 2005, 36(3):31-38.

[26] ZUSMAN A. Changing degrees: creation and growth of new kinds of professional doctorates [J]. The journal of higher education, 2017, 88(1):33-61.

（二）中文期刊

[1] 别敦荣，赵映川，闫建璋. 专业学位概念释义及其定位 [J]. 高等教育研究，2009，30 (6)：52-59.

[2] 包水梅. 哈佛大学“教育领导博士”学位的创设及其培养方案研究 [J]. 学位与研究生教育，2012 (8)：64-70.

[3] 曹珊. 美国哈佛大学教育博士专业学位教育项目的特色及启示 [J]. 学位与研究生教育，2013 (9)：62-66.

[4] 邓光平，周守军，郑芳. 我国专业学位设置政策的生成与制度化研究 [J]. 江苏高教，2006 (5)：88-90.

[5] 胡莉芳. 美国专业学位研究生教育结构及其发展趋势研究 (1917—2012 年) [J]. 清华大学教育研究，2016，37 (3)：48-58.

[6] 华春燕. 专业学位研究生教育高质量发展：价值、隐忧与前瞻 [J]. 国家教育行政学院学报，2022 (6)：28-35.

[7] 韩霜，罗英姿. 专业学位博士生教育对博士职业发展的影响路径研究：基于全国专业学位博士教育质量调查 [J]. 中国高教研究，2022 (4)：85-90.

[8] 洪成文. 美国硕士生教育发展的历史考察 [J]. 学位与研究生

教育，2002（2/3）：68-72.

［9］郭长义，王凤玉，欧桃英．美国专业学位研究生教育及其启示［J］．现代教育管理，2012（6）：112-116.

［10］郭建春，李早元，杨世箐．工程类专业学位硕士研究生培养模式研究［J］．中国高等教育，2020（10）：43-45.

［11］卢勃，杜燕锋，高佳佳．美国第一职业学位的发展及其启示［J］．研究生教育研究，2012（6）：84-89.

［12］李伟，闫广芬．专业学位研究生培养模式的理论探析与实践转向：基于分类观的视角［J］．研究生教育研究，2021（5）：51-57.

［13］刘国瑜．论专业学位研究生教育的基本特征及其体现［J］．中国高教研究 2005（11）：31-32.

［14］刘国瑜．专业学位研究生教育的实践性及其强化策略［J］．学位与研究生教育，2015（2）：19-22.

［15］李云鹏．美国专业博士学位的几个关键问题论析［J］．学位与研究生教育，2014（1）：65-69.

［16］李云鹏．哈佛大学“教育领导博士”学位的创设及启示［J］．比较教育研究，2011，33（5）：41-45.

［17］李术才，蒋红光，朱太锐，等．综合性大学专业学位研究生教育发展的困惑、困境与出路［J］．学位与研究生教育，2022（5）：63-72.

［18］廖湘阳，周文辉．中国专业学位硕士研究生教育发展反思［J］．清华大学教育研究，2017，38（2）：102-110.

［19］马永红，刘润泽，于苗苗．我国产教融合培养专业学位研究生：内涵、类型及发展状况［J］．学位与研究生教育，2021（7）：12-18.

［20］马永红，张飞龙．专业学位研究生教育发展国际趋势及启示［J］．北京航空航天大学学报（社会科学版），2021，34（3）：142-150.

［21］钱爱民，邵妍，祝继高，等．专业学位研究生校外导师工作

机制实践［J］．中国高等教育，2021（1）：58-60.

［22］申姗姗．从“专业性”看专业学位教育的发展［J］．学位与研究生教育，2009（7）：61-65.

［23］申国昌，夏豪杰．我国教育博士专业学位授予标准：内容、问题与建议［J］．学位与研究生教育，2022（8）：53-60.

［24］师悦，汪霞．专业学位硕士研究生需要什么样的培养环境：基于硕士生意见调查的实证研究［J］．中国高教研究，2021（11）：35-41.

［25］田学真，张俊．美国专业学位研究生培养模式及其启示［J］．研究生教育研究，2012（3）：91-95.

［26］王飞，车丽娜．美国教育硕士专业学位的特色及其启示［J］．高等教育研究，2014，35（12）：68-73.

［27］王莉华．多元化的美国专业学位教育及其质量保障机制［J］．学位与研究生教育，2008（6）：73-77.

［28］王莉．我国专业学位研究生教育政策的演进与发展趋势［J］．高等教育研究，2021，42（7）：78-84.

［29］王莉，陈秋苹．我国专业学位研究生教育政策：挑战、调整与走向［J］．江苏高教，2020（10）：88-92.

［30］王根顺，曹瑞红．中美专业学位研究生教育的比较研究［J］．内蒙古师范大学学报（教育科学版），2010，23（5）：26-29.

［31］王姗姗，邱均平．以新发展理念引领专业学位研究生教育高质量发展［J］．研究生教育研究，2022（3）：75-82.

［32］王东芳，赵琦琪．美国专业学位博士生教育：历史回顾、基本属性与主要争议［J］．学位与研究生教育，2021（7）：76-85.

［33］王诺斯，杨玉．专业学位研究生校外实践导师的角色治理：冲突、依存与秩序［J］．研究生教育研究，2022（5）：68-75.

［34］王红，欧阳宗书，袁雯，等．深化专业学位研究生教育综合改革提高专业学位研究生培养质量［J］．学位与研究生教育，2016

(1)：7-24.

［35］王健，孟佳辉，于航，等. 工程类专业学位研究生培养的治理改革：基于政策供需协调视角的多案例比较研究［J］. 中国高教研究，2022（5）：80-87.

［36］吴敏，姚云. 美国专业博士学位的学科与规模特点研究［J］. 学位与研究生教育，2018（8）：73-77.

［37］吴华杰，杨钋. 专业学位研究生教育的定位及教育模式探究［J］. 学位与研究生教育，2017（5）：58-63.

［38］魏玉梅，豆永杰. 哈佛大学教育领导博士学位课程方案研究［J］. 学位与研究生教育，2016（1）：67-72.

［39］徐东波. 我国专业学位研究生教育的本质属性、发展误区与变革路径［J］. 现代教育管理，2020（10）：100-105.

［40］衣学磊，蒋承. 中美两国专业硕士学位研究生教育比较研究［J］. 中国高教研究，2014（5）：33-37.

［41］闫建璋. 专业学位的功能探析［J］. 黑龙江高教研究，2010（3）：24-26.

［42］袁东，梁宁. 美国专业学位教育若干特点探讨［J］. 中国高校科技，2014（10）：7-8.

［43］庄丽君，邓侨侨. 美国专业科学硕士教育研究及对我国的启示［J］. 学位与研究生教育，2014（2）：67-71.

［44］张建功，黄美静，孙飞燕. 中美专业学位研究生规模影响因素的比较研究［J］. 中国高教研究，2012（10）：34-38.

［45］张秀峰，高益民. 美国专业学位研究生教育体系结构及其专业性特征［J］. 现代教育管理，2014（5）：114-118.

［46］张淑林，裴旭，陈伟. 我国研究生教育发展现状与问题研究［J］. 学位与研究生教育，2005（6）：9-14.

［47］张炜. 中美研究生教育规模和结构的比较与思考［J］. 学位

与研究生教育，2003（7）：39-42.

［48］张炜，李春林，张学良．发展博士专业学位研究生教育的借鉴与探索［J］．学位与研究生教育，2021（10）：28-33.

［49］钟振国．我国专业学位教育的研究热点和演进趋势：基于CSSCI（1998—2014）数据库专业学位教育知识图谱的可视化分析［J］．高教探索，2016（5）：56-63.

三、学位论文

［1］程萱．美国学位制度研究［D］．武汉：武汉理工大学，2008.

［2］陈静．我国专业学位研究生教育发展问题研究［D］．重庆：西南大学，2013.

［3］陈旻君．美国博士研究生教育规模及其制约因素之研究［D］．长沙：湖南师范大学，2008.

［4］邓光平．我国专业学位设置的政策分析［D］．武汉：华中科技大学，2006.

［5］付奕．哈佛大学教育博士培养模式嬗变研究［D］．武汉：武汉理工大学，2016.

［6］胡冰玉．中美专业学位硕士研究生教育比较研究［D］．广州：华南理工大学，2011.

［7］李瑞娟．美国专业科学硕士培养体系研究［D］．广州：华南理工大学，2015.

［8］李云鹏．美国教育博士专业学位的发展动力与变革模式研究［D］．南京：南京师范大学，2012.

［9］刘卷．美国研究生教育结构研究［D］．长沙：湖南师范大学，2006.

［10］刘乐乐．基于社会需求的美国专业学位研究生教育研究

[D]. 长春：吉林大学，2017.

［11］廖文婕. 我国专业学位研究生培养模式的系统结构研究[D]. 广州：华南理工大学，2010.

［12］瞿落雪. 全日制专业学位硕士研究生实践教学研究［D］. 南京：南京农业大学，2012.

［13］苏兆斌. 我国学位制度的历史与现状研究［D］. 长春：东北师范大学，2013.

［14］田莉. 美国专业学位研究［D］. 保定：河北大学，2008.

［15］田学真. 全日制专业学位硕士研究生培养创新研究［D］. 武汉：华中农业大学，2013.

［16］王宗元. 美国第一级专业学位研究［D］. 长春：吉林大学，2012.

［17］徐颖珺. 美国硕士专业学位运行机制研究［D］. 上海：华东师范大学，2014.

［18］钟怡. 二十世纪八十年代以来美国专业硕士学位教育质量控制的研究［D］. 广州：华南师范大学，2003.

［19］晏云. 美国专业学位硕士研究生培养模式研究［D］. 武汉：华中师范大学，2013.

［20］佘宇菡. 我国专业学位研究生教育的学位结构研究［D］. 重庆：西南大学，2010.

［21］张建功. 中美专业学位研究生培养模式比较研究［D］. 广州：华南理工大学，2014.

附　　录

附录一　美国学科专业分类目录

美国学科专业分类（CIP）最初由美国教育部国家教育统计中心在1980年制定，并在1985年、1990年、2000年、2010年和2020年进行了修订。设置学科专业分类是为了对学科领域和项目完成情况进行收集、整理和报告。CIP是描述学科、项目的一般性分类，不是个别院校、机构的具体专业或研究领域，也不是规范性文件。CIP编码分为3个层次：两位数编码，四位数编码，六位数编码。两位编码代表相关的学科群（summary groups），是最基本的分类，四位数编码为中间分类（intermediate aggregation），代表中间学科专业类别，六位数编码代表具体的学科专业（specific instructional program）。

表附-1-1　CIP两位数编码及学科名称①

编码	学科名称		编码	学科名称	
01	AGRICULTURAL/ ANIMAL/PLANT/ VETERINARY SCIENCE AND RELATED FIELDS	农业/动物/植物/兽医科学及相关领域	33	CITIZENSHIP ACTIVITIES	公民活动
03	NATURAL RESOURCES AND CONSERVATION	自然资源和保护	34	HEALTH-RELATED KNOWLEDGE AND SKILLS	与健康有关的知识和技能
04	ARCHITECTURE AND RELATED SERVICES	建筑和相关服务	35	INTERPERSONAL AND SOCIAL SKILLS	人际交往和社会技能
05	AREA, ETHNIC, CULTURAL, GENDER, AND GROUP STUDIES	地区、民族、文化、性别和群体研究	36	LEISURE AND RECREATIONAL ACTIVITIES.	休闲和娱乐活动
09	COMMUNICATION, JOURNALISM, AND RELATED PROGRAMS	通讯、新闻及相关专业	37	PERSONAL AWARENESS AND SELF-IMPROVEMENT	个人意识和自我提高
10	COMMUNICATIONS TECHNOLOGIES/TECHNICIANS AND SUPPORT SERVICES	通信技术/技术员和支持服务	38	PHILOSOPHY AND RELIGIOUS STUDIES	哲学和宗教研究
11	COMPUTER AND INFORMATION SCIENCES AND SUPPORT SERVICES	计算机和信息科学及支持服务	39	THEOLOGY AND RELIGIOUS VOCATIONS	神学和宗教职业
12	CULINARY, ENTERTAINMENT, AND PERSONAL SERVICES	烹饪、娱乐和个人服务	40	PHYSICAL SCIENCES	物理科学
13	EDUCATION	教育	41	SCIENCE TECHNOLOGIES/ TECHNICIANS	科学技术/技术员
14	ENGINEERING	工程	42	PSYCHOLOGY	心理学
15	ENGINEERING/ENGINEERING-RELATED TECHNOLOGIES/ TECHNICIANS	工程/工程相关技术/技术员	43	HOMELAND SECURITY, LAW ENFORCEMENT, FIREFIGHTING AND RELATED PROTECTIVE SERVICES	国土安全、执法、消防和相关保护服务
16	FOREIGN LANGUAGES, LITERATURES, AND LINGUISTICS	外国语言、文学和语言学	44	PUBLIC ADMINISTRATION AND SOCIAL SERVICE PROFESSIONS	公共管理和社会服务专业

① National Center for Education Statistics. CIP[EB/OL]. [2022-10-30]. https://nces.ed.gov/ipeds/cipcode/browse.aspx? y=55.

续表

编码	学科名称		编码	学科名称	
19	FAMILY AND CONSUMER SCIENCES/HUMAN SCIENCES	家庭和消费科学/人文科学	45	SOCIAL SCIENCES	社会科学
21	RESERVED	保留	46	CONSTRUCTION TRADES	建筑行业
22	LEGAL PROFESSIONS AND STUDIES	法律专业和研究	47	MECHANIC AND REPAIR TECHNOLOGIES/TECHNICIANS.	机械和维修技术/技术员
23	ENGLISH LANGUAGE AND LITERATURE/LETTERS	英语语言和文学/通讯	48	PRECISION PRODUCTION	精密生产
24	LIBERAL ARTS AND SCIENCES, GENERAL STUDIES AND HUMANITIES	文理科、综合研究和人文科学	49	TRANSPORTATION AND MATERIALS MOVING	运输和材料搬运
25	LIBRARY SCIENCE	图书馆学	50	VISUAL AND PERFORMING ARTS	视觉和表演艺术
26	BIOLOGICAL AND BIOMEDICAL SCIENCES	生物和生物医学科学	51	HEALTH PROFESSIONS AND RELATED PROGRAMS	健康专业及相关项目
27	MATHEMATICS AND STATISTICS	数学和统计学	52	BUSINESS, MANAGEMENT, MARKETING, AND RELATED SUPPORT SERVICES	商业、管理、营销和相关支持服务
28	MILITARY SCIENCE, LEADERSHIP AND OPERATIONAL ART	军事科学、领导力和作战艺术	53	HIGH SCHOOL/SECONDARY DIPLOMAS AND CERTIFICATES.	高中/中学文凭和证书
29	MILITARY TECHNOLOGIES AND APPLIED SCIENCES	军事技术和应用科学	54	HISTORY	历史学
30	MULTI/INTERDISCIPLINARY STUDIES.	多学科/跨学科研究	55	RESERVED	保留
31	PARKS, RECREATION, LEISURE, FITNESS, AND KINESIOLOGY	公园、娱乐、休闲、健身和运动学	60	HEALTH PROFESSIONS RESIDENCY/FELLOWSHIP PROGRAMS	卫生专业住院医师/奖学金项目
32	BASIC SKILLS AND DEVELOPMENTAL/REMEDIAL EDUCATION	基本技能和发展/补习教育	61	MEDICAL RESIDENCY/FELLOWSHIP PROGRAMS	医学住院医师/奖学金计划

附录二　卡内基高等教育机构分类

卡内基高等教育机构分类（The Carnegie Classification of Institutions of Higher Education）一直是描述美国高等教育机构多样性的主要分类框架。从 1970 年开始，卡内基高等教育委员会对学院和大学进行了分类，以支持其研究和政策分析项目。卡内基分类源于高校的经验数据，最初于 1973 年出版，随后在 1976 年、1987 年、1994 年、2000 年、2005 年、2010 年、2015 年、2018 年和 2021 年更新。这一框架在高等教育研究中被广泛使用。①

表附-2-1　卡内基高等教育机构分类——基本分类②

一级分类	二级分类	说明
博士大学	R1：博士级大学——最高研究活动 R2：博士级大学——高研究活动 D/PU：博士/专业型大学	博士大学指的是在更新年度授予至少 20 个研究/学术性博士学位的机构，也包括研究/学术型博士学位授予量低于 20 个，但在至少 2 个项目中授予不少于 30 个专业实践博士学位的机构。前两类机构只包括授予至少 20 个研究/奖学金博士学位，并且研究总支出至少为 500 万美元的机构

① The Carnegie Classification of Institutions of Higher Education. About the Carnegie Classification[EB/OL]. [2022-10-30]. https://carnegieclassifications. acenet. edu/index. php.

② The Carnegie Classification of Institutions of Higher Education. Basic classification description[EB/OL]. [2022-10-30]. https://carnegieclassifications. acenet. edu/classification_descriptions/basic. php.

续表

一级分类	二级分类	说明
硕士学院和大学	M1：硕士学院和大学——较大的项目 M2：硕士学院和大学——中等项目 M3：硕士学院和大学——较小的项目	包括在更新年度内授予至少50个硕士学位和少于20个博士学位的机构
本科学院	文科和理科 多样化领域	学士学位或更高学位占所有学位的至少50%，但在更新年度颁发的硕士学位或博士学位少于50个的机构。
学士/副学士学院	学士、副学士学院 副学士为主的学院	四年制学院（至少有一个学士学位项目），其授予的学位有50%以上是副学士
副学士学院	高度转学——高度传统 高转学率——传统/非传统混合型 高转学率——高度非传统 混合转学/职业与技术——高度传统 混合转学/职业与技术——传统/非传统混合型 混合转学/职业与技术——高度非传统型 高等职业与技术——高度传统 高等职业与技术——传统/非传统混合型 高等职业与技术——高度非传统	授予最高级别学位是副学士学位
专业学院	两年制：卫生专业、技术专业、艺术与设计、其他领域 四年制：宗教类机构、医学院和中心、其他卫生专业学校、研究机构、工程和其他技术相关的学校、其他技术相关的学校、商业和管理学校、艺术、音乐和设计学校、法律学校、其他机构	学位高度集中在单一领域或一组相关领域的院校
部落学院	—	IPEDS机构特征中确定的属于美国印第安人高等教育联盟成员的学院和大学

表附-2-2　美国研究型大学（博士级大学——最高研究活动）①

序号	大学名称		类型
1	Arizona State University Campus Immersion	亚利桑那州立大学	公立
2	Auburn University	奥本大学	公立
3	Baylor University	贝勒大学	私立
4	Binghamton University	宾汉姆顿大学	公立
5	Boston College	波士顿学院	私立
6	Boston University	波士顿大学	私立
7	Brandeis University	布兰迪斯大学	私立
8	Brown University	布朗大学	私立
9	California Institute of Technology	加州理工学院	私立
10	Carnegie Mellon University	卡内基・梅隆大学	私立
11	Case Western Reserve University	凯斯西储大学	私立
12	Clemson University	克莱姆森大学	公立
13	Colorado School of Mines	科罗拉多矿业大学	公立
14	Colorado State University-Fort Collins	科罗拉多州立大学科林斯堡校区	公立
15	Columbia University in the City of New York	纽约哥伦比亚大学	私立
16	Cornell University	康奈尔大学	私立
17	CUNY Graduate School and University Center	纽约市立大学研究生院	公立
18	Dartmouth College	达特茅斯学院	私立
19	Drexel University	德雷塞尔大学	私立
20	Duke University	杜克大学	私立
21	Emory University	埃默利大学	私立
22	Florida International University	佛罗里达国际大学	公立
23	Florida State University	佛罗里达州立大学	公立

① The Carnegie Classification of Institutions of Higher Education. Doctoral Universities: Very High Research Activity[EB/OL]. [2022-10-31]. https://carnegieclassifications. acenet. edu/lookup/srp. php? clq=%7B%22basic2005_ids%22%3A%2215%22%7D&start_page=standard. php&backurl=standard. php&limit=0,50.

续表 1

序号	大学名称		类型
24	George Mason University	乔治·梅森大学	公立
25	George Washington University	乔治·华盛顿大学	私立
26	Georgetown University	乔治城大学	私立
27	Georgia Institute of Technology-Main Campus	佐治亚理工学院主校区	公立
28	Georgia State University	佐治亚州立大学	公立
29	Harvard University	哈佛大学	私立
30	Indiana University-Bloomington	印第安纳大学伯明顿分校	公立
31	Iowa State University	艾奥瓦州立大学	公立
32	Johns Hopkins University	约翰斯·霍普金斯大学	私立
33	Kansas State University	堪萨斯州立大学	公立
34	Kent State University at Kent	肯特州立大学	公立
35	Louisiana State University and Agricultural & Mechanical College	路易斯安那州立大学农业机械学院	公立
36	Massachusetts Institute of Technology	麻省理工学院	私立
37	Michigan State University	密歇根州立大学	公立
38	Mississippi State University	密西西比州立大学	公立
39	Montana State University	蒙大拿州立大学	公立
40	New Jersey Institute of Technology	新泽西理工学院	公立
41	New York University	纽约大学	私立
42	North Carolina State University at Raleigh	北卡罗来纳州立大学	公立
43	North Dakota State University-Main Campus	北达科他州立大学主校区	公立
44	Northeastern University	东北大学	私立
45	Northwestern University	西北大学	私立
46	Ohio State University-Main Campus	俄亥俄州立大学主校区	公立
47	Ohio University-Main Campus	俄亥俄大学主校区	公立
48	Oklahoma State University-Main Campus	俄克拉荷马州立大学主校区	公立
49	Old Dominion University	欧道明大学	公立
50	Oregon State University	俄勒冈州立大学	公立
51	Princeton University	普林斯顿大学	私立

续表 2

序号	大学名称		类型
52	Purdue University-Main Campus	普渡大学主校区	公立
53	Rensselaer Polytechnic Institute	伦斯勒理工学院	私立
54	Rice University	莱斯大学	私立
55	Rutgers University-New Brunswick	罗格斯大学新布朗斯维克分校	公立
56	Stanford University	斯坦福大学	私立
57	Stony Brook University	石溪大学	公立
58	SUNY at Albany	纽约州立大学奥尔巴尼分校	公立
59	Syracuse University	雪城大学	私立
60	Temple University	天普大学	公立
61	Texas A & M University-College Station	得克萨斯农工大学学院站	公立
62	Texas Tech University	得克萨斯理工大学	公立
63	The Pennsylvania State University	宾夕法尼亚州立大学	公立
64	The University of Alabama	亚拉巴马大学	公立
65	The University of Montana	蒙大拿大学	公立
66	The University of Tennessee-Knoxville	田纳西大学克诺克斯维尔分校	公立
67	The University of Texas at Arlington	得克萨斯大学阿灵顿分校	公立
68	The University of Texas at Austin	得克萨斯大学奥斯汀分校	公立
69	The University of Texas at Dallas	得克萨斯大学达拉斯分校	公立
70	The University of Texas at El Paso	得克萨斯大学埃尔帕索分校	公立
71	The University of Texas at San Antonio	得克萨斯大学圣安东尼奥分校	公立
72	Tufts University	塔夫茨大学	私立
73	Tulane University of Louisiana	路易斯安那州的图兰大学	私立
74	University at Buffalo	水牛城大学	公立
75	University of Alabama at Birmingham	亚拉巴马大学伯明翰分校	公立
76	University of Alabama in Huntsville	亚拉巴马大学亨茨维尔分校	公立
77	University of Arizona	亚利桑那大学	公立
78	University of Arkansas	阿肯色大学	公立
79	University of California-Berkeley	加利福尼亚大学伯克利分校	公立
80	University of California-Davis	加利福尼亚大学戴维斯分校	公立

续表 3

序号	大学名称		类型
81	University of California-Irvine	加利福尼亚大学尔湾分校	公立
82	University of California-Los Angeles	加利福尼亚大学洛杉矶分校	公立
83	University of California-Riverside	加利福尼亚大学里弗赛德分校	公立
84	University of California-San Diego	加利福尼亚大学圣地亚哥分校	公立
85	University of California-Santa Barbara	加利福尼亚大学圣巴巴拉分校	公立
86	University of California-Santa Cruz	加利福尼亚大学圣克鲁兹分校	公立
87	University of Central Florida	中佛罗里达大学	公立
88	University of Chicago	芝加哥大学	私立
89	University of Cincinnati-Main Campus	辛辛那提大学主校区	公立
90	University of Colorado Boulder	科罗拉多大学博尔德分校	公立
91	University of Colorado Denver/Anschutz Medical Campus	科罗拉多大学丹佛分校/安舒茨医学校区	公立
92	University of Connecticut	康涅狄格大学	公立
93	University of Delaware	特拉华大学	公立
94	University of Denver	丹佛大学	私立
95	University of Florida	佛罗里达大学	公立
96	University of Georgia	佐治亚大学	公立
97	University of Hawaii at Manoa	夏威夷大学马诺阿分校	公立
98	University of Houston	休斯敦大学	公立
99	University of Illinois Chicago	伊利诺伊大学芝加哥分校	公立
100	University of Illinois Urbana-Champaign	伊利诺伊大学厄巴纳香槟分校	公立
101	University of Iowa	艾奥瓦大学	公立
102	University of Kansas	堪萨斯大学	公立
103	University of Kentucky	肯塔基大学	公立
104	University of Louisiana at Lafayette	路易斯安那大学拉斐特	公立
105	University of Louisville	路易斯维尔大学	公立
106	University of Maine	缅因大学	公立
107	University of Maryland-Baltimore County	马里兰大学巴尔的摩郡分校	公立
108	University of Maryland-College Park	马里兰大学帕克分校	公立

续表 4

序号	大学名称		类型
109	University of Massachusetts-Amherst	马萨诸塞大学阿默斯特分校	公立
110	University of Memphis	孟菲斯大学	公立
111	University of Miami	迈阿密大学	私立
112	University of Michigan-Ann Arbor	密歇根大学安娜堡分校	公立
113	University of Minnesota-Twin Cities	明尼苏达大学双城分校	公立
114	University of Mississippi	密西西比大学	公立
115	University of Missouri-Columbia	密苏里大学哥伦比亚分校	公立
116	University of Nebraska-Lincoln	内布拉斯加大学林肯分校	公立
117	University of Nevada-Las Vegas	内华达大学拉斯维加斯分校	公立
118	University of Nevada-Reno	内华达大学雷诺分校	公立
119	University of New Hampshire-Main Campus	新罕布什尔大学主校区	公立
120	University of New Mexico-Main Campus	新墨西哥大学主校区	公立
121	University of North Carolina at Chapel Hill	北卡罗来纳大学教堂山分校	公立
122	University of North Texas	北得克萨斯大学	公立
123	University of Notre Dame	圣母大学	私立
124	University of Oklahoma-Norman Campus	俄克拉荷马大学诺曼分校	公立
125	University of Oregon	俄勒冈大学	公立
126	University of Pennsylvania	宾夕法尼亚大学	私立
127	University of Pittsburgh-Pittsburgh Campus	匹兹堡大学匹兹堡校区	公立
128	University of Rochester	罗切斯特大学	私立
129	University of South Carolina-Columbia	南卡罗来纳大学哥伦比亚分校	公立
130	University of South Florida	南佛罗里达大学	公立
131	University of Southern California	南加利福尼亚大学	私立
132	University of Southern Mississippi	南密西西比大学	公立
133	University of Utah	犹他大学	公立
134	University of Virginia-Main Campus	弗吉尼亚大学主校区	公立
135	University of Washington-Seattle Campus	华盛顿大学西雅图校区	公立
136	University of Wisconsin-Madison	威斯康星大学麦迪逊分校	公立
137	University of Wisconsin-Milwaukee	威斯康星大学密尔沃基分校	公立

续表 5

序号	大学名称		类型
138	Utah State University	犹他州立大学	公立
139	Vanderbilt University	范德堡尔特大学	私立
140	Virginia Commonwealth University	弗吉尼亚联邦大学	公立
141	Virginia Polytechnic Institute and State University	弗吉尼亚理工学院和州立大学	公立
142	Washington State University	华盛顿州立大学	公立
143	Washington University in St Louis	圣路易斯华盛顿大学	私立
144	Wayne State University	韦恩州立大学	公立
145	West Virginia University	西弗吉尼亚大学	公立
146	Yale University	耶鲁大学	私立

表附-2-3 美国研究型大学（博士级大学——高研究活动）①

序号	大学名称		类型
1	Air Force Institute of Technology -Graduate School of Engineering & Management	空军理工学院工程与管理研究生院	公立
2	American University	美国大学	私立
3	Arizona State University Digital Immersion	亚利桑那州立大学数字沉浸式教学	公立
4	Arkansas State University	阿肯色州立大学	公立
5	Augusta University	奥古斯塔大学	公立
6	Azusa Pacific University	阿苏萨太平洋大学	私立
7	Ball State University	博尔州立大学	公立
8	Boise State University	博伊西州立大学	公立
9	Bowling Green State University-Main Campus	博林格林州立大学主校区	公立

① The Carnegie Classification of Institutions of Higher Education. Doctoral Universities: High Research Activity[EB/OL]. [2022-10-31]. https://carnegieclassifications.acenet.edu/lookup/srp.php?clq=%7B%22basic2005_ids%22%3A%2216%22%7D&start_page=standard.php&backurl=standard.php&limit=0,50.

续表 1

序号	大学名称		类型
10	Brigham Young University	杨百翰大学	私立
11	California State University-East Bay	加利福尼亚州立大学东湾分校	公立
12	California State University-Fresno	加利福尼亚州立大学弗雷斯诺分校	公立
13	California State University-Fullerton	加利福尼亚州立大学富勒顿分校	公立
14	California State University-Long Beach	加利福尼亚州立大学长滩分校	公立
15	California State University-San Bernardino	加利福尼亚州立大学圣贝纳迪诺分校	公立
16	Central Michigan University	中央密歇根大学	公立
17	Chapman University	查普曼大学	私立
18	Claremont Graduate University	克莱蒙特研究大学	私立
19	Clark Atlanta University	克拉克亚特兰大大学	私立
20	Clark University	克拉克大学	私立
21	Clarkson University	克拉克森大学	私立
22	Cleveland State University	克利夫兰州立大学	公立
23	Creighton University	克里顿大学	私立
24	CUNY City College	纽约市立大学城市学院	公立
25	DePaul University	德保罗大学	私立
26	Duquesne University	杜肯大学	私立
27	East Carolina University	东卡罗来纳州立大学	公立
28	East Tennessee State University	东田纳西州立大学	公立
29	Eastern Michigan University	东密歇根大学	公立
30	Florida Agricultural and Mechanical University	佛罗里达农机大学	公立
31	Florida Atlantic University	佛罗里达大西洋大学	公立
32	Florida Institute of Technology	佛罗里达理工学院	私立
33	Fordham University	福特汉姆大学	私立
34	Georgia Southern University	佐治亚南方大学	公立

续表 2

序号	大学名称		类型
35	Howard University	霍华德大学	私立
36	Idaho State University	爱达荷州立大学	公立
37	Illinois Institute of Technology	伊利诺伊理工学院	私立
38	Illinois State University	伊利诺伊州立大学	公立
39	Indiana University of Pennsylvania-Main Campus	宾夕法尼亚大学主校区	公立
40	Indiana University-Purdue University-Indianapolis	印第安纳大学与普渡大学印第安纳波利斯联合分校	公立
41	Jackson State University	杰克逊州立大学	公立
42	James Madison University	詹姆斯・麦迪逊大学	公立
43	Kennesaw State University	肯尼索州立大学	公立
44	Lehigh University	利哈伊大学	私立
45	Loma Linda University	洛马・林达大学	私立
46	Long Island University	长岛大学	私立
47	Louisiana Tech University	路易斯安那科技大学	公立
48	Loyola Marymount University	洛约拉马利蒙特大学	私立
49	Loyola University Chicago	芝加哥洛约拉大学	私立
50	Marquette University	马凯特大学	私立
51	Marshall University	马歇尔大学	公立
52	Mercer University	默瑟大学	私立
53	Miami University-Oxford	迈阿密大学奥克斯福德分校	公立
54	Michigan Technological University	密歇根技术大学	公立
55	Middle Tennessee State University	中田纳西州立大学	公立
56	Missouri University of Science and Technology	密苏里科技大学	公立
57	Montclair State University	蒙特克莱尔州立大学	公立
58	Morgan State University	摩根州立大学	公立
59	New Mexico State University-Main Campus	新墨西哥州立大学主校区	公立
60	North Carolina A & T State University	北卡罗来纳州立农业技术大学	公立
61	Northern Arizona University	北亚利桑那大学	公立
62	Northern Illinois University	北伊利诺伊大学	公立

续表 3

序号	大学名称		类型
63	Nova Southeastern University	诺瓦东南大学	私立
64	Oakland University	奥克兰大学	公立
65	Portland State University	波特兰州立大学	公立
66	Prairie View A & M University	草原风光农工大学	公立
67	Rochester Institute of Technology	罗切斯特理工学院	私立
68	Rowan University	罗文大学	公立
69	Rutgers University-Camden	罗格斯大学卡姆登分校	公立
70	Rutgers University-Newark	罗格斯大学纽瓦克分校	公立
71	Saint Louis University	圣路易斯大学	私立
72	Sam Houston State University	山姆·休斯敦州立大学	公立
73	San Diego State University	圣地亚哥州立大学	公立
74	San Francisco State University	旧金山州立大学	公立
75	Seton Hall University	塞顿·霍尔大学	私立
76	South Dakota State University	南达科他州立大学	公立
77	Southern Illinois University-Carbondale	南伊利诺伊大学卡本代尔分校	公立
78	Southern Methodist University	南卫理公会大学	私立
79	Southern University and A & M College	南方大学及农业机械学院	公立
80	Stevens Institute of Technology	史蒂文斯理工学院	私立
81	SUNY College of Environmental Science and Forestry	纽约州立大学环境科学与林业科学学院	公立
82	Tarleton State University	塔勒顿州立大学	公立
83	Teachers College at Columbia University	哥伦比亚大学教师学院	私立
84	Tennessee State University	田纳西州立大学	公立
85	Tennessee Technological University	田纳西技术大学	公立
86	Texas A & M University-Corpus Christi	得克萨斯农工大学柯柏斯克里斯提分校	公立
87	Texas A & M University-Kingsville	得克萨斯农工大学金斯维尔分校	公立
88	Texas Christian University	得克萨斯基督教大学	私立

续表 4

序号	大学名称		类型
89	Texas Southern University	得克萨斯南方大学	公立
90	Texas State University	得克萨斯州立大学	公立
91	The Catholic University of America	美国天主教大学	私立
92	The New School	新学院	私立
93	The University of Texas at Tyler	得克萨斯大学泰勒分校	公立
94	The University of Texas Rio Grande Valley	得克萨斯大学里奥格兰德河谷分校	公立
95	Thomas Jefferson University	托马斯·杰弗逊大学	私立
96	University of Akron Main Campus	阿克伦大学主校区	公立
97	University of Alaska Fairbanks	阿拉斯加大学费尔班克斯分校	公立
98	University of Arkansas at Little Rock	阿肯色大学小石城分校	公立
99	University of California-Merced	加利福尼亚大学梅尔塞德分校	公立
100	University of Colorado Colorado Springs	科罗拉多大学科罗拉多斯普林斯分校	公立
101	University of Dayton	代顿大学	私立
102	University of Idaho	爱达荷大学	公立
103	University of Maryland Eastern Shore	马里兰大学东岸分校	公立
104	University of Massachusetts-Boston	马萨诸塞大学波士顿分校	公立
105	University of Massachusetts-Dartmouth	马萨诸塞大学达特茅斯分校	公立
106	University of Massachusetts-Lowell	马萨诸塞大学洛厄尔分校	公立
107	University of Missouri-Kansas City	密苏里大学堪萨斯城分校	公立
108	University of Missouri-St Louis	密苏里大学圣路易斯分校	公立
109	University of Nebraska at Omaha	内布拉斯加大学奥马哈分校	公立
110	University of New England	新英格兰大学	私立
111	University of New Orleans	新奥尔良大学	公立
112	University of North Carolina at Charlotte	北卡罗来纳大学夏洛特分校	公立
113	University of North Carolina at Greensboro	北卡罗来纳大学格林斯博罗分校	公立
114	University of North Carolina Wilmington	北卡罗来纳大学威尔明顿分校	公立

续表 5

序号	大学名称		类型
115	University of North Dakota	北达科他大学	公立
116	University of North Florida	北佛罗里达大学	公立
117	University of Puerto Rico-Rio Piedras	波多黎各大学里奥皮德拉斯分校	公立
118	University of Rhode Island	罗得岛大学	公立
119	University of San Diego	圣地亚哥大学	私立
120	University of South Alabama	南亚拉巴马大学	公立
121	University of South Dakota	南达科他大学	公立
122	University of Toledo	托莱多大学	公立
123	University of Tulsa	塔尔萨大学	私立
124	University of Vermont	佛蒙特大学	公立
125	University of Wyoming	怀俄明大学	公立
126	Villanova University	维拉诺瓦大学	私立
127	Wake Forest University	维克森林大学	私立
128	West Chester University of Pennsylvania	宾夕法尼亚州西切斯特大学	公立
129	Western Michigan University	西密歇根大学	公立
130	Wichita State University	威奇塔州立大学	公立
131	William & Mary	威廉与玛丽学院	公立
132	Worcester Polytechnic Institute	伍斯特理工学院	私立
133	Wright State University-Main Campus	莱特州立大学主校区	公立

附录三

表附-3-1 美国部分专业博士学位类型①

序号	专业博士	序号	专业博士	序号	专业博士
1	设计博士	19	社会科学博士	37	系统工程博士
2	艺术博士	20	环境博士	38	工业技术博士
3	美术博士	21	林业博士	39	现代语言博士
4	音乐博士	22	林业与环境科学博士	40	司法学博士
5	音乐艺术博士	23	建筑学博士	41	教会法规博士
6	音乐管理博士	24	环境设计博士	42	比较法/民法博士
7	健康与安全博士	25	信息技术博士	43	文学研究博士
8	护理科学博士	26	计算机科学博士	44	图书馆学博士
9	卫生学博士	27	教育博士	45	科学博士
10	康复学博士	28	政府教育博士	46	应用科学博士
11	物理治疗博士	29	音乐教育博士	47	娱乐学博士
12	职业治疗博士	30	体育教育博士	48	宗教学博士
13	工商管理博士	31	工程博士	49	教堂音乐博士
14	职业研究博士	32	化学博士	50	宗教音乐博士
15	公共管理博士	33	地理科学博士	51	神学博士
16	公共健康博士	34	心理学博士	52	传教工作博士
17	政府管理博士	35	犯罪学博士	53	希伯来文学博士
18	社会工作博士	36	工程科学博士	54	希伯来研究博士

① 研究生专业学位总体设计研究课题组. 开创我国专业学位研究生教育发展的新时代［M］. 北京：中国人民大学出版社，2010：112.

表附-3-2　美国部分专业硕士学位类型①

序号	专业硕士	序号	专业硕士
1	会计学硕士（M. Acc.）	41	环境规划硕士(M. E. P.)
2	农业经济学硕士(M. A. E.)	42	环境科学/研究硕士(M. E. S.)
3	农业推广硕士(M. A. Ext.)	43	家庭治疗硕士(M. F. T.)
4	农业硕士(M. Ag. /M. Agr.)	44	艺术硕士(M. F. A.)
5	应用人类学硕士(M. A. A.)	45	林业硕士(M. F.)
6	建筑学硕士(M. Arch.)	46	森林工程硕士(M. F. E.)
7	生物信息学硕士(M. B.)	47	森林资源硕士(M. F. R.)
8	工商管理硕士(M. B. A.)	48	卫生管理硕士(M. H. A.)
9	城市规划硕士(M. C. P.)	49	遗产/历史保护硕士(M. H. P.)
10	临床医学硕士(M. C. M. S)	50	家政学硕士(M. H. E.)
11	社区卫生硕士(M. C. H.)	51	酒店管理硕士(M. H. M.)
12	计算机科学硕士(M. C. S.)	52	人力资源硕士(M. H. R.)
13	刑事司法硕士(M. C. J.)	53	人力资源科学硕士(M. S. H. R.)
14	设计学硕士(M. Des.)	54	个性化/跨学科研究硕士(M. I. S.)
15	神学硕士(M. Div.)	55	信息资源管理硕士(M. I. R. M.)
16	教育硕士（M. Ed.）	56	信息技术硕士(M. I. T.)
17	工程硕士(M. E. /M. Eng.)	57	国际事务硕士(M. I. A.)
18	航空航天工程硕士(M. A. E. /M. S. A. E.)	58	国际商务/工商管理硕士(M. I. B. /M. I. B. A.)
19	建筑工程硕士(M. A. E. /M. S. A. E.)	59	工业设计硕士(M. I. D.)
20	化学工程硕士(M. C. E. /M. S. Ch. E)	60	新闻硕士(M. J.)
21	土木工程硕士(M. C. E. /M. S. C. E)	61	司法管理硕士(M. J. A.)

① U. S. Department of Education. Structure of U. S. Education- Master's Degrees[EB/OL]. [2022-10-31]. https://www2. ed. gov/about/offices/list/ous/international/usnei/us/edlite-structure-us. html.

续表

序号	专业硕士	序号	专业硕士
22	计算机工程硕士(M. C. E. /M. S. C. E.)	62	景观设计硕士(M. L. Arch. /M. L. A.)
23	电气与计算机工程硕士(M. E. C. E.)	63	法律硕士(LL. M.)
24	电气工程硕士(M. E. E. /M. S. E. E)	64	比较法律硕士(M. C. L. /LL. C. M.)
25	工程管理硕士(M. E. M. /M. S. E. Mgt.)	65	图书馆学硕士(M. L. S.)
26	工程科学硕士(M. E. S.)	66	图书馆和信息科学硕士(M. L. I. S.)
27	地质工程硕士(M. G. E.)	67	法律图书管理硕士(M. L. L.)
28	工业工程硕士(M. I. E. /M. S. I. E)	68	管理学硕士(M. M.)
29	制造工程硕士(M. M. E.)	69	制造业管理硕士(M. M. M.)
30	材料科学硕士(M. M. S.)	70	海洋事务硕士(M. M. A.)
31	机械工程硕士(M. M. E. /M. S. M. E.)	71	大众传播硕士(M. M. C.)
32	工程技术硕士(M. E. T. /M. S. E. T)	72	音乐硕士(M. M. /M. Mus.)
33	环境设计硕士(M. E. D.)	73	音乐教育硕士(M. M. Ed.)
34	体育教育硕士(M. P. E. /M. P. Ed.)	74	音乐治疗硕士(M. M. T.)
35	物理治疗学硕士(M. P. T.)	75	护理学硕士(M. N.)
36	规划硕士(M. P.)	76	护理管理硕士(M. N. A. /M. S. N. A)
37	税务学硕士 (M. T.)	77	职业治疗学硕士(M. O. T. /M. S. O. T)
38	旅游管理硕士(M. T. M. /M. T. H. M.)	78	药学硕士(M. Pharm.)
39	城市研究硕士(M. U. S.)	79	城市规划硕士(M. U. P.)
40	妇女研究硕士(M. W. S.)	80	社会工作硕士(M. S. W.)

后 记

专业学位研究生教育是我国研究生教育的重要组成部分，我国专业学位研究生教育正处于快速发展的时期，未来有着较大的发展空间。美国作为专业学位的起源地，专业学位研究生教育取得的成绩有目共睹，为世界各国提供了参考和借鉴，同样也可为我国专业学位发展和专业人才培养提供一定的经验。人才培养本就是一个复杂的研究课题，专业学位研究生培养既需要理论支撑，更需要关注现实的需求，从实践中积累经验。本书建立在近几年来本人对美国高等教育的关注和研究的基础上，是对美国专业学位研究生培养模式的系统分析。

本书以美国的研究型大学为主要研究对象，梳理、分析其专业学位研究生培养模式，总结其特点和经验，以期为我国提供借鉴。但需注意的是，美国研究型大学的经验对我国而言并非可以拿来即用。美国高等教育与我国有着诸多不同之处，美国研究型大学在专业学位研究生培养方面取得丰硕成果的背后，存在着本书中已经提及或尚未展开论述的、更为深刻的因素的影响。例如，美国对教育的管理权力属于各州，这就造成各地教育自主权非常大。美国研究型大学同样有着较高的自主权，校董事会和校长对学校的规划、学术发展等有决策权，大学教授在各学科领域具有较高的权威性等。这些特征决定了我国在借鉴其经验时，需立足我国国情和现实，取其精华，采取适合我国专业学位研究生培养的举措，探索出具有中国特色的专业学位研究生培养改革与发展之路。

由于国别差异，在撰写本书的过程中，我也曾深感美国高等教育及其涉及的文化、社会等的复杂性，苦于如何形成系统的把握和逻辑分析。但同时，正是在搜集资料、反复修改书稿的过程中，我对美国高等教育，尤其是专业人才培养形成了更为深刻的认识，体会到了学术研究中的乐趣，支持我继续学习和探究。我深知自己仍缺乏深厚的学养，需要潜心钻研，继续提高研究能力。

本书能够顺利出版，得益于我的导师于洪波教授的支持。导师在我进行学术研究过程中提供的指导和帮助我将铭记于心！同时，感谢河北大学出版社，感谢责编在本书出版过程中的付出！

由于本人资历尚浅，书中难免存在不当和疏漏之处，恳请各方专家批评指正！

于珈懿

2022 年 11 月 22 日于泉城济南